Uwe Steffen · Taufe

Ach, liebe Christen,
laßt uns nicht so unfleißig solch unaussprechliche Gabe
achten und handeln!
Ist doch die Taufe unser einziger
Trost und Eingang zu allen göttlichen Gütern
und aller Heiligen Gemeinschaft.

Martin Luther

Buchreihe *Symbole*

Inhalt

Zur Einführung

In den mehr als drei Jahrzehnten meines Dienstes als evangelisch-lutherischer Pastor habe ich unzählige Kinder getauft. Die Zahl der Jugendlichen oder Erwachsenen, die ich getauft habe, ist dagegen äußerst gering. Sie hat jedoch in letzter Zeit zugenommen. Vielleicht werden sich bald Kindertaufen und Taufen von Jugendlichen und Erwachsenen die Waage halten. In städtischen Gemeinden gibt es schon Schulklassen, in denen die getauften Schüler die Minderheit sind.

Ich habe unzählige Taufgespräche geführt. Meistens mit Eltern, die ihre Kinder taufen lassen wollten, nur wenige mit Eltern, die unschlüssig waren, ob sie ihr Kind taufen lassen sollten, und ganz wenige mit Jugendlichen und Erwachsenen, die aus eigenem Entschluß getauft werden wollten. Dabei hat mir – offen gestanden – die Selbstverständlichkeit der Taufe mehr zu schaffen gemacht als ihre Fragwürdigkeit. Denn selbstverständlich war sie nicht, weil man sich ihrer Bedeutung bewußt war, sondern weil es der Tradition der Familie und der Ordnung der Kirche entsprach. Ich weiß, daß dabei mehr oder weniger unbewußt vieles mitschwingt: das Bedürfnis, Gott für das anvertraute Leben zu danken, der Wunsch, das zarte, verletzliche Leben dem Schutz einer höheren Macht, dem Herrn des Lebens, anzuvertrauen und seinen Segen und seine Gnade für den Lebensweg des Kindes zu erbitten, und die Verpflichtung, die Verantwortung für die christliche Erziehung des Kindes zu übernehmen. Je weniger der eigentliche Sinn der Taufe verstanden wird, um so mehr verbinden sich diese Empfindungen mit handfesten magischen Vorstellungen. Unversehens rückt das Taufwasser in die Nähe eines Zauberwassers, das den Getauften ohne sein Zutun verwandelt. »Nun ist es kein Heide mehr, sondern ein Christ«, sagt man erleichtert, wenn das Kind getauft ist. Und obgleich die Taufe heute vorwiegend im Gemeindegottesdienst stattfindet, ist sie doch mehr ein Familienfest als ein Gemeindefest, mehr die Aufnahme eines neuen Gliedes in die Familie als die Aufnahme eines neuen Gliedes in die Gemeinde; denn zu ihr besteht meist nur ein loser oder gar kein Kontakt. Alles in allem: Die Taufe ist, wie man ein wenig respektlos, aber zutreffend gesagt hat, ein »feuchter Segen«, umrahmt von der Danksagung der Eltern für das Leben ihres Kindes und ihrer Verpflichtung, es im christlichen Glauben zu erziehen. Es war mir in den meisten Fällen unmöglich, den Taufeltern in einem kurzen oder auch längeren Taufgespräch deutlich zu machen, was der eigentliche Sinn der Taufe ist. Zu weit klaffen die volkskirchliche Vorstellung von der Taufe und das, was nach dem Neuen Testament Taufe ist, auseinander.

Die lutherischen Bekenntnisschriften haben sich mit guten Gründen für die Kindertaufe entschieden. Trotzdem ist die Diskussion darüber immer wieder aufgeflammt, nicht nur aus grundsätzlichen theologischen Erwägungen, sondern vor allem wegen der veränderten Situation und der unterschiedslosen Taufpraxis. Auch hat sich die Taufordnung hinsichtlich von Kindertaufe und Erwachsenentaufe im Laufe meiner Dienstzeit gewandelt. Die Taufordnung von 1952 betonte, daß es in der Kindertaufe und in der Erwachsenentaufe inhaltlich um dieselbe Sache geht (darum stimmen sie in ihrer Grundordnung überein), die Taufordnung von 1988 hebt die Unterschiede zwischen beiden hervor (darum sind sie unterschiedlich gestaltet). Die neue Taufordnung hat sich nicht nur der heutigen Sprache angepaßt, sondern auch die Symbolik des Taufgeschehens, die symbolische Bedeutung des Taufwassers, der Taufkerze und des Taufkleides aufs neue herausgestellt.

Dies Buch hat sich die Aufgabe gestellt, die Taufe in ihrer ursprünglichen Bedeutungsfülle neu zu erschließen. Nicht, indem es eine christliche Lehre von der Taufe entfaltet und sich mit den unterschiedlichen und gegensätzlichen Taufauffassungen und Taufpraxen auseinandersetzt, sondern indem es die Symbolhandlung und die damit verbundenen Symbole deutet.

Seit etwa fünfzig Jahren ist auf breiter Basis ein neues Interesse an Symbolen und symbolischen Handlungen erwacht. Das zeigt sich an der Wiedereinführung der Osternachtfeier, an der wachsenden Wertschätzung des Abendmahls und an der zunehmenden Nachfrage nach symbolischer Auslegung der biblischen Geschichten. Die Zahl von Büchern, die sich mit der Deutung von Symbolen sowie mit der Deutung von Mythen, Märchen, Sagen und Legenden befassen, ist in den letzten Jahren unübersehbar geworden.

Die Tiefenpsychologie Freudscher und vor allem Jungscher Prägung hat dazu entscheidende Impulse gegeben. Sie versteht

Symbole als urtümliche (archetypische) Bilder, die nicht bewußt erfunden werden, sondern die in bestimmten seelischen Situationen wie Traumbilder aus der Tiefe des Unbewußten aufsteigen. In diesen vom Ursprung (arche) her typischen Bildern haben sich psychische Erfahrungen verdichtet, die sich von ältester magisch-mythischer Zeit an bis hin zur Entwicklung der Hochreligionen in Form von Symbolen, symbolischen Erzählungen und Ritualen immer wieder manifestiert haben. Auf diese Weise werden ihre Inhalte dem menschlichen Bewußtsein wahrnehmbar, so daß sie verarbeitet und aufgenommen werden können. Die Beschäftigung mit Symbolen ist also kein Glasperlenspiel, das in esoterischen Zirkeln betrieben wird, sondern sie ist die notwendige Auseinandersetzung mit der anderen, unbewußten Seite des Menschen, die zusammen mit der bewußten Seite den ganzen Menschen ausmacht.

Auch religiöse Erfahrungen werden, da sie ihrem Wesen nach den Verstand übersteigen, in der Sprache der Symbole zum Ausdruck gebracht. Dabei geben die Symbole nicht das objektive Geschehen wieder, sondern wie es sich in der Seele des Menschen widerspiegelt. Die religiöse Symbolsprache hat darum neben der wissenschaftlichen Begriffssprache ihr bleibendes Recht; denn die ganze Wirklichkeit umfaßt beides: die »Wirklichkeit der Welt« und die »Wirklichkeit der Seele« (C. G. Jung).

Es war folgerichtig, daß der Wiederentdeckung des Symbols die Wiederentdeckung des Rituals folgte. Denn die Beschäftigung mit Urbildern und urbildhaftem Geschehen konnte nicht rein intellektuell bleiben, da sich ihre Bildhaftigkeit niemals restlos in rationale Begrifflichkeit überführen läßt. Es geht vielmehr darum, das urbildliche Geschehen, in dem sich Grund, Sinn und Ziel alles Seins offenbaren, in ritueller Begehung zu vergegenwärtigen und ganzheitlich zu erfahren. Im Ritual vollzieht der Mensch den Weg des Gottes oder des göttlichen Helden mit Leib und Seele nach und wird »gleichzeitig« mit ihm. Indem er mit ihm eins wird, findet das unerfüllte Leben Erfüllung, wird das zwiespältige Leben heil und ganz.

Im Bibliodrama[1] und in der Mimesis-Arbeit (einer Mischung aus Psychodrama und biblischem Nachvollzug, aus

ritualistischem Experiment und Gespräch, aus Bewußtma-
chungsprozeß und akademischer Alternative, an der alle Sinne beteiligt sind)[2] werden biblische Geschichten, Mythen und
antike Dramen gespielt; denn es geht nicht um rationales
Verstehen, sondern um Teilhaben. Im Spiel wird der Mensch
nicht von seinem Verstand, sondern von seinem Körper-Ich
gesteuert, das anderen Gesetzen folgt als denen des bewußten
Ich. Noch bevor der Mensch einen Gedanken formulieren
kann, drückt er ihn in einer wortlosen Gebärde aus. Die
Verbindung von Spiel, Gespräch und Meditation zielt auf das
Zusammenwirken von Körper und Geist, auf die Wechselbeziehung zwischen körperlicher und intellektueller Tätigkeit,
zwischen Fühlen und Verstehen.

Spielend erschließt sich der Mensch mit Hilfe der seit
Jahrhunderten bekannten »Spielregeln« den Zugang zu den
dunklen und heilenden Kräften, die in den Bildern der Seele
symbolisiert sind. Er geht den Weg durch ein Labyrinth, wird
vor harte Aufgaben gestellt und begegnet der Dunkelheit in
Gott, in der Schöpfung, in der Geschichte und in sich selbst.
Die Dunkelheit, die andere Seite der lichten Wirklichkeit,
muß erfahren werden, wenn der Mensch zur Ganzheit gelangen will. Er kann dabei den dunklen Kräften erliegen, er kann
sie aber auch bewältigen. Das Spiel kann – wie die ihm
zugrunde liegenden Urbilder – zerstörend und heilend sein.

Von diesen Überlegungen her gehen wir an das Thema Taufe
heran. Um ihren Sinn zu erschließen, müssen wir auf ihren
Ursprung zurückgehen, auf ihre ursprüngliche Gestalt, wie sie
im Neuen Testament bezeugt und in der Alten Kirche praktiziert worden ist: die Taufe Erwachsener, die mit dem Glauben
an Jesus Christus eine radikale Wende ihres Lebens vollzogen
haben. Sie war – zusammen mit Firmung und Eucharistie – eine
Einweihung (Initiation) in das Mysterium Christi und damit
eine Einweihung in ein christliches Leben.

Um die christliche Taufe in ihrer ganzen Bedeutung zu
verstehen, fassen wir sie zunächst auf dem Hintergrund der
allgemein-menschlichen Einweihungshandlungen (Initiationsriten) und ihrer Symbolik ins Auge. Dabei zeigt sich, daß alle
Aspekte der allgemein-menschlichen Einweihungsriten und
der Wassersymbolik in die Symbolik der christlichen Taufe
eingegangen sind.

Sodann betrachten wir die Taufe im Zusammenhang mit der christlichen Heilsgeschichte. Das geschieht, indem wir uns in einige Geschichten aus dem Alten Testament vertiefen, die schon früh als Vor-Bilder (Typen) der Taufe galten: die Schöpfung, die Sintflut, den Durchzug durch das Rote Meer und die Geschichte von Jona. Dazu in einige Abschnitte aus dem Neuen Testament, die in einem engen Zusammenhang mit der Taufe stehen: die Taufe Jesu, den Taufbefehl und die Taufverheißung des Auferstandenen und das Kinderevangelium. Vom christlichen Offenbarungsgeschehen her erhält die Taufe ihren einzigartigen und unverwechselbaren Sinn.

Es gibt viele christliche Kirchen und Gemeinschaften, aber es gibt nur eine Taufe. Durch sie werden die Getauften in den Leib Christi, in »die eine heilige, christliche (allumfassende) und apostolische Kirche« (und erst in zweiter Linie in eine bestimmte Kirche oder Gemeinschaft) eingegliedert. Das offizielle Glaubensbekenntnis der ungeteilten Alten Kirche, das Nizänische (genauer: Nizäno-konstantinopolitanische) Glaubensbekenntnis von 381, das ursprünglich als Taufbekenntnis verwendet wurde und heute von allen drei christlichen Haupttraditionen – der orthodoxen, der römisch-katholischen und der evangelischen – anerkannt wird, umfaßt ausdrücklich das Bekenntnis zu der einen Taufe: »Wir bekennen die eine Taufe zur Vergebung der Sünden.«[3] Trotz aller Spaltungen, Lehrverurteilungen und Konfessionsbildungen ist die Gültigkeit der Taufe zwischen den großen christlichen Konfessionen nie angezweifelt worden. Sie war und ist das sichtbare Zeichen der Einheit der Kirche, das feste Band, das alle, die Jesus Christus als Herrn und Heiland bekennen, miteinander verbindet. (Um so folgenschwerer ist die Praxis der Wiedertäufer: Sie stellt einen Bruch mit der einen Taufe dar und zertrennt das Band der Einheit.)

In den letzten zwanzig Jahren haben sich die christlichen Kirchen auf dieses ökumenische Bekenntnis zu der einen Taufe neu besonnen. Sie haben erkannt, daß es an der Zeit ist, aus der in der einen Taufe gegebenen Einheit ökumenische Konsequenzen zu ziehen und die damit gegebene Gemeinschaft am Leibe Christi zu verwirklichen[4] – etwa im Hinblick auf die volle Gemeinschaft zwischen Menschen verschiedener Rassen, verschiedener sozialer Stände und verschiedenen Geschlechts sowie im Hinblick auf die Abendmahlsgemeinschaft aller Getauften.

Weil es um die eine Taufe geht, ist in diesem Buch von der Taufe nicht einseitig aus der Sicht einer bestimmten Konfession die Rede. Der Verfasser steht zwar – wie das Motto dieses Buches, die häufigen Luther-Zitate und Bezugnahmen auf die lutherische Taufpraxis erkennen lassen – in der Tradition der evangelisch-lutherischen Kirche; aber er sieht die Taufe dennoch im ökumenischen Horizont. Darum wird auf die Taufpraxis der orthodoxen und römisch-katholischen Kirche ausführlich eingegangen. Die orthodoxe Kirche hat den ganzen Reichtum der frühchristlichen Tauffeier bis heute nahezu unverändert bewahrt. Auch der Taufritus der katholischen Kirche stimmt in den Grundzügen mit ihr überein. Die Taufhandlung in den evangelischen Kirchen hat sich am weitesten von der ursprünglichen Form der Taufe entfernt. Luthers Taufordnung hielt sich noch eng an den katholischen Ritus, aber die »äußerlichen Dinge«, die Luther selbst für unaufgebbar hielt (Großer Katechismus), wurden unter dem Einfluß von Aufklärung und Rationalismus nach und nach abgetan und die Taufhandlung auf ein reines Wortgeschehen reduziert.

Im letzten Kapitel wird dargestellt, welche schwerwiegenden Folgen die Entwicklung von der Erwachsenen- zur Kindertaufe mit sich brachte, wie der Taufritus immer mehr verkümmerte und wie in unserem Jahrhundert sein ursprünglicher Sinn und Reichtum wiederentdeckt wurde. Eine wesentliche Rolle spielt dabei das ökumenische Gespräch zwischen Kirchen und Gemeinschaften mit unterschiedlicher Taufpraxis. Das Ergebnis eines fünfzigjährigen Studienprozesses hinsichtlich von Taufe, Eucharistie und Amt hat die Kommission für Glaube und Kirchenverfassung des Ökumenischen Rates der Kirchen, einer Gemeinschaft von etwa dreihundert Mitgliedskirchen, in dem Lima-Text (1982) vorgelegt[5]. Er zeigt einen »bemerkenswerten Grad an Übereinstimmung«, gerade im Blick auf die Taufe, und ist ein wichtiger Schritt auf das erklärte Ziel zu, die sichtbare Einheit der Kirche zu verwirklichen. Jede Mitgliedskirche ist aufgefordert, das eigene Taufverständnis und die eigene Taufpraxis im Lichte dieser Konvergenzerklärungen zu überprüfen. Für die evangelischen Kirchen bedeutet das konkret, eine Praxis aufzugeben, die unterschiedslos alle tauft und konfirmiert, weil dies nicht nur theologisch nicht zu rechtfertigen ist, sondern auch einen schweren ökumenischen Anstoß für alle Kirchen darstellt. Es muß wieder deutlich werden, daß das persönliche Bekenntnis des Glaubens und die persönlich übernommene Verpflichtung zu einem Leben aus der Taufe zum Geschehen der Taufe unaufgebbar hinzugehört.

Sodann gilt es auch die Konsequenzen zu ziehen für die Beziehungen zu anderen Kirchen und Gemeinschaften. Es ist zu prüfen, ob eine andere Taufpraxis als gleichberechtigte Alternative anerkannt und damit die in Christus gegebene Einheit in der Taufe gewahrt werden kann.

Am Ende des Buches steht die Frage, ob und auf welche Weise es möglich ist, die Taufe in ihrer ursprünglichen Bedeutung und in ihrem ganzen Reichtum zurückzugewinnen. Natürlich kann man den altchristlichen Taufritus nicht künstlich wiederbeleben. Aber die Rückbesinnung auf Ursprung und Sinn des christlichen Einweihungsritus ist die Voraussetzung für seine schöpferische Neugestaltung in einer Zeit, in der die Erwachsenentaufen zunehmen und in nicht allzu ferner Zeit vielleicht wieder zum Normalfall der Taufe werden.

Die Taufe –
ein Initiationsritus

Und solang du dies nicht hast,
dieses: Stirb und werde!
bist du nur ein trüber Gast
auf der dunklen Erde.

Johann Wolfgang Goethe

Jeder Mensch macht im Laufe seines Lebens eine Reihe tiefgreifender Krisen durch, kritische Situationen, in denen ein Lebensabschnitt unwiederbringlich zu Ende geht und es keineswegs ausgemacht ist, ob und wie das Leben weitergehen wird.

Die erste und wahrscheinlich dramatischste Lebenskrise, die wir durchmachen, ist unsere Geburt. Wir haben sie zwar nicht bewußt erlebt, aber dennoch bleibt sie als Grunderfahrung für unser weiteres Leben bestimmend.

Die Geburt ist ein schmerzhafter und gewaltsamer Loslösungsprozeß zweier Körper, bei dem beide miteinander kämpfen und sich dabei empfindlich wehtun und verletzen. Beide wehren sich ängstlich gegen die Trennung und sehnen sie zugleich in freudiger Erwartung herbei, weil der bisherige Zustand unerträglich zu werden beginnt: Für die Mutter wird die Last buchstäblich zu schwer; für das Kind wird der Mutterleib, in dem es sich bis dahin wohlig-geborgen fühlte, zu eng und zu erstickend. So wird die Trennung beider schließlich von der Natur selbst erzwungen.

Mit der Geburt hören die Lebensbedingungen, unter denen wir im Mutterleib gelebt haben, für immer auf, und wir werden ganz anderen Lebensbedingungen unterworfen, auf die wir uns, wenn wir am Leben bleiben wollen, in kürzester Zeit einstellen müssen. Das ist die erste radikale Veränderung in unserem Leben, eine Veränderung, bei der es um Tod und Leben geht. Der Mensch stirbt der vorgeburtlichen Daseinsweise ab und vollzieht den Übergang zu einer anderen, neuen Daseinsweise.

Diese erste schwere Lebenskrise des Menschen ist das Grundmuster aller weiteren Krisen, die wir im Leben durchmachen. Zum Beispiel die meist ebenfalls dramatische Krise, die wir Pubertät, die Reifung zum Mann beziehungsweise zur Frau, nennen. Dieser für die Betroffenen wie für ihre Umgebung schwierige Übergang vom Kindsein zum Erwachsensein ist eine Zeit der Gärung: Der Heranwachsende fühlt sich nicht mehr als Kind, aber auch noch nicht als Erwachsener. Mal flüchtet er sich vor der Verantwortung in die kindliche Abhängigkeit, mal bricht er aus seiner kindlichen Abhängigkeit in eigenwillige Alleingänge aus. Er möchte sich von den Eltern lösen und kann doch noch nicht auf eigenen Füßen stehen. Er möchte ein eigenständiger Mensch sein, hat aber seine Identität noch nicht gefunden. Er fühlt sich zu Höherem berufen, weiß aber noch nicht, welchen Beruf er ausüben soll. Dieses ständige Hin- und Hergerissensein ist nicht selten von Selbstmordabsichten begleitet, und es gibt immer wieder Jugendliche, die in dieser Krise zugrunde gehen.

Weitere Lebenskrisen sind: der Übergang vom Leben als Lediger zum Leben in partnerschaftlicher Gemeinschaft (oder umgekehrt), der Übergang vom Berufsleben in den Ruhestand, der Übergang vom Vollbesitz vitaler Lebenskraft in ein Stadium abnehmender körperlicher und geistiger Kräfte und schließlich der Übergang vom Leben zum Tod.

Zu diesen natürlichen Lebenskrisen, wie sie jeder Mensch durchmacht, kommen noch individuell unterschiedliche, schicksalsbedingte Krisen hinzu. Zum Beispiel wenn ein Mensch seine Heimat, sein Haus und seine Ge-wohn-heiten, seinen Besitz verlassen und an einen fremden Ort oder in ein fremdes Land ziehen muß. Oder wenn jemand seinen Hof oder Betrieb aufgeben muß, wenn er seine Stellung verliert, arbeitslos wird. Oder wenn ein geliebter Mensch stirbt, ohne den er nicht weiterleben zu können meint. Oder wenn jemand einen Unfall erleidet, der ihn für den Rest seines Lebens zum Krüppel macht. Oder wenn er von einer unheilbaren Krankheit befallen wird, die ihn vor das unausweichliche Ende seines Lebens stellt.

Solche äußeren Lebenskrisen lösen oft innere Lebenskrisen aus; aber auch umgekehrt können innere Lebenskrisen äußere Krisen hervorrufen. Es besteht eine unauflösliche Wechselbeziehung zwischen Innen und Außen.

Was hilft uns, diese natürlichen und schicksalsbedingten Krisen zu bestehen?

Einweihungsriten der Völker

In früheren Zeiten und Kulturen, sowohl primitiven als auch hochentwickelten, gab es Rituale, die den Menschen halfen, den not-wendigen Übergang von einer Daseinsweise in eine andere zu vollziehen, sich von einem unwiderruflich zu Ende

17

gehenden Lebensabschnitt zu lösen und für einen neuen Lebensabschnitt offen und bereit zu werden[1]. Rituale sind wie Geländer, die uns bei gefährlichen Übergängen Halt geben, an denen wir uns im Dunkeln entlangtasten können. Rituale sind Lebensmuster, die uns unseren Ort im Ablauf eines Geschehens erkennen lassen und uns helfen, uns einem höheren Sinn entsprechend zu verhalten. Nur wer einer vergangenen Daseinsweise abstirbt, kann zu einer neuen Daseinsweise wiedergeboren werden; zum Beispiel muß ein Mensch seiner Kindheit abgestorben sein, ehe er ein verantwortliches Glied der Gemeinschaft werden kann. Darum nennt man solche Übergangsriten auch: Wiedergeburtsriten.

So verschieden nun die Krisensituationen im einzelnen auch sein mögen, allen Übergangsriten liegt dieselbe Struktur zugrunde. Sie vollziehen sich in drei Phasen: die Phase der Loslösung von der bisherigen Daseinsweise, die Phase der Orientierungslosigkeit und der Einweihung in die neue Daseinsweise und die Phase des Eintretens in die neue Daseinsweise.

Die *erste Phase* wird als ein rituelles Sterben dargestellt und erlebt. Der Einzuweihende wird gewaltsam aus seinem vertrauten Lebenskreis entfernt und an einen isolierten, dunklen Ort gebracht, wo er einem strengen Fasten, harten Prüfungen und körperlichen Torturen ausgesetzt wird. Durch die plötzliche und radikale Absonderung und die schmerzhaften Trennungsexerzitien wird der totale Bruch mit der bisherigen Daseinsweise herbeigeführt. Bei manchen Völkern werden die Einzuweihenden nackt in frisch ausgehobene Gräber oder in einen kreuzförmigen Graben gelegt. Ein Chor stimmt den Grabgesang über ihnen an, und die Angehörigen beweinen sie wie Tote. Im Grabe verweilen die »Toten« die Nacht bis zur Morgendämmerung des nächsten Tages, der der »Tag der Verwandlung« oder »Tag der Auferstehung« genannt wird.

Die *zweite Phase* ist zunächst durch eine völlige Orientierungslosigkeit gekennzeichnet, die die Voraussetzung für eine Neuorientierung ist. Die Einweihung erfolgt in verschiedenen Stufen, umfaßt eine Vielzahl von Zeremonien und erstreckt sich oft über mehrere Jahre. Von dieser wichtigsten Phase hat der Übergangsritus auch die Bezeichnung Einweihungs- oder Initiationsritus (initium = Einführung, Einweihung) erhalten.

Die Einweihung wird rituell als Rückführung in die kosmische Nacht, als Zurücksinken in das uranfängliche Chaos dargestellt, aus dem der Kosmos, die geordnete Welt, hervorging, oder als symbolische Rückkehr in den Schoß der Großen Mutter, verkörpert in der Initiationshütte, in der Höhle oder in dem Bauch eines (künstlichen) Ungeheuers. Die Einzuweihenden werden in die mythische heilige Zeit zurückversetzt, in der der Stammesgott die Mysterien begründete. Es ist dies die Zeit, von der die Mythen als von der Urzeit erzählen und die sich in den Wiederholungen des Ritus als unvergänglich erweist. Die Rückkehr in die Urzeit ist zugleich die Rückkehr zu den Ahnen, die durch Masken vergegenwärtigt werden, und zu der von ihnen übermittelten Lehre.

Der Einzuweihende wird nicht nur in die heiligen Überlieferungen des Stammes eingeführt, die Grundlage alles menschlichen Verhaltens und aller sozialen und kulturellen Einrichtungen sind. Er empfängt auch die Offenbarung des Heiligen, der übernatürlichen Wirklichkeit, die ihn in Furcht und Zittern versetzt, sowie die Offenbarung des Geschlechts (Sexualität) und des Todes, dessen er bewußt wird. Zudem wird er in die Geheimnisse des Jagdzaubers oder der weiblichen Tätigkeiten wie Weben, Spinnen, Flechten und in das Geheimnis der Teilhabe am lebenschaffenden Geschehen eingeführt.

Die Einweihung erfolgt weniger durch wortreiche Belehrungen als vielmehr durch rituelle Tänze, Gesänge und Pantomimen. Nicht intellektuell, sondern durch ganzheitlichen Nachvollzug erlangt der Einzuweihende Wissen und Weisheit und – indem er an ewigen Gesetzen teilhat – Unsterblichkeit.

Die *dritte Phase* wird rituell als Wiedergeburt dargestellt, wie denn der ganze Ritus auch als Wiedergeburtsritus bezeichnet wird. Die aufeinander folgenden zeremoniellen Handlungen bei der Rückkehr des Eingeweihten knüpfen deutlich an die Vorgänge einer wirklichen Geburt an: Er muß durch eine enge Öffnung (der Initiationshütte, des künstlichen Ungeheuers) ins Freie kriechen, erblickt von neuem das Licht der Welt und schreit wie ein neugeborenes Kind. Eine symbolische Nabelschnur wird durchgeschnitten, er wird gewaschen und bekommt Milch zu trinken. Er erinnert sich nicht mehr seines Namens und erhält darauf einen neuen Namen. Auch legt er die alten Kleider ab und zieht neue Kleider an. Seine Angehörigen freuen sich über ihn wie über ein Neugeborenes und zeigen ihm die Welt neu. Er wird verpflichtet, gegenüber Uneingeweihten die Worte, die bei der Einweihung zu ihm gesprochen, und die Handlungen, die an ihm vollzogen wurden, streng geheimzuhalten.

Bei den Wiedergeburtsriten ahmte der Einzuweihende ein mythisches Vorbild nach. Das Urbild aller mythischen Götter und Helden ist die Sonne, die aufsteigt und untergeht, die das nächtliche Totenreich durchquert und wieder daraus hervorgeht (Nachtmeerfahrt), die immer wieder in den mütterlichen Schoß der Erde oder des Meeres eingeht, um ihre Lebenskräfte zu erneuern und daraus wiedergeboren zu werden. Der Einweihungsweg ist Nachvollzug des Sonnenweges, der in die Finsternis, ins Totenreich führt und wieder ans Licht, zum Leben. Indem der Einzuweihende dem Sonnenheros gleich wird, wird er zu einem Sohn des höchsten himmlischen Wesens, zu einem »Kind des Lichtes«.

Die Wiedergeburtsriten der Naturvölker sind in gewissem Sinne ein religiöses Geschehen, denn der rituelle Tod und die rituelle Wiedergeburt bedeuten immer das Überschreiten der profanen, der ungeweihten Verfassung des »natürlichen Menschen«, der nicht um die Religion weiß, der blind ist für das Geistige. Der Einzuweihende wird am »heiligen Ort« vom natürlichen Menschen zum geistigen, sozialen und religiösen Menschen und damit zum eigentlichen Menschen gewandelt und dem »großen Geist« gleichgestaltet. Diese Verwandlung ist das Werk übermenschlicher Kräfte, die in der »heiligen Geschichte« wirksam sind.

Daß es nicht nur um Wandlung innerhalb des natürlichen Lebens, sondern um Transzendierung des natürlichen Lebens geht, wird ganz deutlich bei den Einweihungsriten, die zur Aufnahme in männliche oder weibliche Geheim- oder Mysterienbünde vollzogen werden. Sie sind von dem Mysterium der Stammeseinweihung abgeleitet, denn alle Mysterienformen gehen von der ursprünglichen Offenbarung aus, die jeder Mensch empfangen muß, um ein Mann oder ein Weib zu werden. Ihnen liegt dieselbe Symbolik von Tod und Auferstehung sowie die Mitteilung einer überlieferten Geheimlehre zugrunde. Die verschärften Prüfungen sollen dazu dienen, die Offenbarung des Heiligen, des Geschlechts und des Todes noch intensiver zu erfahren. Die Einweihung in Geheimbünde läuft darauf hinaus, den Tod zu überwinden, sich eines glücklichen Jenseitsschicksals zu vergewissern und an der Unsterblichkeit der Götter teilzuhaben. Beispielsweise wird am Ende der Einweihung in die Isis-Mysterien der Eingeweihte mit dem Himmelsgewand bekleidet und mit einer Krone aus weißen Palmblättern, die wie Strahlen ausgebreitet sind, gekrönt und so »wie ein Bild der Sonne geschmückt und wie ein Götterbild aufgestellt« (Apuleius, Metamorphosen XI).

Da sich die Eingeweihten eidlich verpflichten mußten, über den Vollzug der Mysterien strenges Stillschweigen zu bewahren, sind Nachrichten über den Hergang im einzelnen nur spärlich. Aber so viel ist deutlich: Es geht dabei um einen Durchgang durch Nacht zum Licht, durch den Tod zum Leben.

Das natürliche Lebensgesetz, das in den Einweihungsriten zum Ausdruck kommt, haben die Dichter zu allen Zeiten auf ihre Weise ausgedrückt. Dafür zwei besonders eindrückliche Beispiele.

J. W. Goethe in seinem Gedicht »Selige Sehnsucht«:

»Und solang du das nicht hast,
dieses: Stirb und werde!
bist du nur ein trüber Gast
auf der dunklen Erde.«

Und aus *Hermann Hesses* »Glasperlenspiel« das Gedicht »Stufen«:

»Wie jede Blüte welkt und jede Jugend
dem Alter weicht, blüht jede Lebensstufe,
blüht jede Weisheit auch und jede Tugend
zu ihrer Zeit und darf nicht ewig dauern.
Es muß das Herz bei jedem Lebensrufe
bereit zum Abschied sein und Neubeginne,
um sich in Tapferkeit und ohne Trauern
in andre, neue Bindungen zu geben.
Und jedem Anfang wohnt ein Zauber inne,
der uns beschützt und der uns hilft zu leben.

Wir sollen heiter Raum um Raum durchschreiten,
an keinem wie an einer Heimat hängen,
der Weltgeist will nicht fesseln uns und engen;
er will uns Stuf' um Stufe heben, weiten.
Kaum sind wir heimisch einem Lebenskreise
und traulich eingewohnt, so droht Erschlaffen;
nur wer bereit zu Aufbruch ist und Reise,
mag lähmender Gewöhnung sich entraffen.
Es wird vielleicht auch noch die Todesstunde
uns neuen Räumen jung entgegensenden,
des Lebens Ruf an uns wird niemals enden ...
Wohlan denn, Herz, nimm Abschied und gesunde!«

Der christliche Taufritus

In diesen großen Zusammenhang allgemein-menschlicher
Symbolik gehört auch die christliche Taufe hinein. Sie ist als
einmalig am Menschen vollzogene Handlung ein christlicher
Einweihungsritus. Sie ist die Einweihung in das heilige Myste-
rium Christi und die Aufnahme in das endzeitliche Volk
Gottes[2].

In der lateinischen Bibel wurde das griechische Wort myste-
rion in der Regel mit sacramentum übersetzt, das ursprünglich
»Fahneneid« bedeutet. Luther knüpft an diese Bedeutung an,
wenn er sagt: »In der Taufe geloben wir . . ., die Sünde zu töten
und heilig zu werden durch Gottes Wirken und Gnade, dem
wir uns dargeben und opfern. – Wir werden ein Volk Christi,
unseres Herzogs, unter welches Panier (das ist das heilige
Kreuz) wir stetiglich streiten wider die Sünde« (Sermon von
dem heiligen hochwürdigen Sakrament der Taufe). Beide
Worte, »Mysterium« und »Sakrament«, bezeichnen einen
(häufig mit einem Eid verbundenen) verpflichtenden Weihe-
akt, der den Charakter einer Initiation hatte. Und beide
Worte dienen in der Alten Kirche als Bezeichnung der Taufe
und des Abendmahls. Bei der Taufe ist dabei an die Verpflichtung auf die Glaubensregel (Apostolisches Glaubensbekenntnis) gedacht.

Unter dem Einfluß der antiken Mysterien wurde die Taufe
zu einem vielteiligen Initiationsritus ausgestaltet, dessen my-

sterienhafte Züge besonders im Osten hervortreten[3]. Die von den Mysterien beeinflußte bildhafte Redeweise des Apostels Paulus wurde in rituelle Handlungen umgesetzt. Nicht immer entging man dabei der Gefahr, das Taufsakrament magisch mißzuverstehen und es mit nichtchristlichen Vorstellungen und heidnischem Brauchtum zu verbinden. Doch wurde es dadurch nicht so verdeckt, daß das Eigene und Eigentliche verlorenging.

Die christliche Taufe entspricht in ihrem Ablauf der Grundstruktur aller Einweihungsriten, wie sie überall auf der Erde beim Übergang von einer Daseinsweise in eine andere und bei der Aufnahme in eine religiöse Gemeinschaft vollzogen wurden. Die drei Phasen des Einweihungsritus sind bei der christlichen Taufe deutlich erkennbar.

Der Bruch mit der heidnischen Vergangenheit

Zunächst wurde der radikale Bruch des Taufbewerbers mit dem bisherigen heidnischen Leben, mit den heidnischen Göttern, Festen und Gebräuchen, herbeigeführt. Wer einen Beruf hatte, der mit dem Christenstand nicht vereinbar war (Hurenwirt, Gladiator, Schauspieler, Götzenpriester, hoher Staatsbeamter oder dgl.), mußte seine Tätigkeit aufgeben, wenn er getauft werden wollte (in vorkonstantinischer Zeit bei Eintritt in den Katechumenenstand, in nachkonstantinischer Zeit vor der Taufe).

In der Frühzeit der Kirche bedeutete der Bruch mit der heidnischen Umwelt häufig auch die *Trennung von der Familie* oder Sippe, die Lösung der natürlichen Bindungen. Jesus selbst hatte bei der Aussendung seiner Jünger gesagt: »Ich bin gekommen, den Menschen zu entzweien mit seinem Vater und die Tochter mit ihrer Mutter und die Schwiegertochter mit ihrer Schwiegermutter. Und des Menschen Feinde werden seine eigenen Hausgenossen sein. Wer Vater oder Mutter mehr liebt als mich, der ist meiner nicht wert; und wer Sohn oder Tochter mehr liebt als mich, der ist meiner nicht wert. Und wer nicht sein Kreuz auf sich nimmt und folgt mir nach, der ist meiner nicht wert« (Matthäus 10,35–38). Zugleich aber verheißt er: »Es gibt niemanden, der Haus, Brüder, Schwestern, Mutter, Vater, Kinder oder Äcker um meinet- und des

Evangeliums willen verläßt, der nicht hundertfach empfängt, jetzt in dieser Weltzeit Häuser, Brüder, Schwestern, Mütter, Kinder und Äcker mitten unter Verfolgungen – und in der zukünftigen Welt das ewige Leben« (Markus 10,29 f.). Gemeint ist: Sie werden irdische Güter und Gaben preisgeben und werden himmlische Güter und Gaben dafür empfangen. Das Verlassen ihrer Familie wird dadurch aufgewogen, daß sie Glieder der größeren Familie Christi, des Reiches Gottes, werden.

Der Apostel Paulus spricht im Blick auf den Bruch, den die Taufe im Leben eines Christen darstellt, von einem *Herrschaftswechsel*. Der erste Petrusbrief gebraucht dafür das Bild vom Freikauf eines (jüdischen) Sklaven von einem heidnischen Herrn (1. Petrus 1,18 f.). Der Christ steht nicht mehr unter der Herrschaft des Gesetzes und der Sünde, sondern unter der Herrschaft dessen, der von den Toten auferweckt worden ist (Römer 6,12–14; 7,4). Oder anders ausgedrückt: Der Christ stirbt der Herrschaft des Satans ab und unterstellt sich der Herrschaft des neuen Herrn: Christus. Der kultische Akt der Unterstellung unter die Herrschaft Christi ist die Bezeichnung mit dem Kreuz und die Auflegung der Hand bei der Vorbereitung zur Taufe.

Vor dem eigentlichen Taufakt wird die *Abkehr des Täuflings vom Satan* als »Bruch des uralten Paktes mit der Unterwelt« dramatisch dargestellt (so noch bis heute in der russisch-orthodoxen Kirche): Der Priester wendet den Täufling nach Westen, den Ort des Sonnenunterganges und der Finsternis, läßt ihn abwehrend die Hände erheben – ein Schwurgestus, der in der Antike die Lösung einer eingegangenen Bindung begleitete – und fragt ihn dreimal: »Entsagst du dem Satan und all seinen Werken und all seinen Engeln (= Dämonen) und all seinem Dienst und seinem ganzen Pomp?« Das griechische Wort »entsagen« entstammt der militärischen Fachsprache und bedeutet die förmliche Ausgliederung (Apotaxis) aus der Dienstordnung. Mit »Pomp« ist der heidnische Kult gemeint: Zirkusspiele, obszönes Theater, ausschweifende Feste, Pferderennen, kurz: »lauter Dinge, die der Teufel in dieser Welt anstiftet, um die Seelen der Menschen unter dem Schein von Vergnügungen ins Verderben zu stürzen« (Theodor von Mopsuestia). Zum Pomp Satans zählen ferner: abergläubische Beobachtung von Vorbedeutungen, das Essen von Brot und Fleisch, das auf Götterfesten feilgeboten wird und das durch die Anrufung von Dämonen verunreinigt ist, sowie der Opferdienst in heidnischen Tempeln, einschließlich des Staatsopfers für den Kaiser.

Der Täufling antwortet, ebenfalls dreimal: »Ich habe entsagt« und bläst und spuckt darauf in Richtung Westen, um damit seine Verachtung für den Satan kundzutun.

Auf die Absage an den Satan folgt die *Zusage an Christus:* Der Täufling wird um 180 Grad umgewendet in Richtung Osten, den Ort der aufgehenden Sonne, des wiederkommenden Christus. Der Priester fragt den Täufling wiederum dreimal: »Schließt du dich Christus an?« Darauf antwortet er dreimal: »Ich schließe mich ihm an.« Entsprechend der Ausgliederung (Apotaxis) aus der Dienstordnung Satans bedeutet das »Anschließen« (Syntaxis) die Eingliederung in den Heeresdienst Christi und damit das Anlegen der »Waffen der Gerechtigkeit« (Römer 6,13) beziehungsweise der »Waffen des Lichtes« (Römer 13,12); denn für ihn beginnt nun ein lebenslanger Kampf gegen den Satan. Darauf bekennt sich der Täufling zu Christus als seinem »König und Gott« mit den Worten: »Ich glaube an den Vater, den Sohn und den Heiligen Geist und an die eine Bußtaufe« oder mit den Worten des Apostolischen Glaubensbekenntnisses beziehungsweise des Nizäno-konstantinopolitanischen Glaubensbekenntnisses (in der Ostkirche seit dem 6. Jahrhundert). Hier, in der Taufliturgie, haben die altchristlichen Glaubensbekenntnisse (sie werden auch die »ökumenischen Symbole« genannt) ihren ursprünglichen Ort, und sie werden noch heute in allen christlichen Kirchen als Taufbekenntnisse verwendet.

Die *Kehrtwendung des Täuflings* um 180 Grad veranschaulicht nicht nur formal die »Umkehr« des Täuflings, sondern kennzeichnet sie auch inhaltlich als Umkehr vom Satan, dem »Gott des Westens«, dem »Schwarzen«, zu Christus, der »Sonne der Gerechtigkeit«[4], oder ganz allgemein gesagt: von der Finsternis zum Licht. Das Heidentum mit seiner Sünde ist Finsternis, der christliche Glaube mit seiner Gerechtigkeit ist Licht. Von daher sind manche Sprachwendungen im Neuen Testament zu verstehen, zum Beispiel wenn es im Epheserbrief heißt: »Ihr wart früher Finsternis; nun aber seid ihr Licht in dem Herrn. Lebt als Kinder des Lichts« (5,8). Oder wenn es im 1. Petrusbrief an die Adresse der Neugetauften heißt: »Ihr sollt verkündigen die Wohltaten dessen, der euch berufen hat von der Finsternis zu seinem wunderbaren Licht« (2,9). Oder wenn es in der Apostelgeschichte von Paulus heißt, er sei gesandt zu den Heiden, »daß sie sich bekehren von der Finsternis zum Licht und von der Gewalt des Satans zu Gott« (26,18).

Eine weitere Handlung drückt den Bruch mit dem vergangenen Leben aus: das *Ablegen der Kleider*. Ursprünglich legten nacheinander Kinder, Männer und Frauen ihre Kleidung und jeglichen Schmuck vor der Taufe ab. »Dadurch«, so erläutert der Jerusalemer Bischof Cyrill († 386) in einer Taufansprache, »wurde versinnbildlicht das Ablegen des alten Menschen mit seinen Werken«. Das abgelegte Gewand des Täuflings wird in der Liturgie mit dem Fellkleid des gefallenen Adam, der seine Gotteswürde verloren hat, in Verbindung gebracht. Es symbolisiert das »Kleid des Fleisches« (Gregor von Nyssa), die heidnische Vergangenheit, den früheren Lebensstil.

Die Kehrtwendung von Westen nach Osten erhält in diesem Zusammenhang einen neuen Sinn: Der aus dem Paradies vertriebene Adamssohn tritt mit herabhängenden Armen, also in der Haltung des Angeklagten und des Büßers, vor Gott und erwartet seinen Freispruch und seine Heimführung. Christus, dem er sich zusagt, eröffnet ihm durch die Taufe wieder den Zugang zum Paradies, das im Osten liegt (1. Mose 2,8).

Das Ablegen des alten Menschen ist zugleich eine symbolische Gleichbildung des Täuflings mit dem gekreuzigten Christus. Cyrill von Jerusalem sagt: »Ihr waret nackt und stelltet damit Christus dar, der am Kreuz seiner Kleider beraubt war.«

Die Todessymbolik wird vollends deutlich beim eigentlichen Taufakt: Nackt stiegen die Täuflinge ins Wasser der Taufe oder in ein kreuzförmiges Taufgrab (wie es im 4. und 5. Jahrhundert häufig war) und wurden dreimal vollständig im Wasser untergetaucht (taufen = tauchen). Das Untertauchen im Wasser bedeutet Sterben, Ersäufen des alten Menschen, mit Christus gekreuzigt und begraben werden. »Wißt ihr nicht«, schreibt der Apostel Paulus, »daß alle, die wir auf Christus Jesus getauft sind, die sind in seinen Tod getauft? So sind wir ja mit ihm begraben durch die Taufe in den Tod . . . –

Wir wissen ja, daß unser alter Mensch mit ihm gekreuzigt ist, damit der Leib der Sünde vernichtet werde ...« (Römer 6,3.4.6).

Von der symbolischen Bedeutung des Wassers als *Wasser des Todes* wird im nächsten Kapitel ausführlich die Rede sein. Das dreimalige Untertauchen im Wasser wird von den Kirchenvätern nicht nur auf die drei Personen des dreieinigen Gottes (Vater, Sohn und Heiliger Geist), sondern auch auf die drei Tage bezogen, die Christus im Grabe lag. Cyrill von Jerusalem sagt: »Ihr seid dreimal in das Wasser eingetaucht worden und wieder aufgetaucht und habt so die dreitägige Grabesruhe Christi sinnbildlich bezeichnet. Wie nämlich unser Heiland drei Tage und drei Nächte im Schoße der Erde verbrachte, so habt auch ihr im ersten Auftauchen den ersten Tag, den Christus in der Erde verbrachte, und im Untertauchen die Nacht nachgeahmt; wie nämlich der Mensch in der Nacht nicht mehr sieht und der Mensch am Tage im Lichte wandelt, so habt ihr bei der Untertauchung als in der Nacht nichts gesehen, beim Auftauchen aber waret ihr wie am Tage.«

Die »drei Tage und drei Nächte« sind stereotyper Ausdruck für das Verweilen im Totenreich. Tatsächlich wurde auch das »Hinabsteigen ins Wasser« zur Taufe mit der Vorstellung vom *Abstieg in das Totenreich* und vom *Kampf mit dem Satan* – eine entscheidende Lebensäußerung der ersten christlichen Jahrhunderte – verbunden. Im Taufritual kommt das an zwei Stellen zum Ausdruck: beim Exorzismus des Täuflings und bei der Ganzsalbung des Täuflings.

Der *Exorzismus* (Austreibung der Dämonen) geschah zu dem Zweck, den Täufling für den Kampf mit dem im Wasser hausenden Drachen oder Dämon zuzurüsten – eine auch in anderen Religionen mit der Einweihung verbundene Prüfung. Er mußte den Teufel, seinen früheren Herrn, unter seine Füße treten. Frühchristliche Darstellungen zeigen den Täufling im Wasser auf einem Drachen, dem Teufel, stehen.

Die *Salbung des Täuflings* am ganzen Körper knüpft an einen antiken Brauch an: Wie der Ringer vor dem Kampf eingeölt wurde, um seinem Gegner das Zufassen zu erschweren, so soll nach einer Auslegung der Kirchenväter auch der Täufling sinnbildlich den entscheidenden Kampf mit dem Satan in der Taufe siegreich bestehen.

27

Die Einweihung in das Mysterium Christi

Die zweite Phase der Einweihungsriten, die Einweihung, erfolgte bei der christlichen Taufe ursprünglich in drei Stufen:

Die *erste Stufe* war der Katechumenenstand (Katechumene = der Unterweisung Empfangende), das ist der Christenstand vor der Taufe (denn der Katechumene galt bereits als Christ). Die Aufnahme als Katechumene geschah durch eine Zeremonie, die häufig bereits an Neugeborenen vorgenommen wurde: Bezeichnung mit dem Kreuz, Handauflegung mit Gebet und Überreichung von Salz als Symbol der göttlichen Weisheit. Auch wurden die Katechumenen Prüfungen unterzogen, die auf eine Bewährung des Glaubens im Leben der Gemeinde hinausliefen. Normalerweise dauerte der Katechumenat drei Jahre; aber oft blieben die Katechumenen ihr Leben lang im Katechumenenstand, weil sie die Taufe aus Scheu vor dem verpflichtenden Ernst einer christlichen Lebensführung auf einen möglichst späten Zeitpunkt, manchmal bis zum Sterbebett, aufschoben. So kam es, daß in einigen Regionen die Katechumenen die Mehrheit unter den Christen ausmachten.

Die *zweite Stufe* war der Stand der Taufbewerber (Photizomenat), der zu Erleuchtenden (Photizomenoi) – die Taufe selbst wurde in nachneutestamentlicher Zeit als »Erleuchtung« bezeichnet. Die Taufbewerber meldeten sich – meist zu Beginn der Fastenzeit – zur Taufe an, ließen sich in das Taufregister eintragen und wurden nach bischöflicher Prüfung während eines feierlichen Gottesdienstes in die Gruppe »der zu Erleuchtenden« aufgenommen. Sie nahmen während der vierzigtägigen Fastenzeit an der täglichen Taufunterweisung in der Kirche teil. Diese geschah durch einen Fundamentalunterricht über die christlichen Glaubenswahrheiten. Nach fünfwöchiger Belehrung wurde den Kandidaten das Glaubensbekenntnis (nicht in geschriebener, sondern in gesprochener Form) »übergeben«, das sie – nachdem es ihnen nach Wort- und geistigem Sinn erklärt worden war – am Sonntag vor Ostern oder am Gründonnerstag »zurückzugeben«, das heißt auswendig vorzutragen und bei der Taufe abzulegen hatten. Außerdem wurden sie in die christlichen Mysterien (= Sakramente): Taufe, Firmung und Abendmahl eingeführt.

Die *dritte Stufe* der Einführung war die Taufe selbst, die »Erleuchtung«. Die Taufbewerber – noch im 4. Jahrhundert war die Taufe in der Regel Erwachsenentaufe – wurden meist in der Osternacht getauft. Die eigentlichen Vorbereitungen für den Empfang der Sakramente geschahen nicht durch Erklärungen, die sich an den Verstand wenden, sondern durch symbolische Handlungen, die auf die Öffnung und Bereitung der Herzen zielten.

Erst in der auf den Ostertag folgenden Woche wurde den Getauften – jeweils nach dem Gemeindegottesdienst – vom Bischof in ausführlichen Unterweisungen (Katechesen) Sinn und Grund der symbolischen Handlungen, die an ihnen vollzogen worden waren, erläutert: »damit ihr nicht etwa glaubt, es sei bei der Spendung der Taufe im Namen Gottes irgend etwas ohne Bedeutung« (Aetheria). Durch die sichtbaren Dinge wurden sie zu den unsichtbaren geführt; denn: »Jedes Sakrament ist die Darstellung unsichtbarer und unaussprechbarer Dinge durch Zeichen und Symbole« (Theodor von Mopsuestia). Die Alte Kirche setzte also erst mit der verstandesmäßigen Erklärung ein, nachdem die Einweihung in das Mysterium Christi geschehen war. »Wir glauben nämlich, daß das Licht der Sakramente besser in die Herzen einströmt, wenn der Empfänger nicht unterrichtet ist, als wenn eine Einführung vorausgegangen wäre« (Ambrosius). Grundlegend war also das tiefe, wortlose Erleben des Mysteriums, die seinsmäßige Eingründung in Christus, die gnadenhafte Mitteilung des Lebens Christi. Erst danach wurde dem, was geschehen war, nach-gedacht.

Im Neuen Testament gibt es eine Reihe von *Taufermahnungen* (Paränesen). Sie sind bestimmt von hohem sittlichen Ernst und von der Abwehr eines massiven magischen Sakramentsverständnisses. Aus der Gabe der Taufe erwächst die Aufgabe, einen Lebenswandel zu führen, der Christus gemäß ist. Auf den Indikativ der Taufzusage (Römer 6,1–10) folgt der Imperativ der Taufermahnung (Römer 6,11 ff.). »Die Taufe ist die Zueignung des neuen Lebens, und das neue Leben ist die Aneignung der Taufe« (G. Bornkamm).

Vierundzwanzig »Reden der Einweihung« (mystagogische Katechesen) sind uns überkommen, die der junge Bischof Cyrill von Jerusalem in der Fastenzeit und Osterwoche des

Jahres 348 in der von Kaiser Konstantin dem Großen erbauten Grabeskirche an die Täuflinge seiner Gemeinde zur Einführung in den christlichen Glauben und in das christliche Leben gehalten hat. Sie sind uns in einer Nachschrift eines seiner Zuhörer unversehrt und unüberarbeitet überliefert[5]. Wir zitierten bereits daraus. – Weitere Taufkatechesen sind uns von Ambrosius von Mailand (Ende des 4. Jahrhunderts), Theodor von Mopsuestia (um 392) und Pseudo-Dionysius Areopagita (Ende des 6. Jahrhunderts) erhalten.

War die Einweihung in die Mysterien Christi beendet, wurden die »Erleuchteten« verpflichtet, alles, was sich (nicht auf den christlichen Glauben, aber) auf die Sakramente bezog, sowohl gegenüber den Heiden als auch gegenüber den noch nicht Getauften – sie waren von der Feier der Sakramente ausgeschlossen – streng geheimzuhalten. Durch solche *Arkandisziplin* (arcanum = Geheimnis) sollten die Geheimnisse des christlichen Glaubens vor Uneingeweihten geschützt werden. Denn was jemand nicht selbst erlebt hat, kann ihm mit Worten nicht vermittelt werden.

Die Wiedergeburt

Die dritte Phase der Einweihung, der Eintritt in eine neue Daseinsweise, wird auch bei der christlichen Taufe als Wiedergeburt erlebt und bezeichnet. Die Wiedergeburt umfaßt den Tod des alten Menschen im Wasser der Taufe und die Geburt des neuen Menschen aus dem Geist Gottes. Eine diesbezügliche Wendung im Neuen Testament kann sowohl »von oben gezeugt« als auch »von neuem geboren werden« bedeuten. Das (weibliche) Wasser wird vom (männlichen) Geist übernatürlich befruchtet: Der Priester senkt die brennende Osterkerze in das Taufwasser und befruchtet es. Dabei spricht er: »Dieser (Gott) befruchte das Wasser, das hier bereitet ist für die Wiedergeburt der Menschen, durch die geheimnisvolle Beimischung Seiner Gottheit: Es empfange heiligende Kraft, und aus dem makellosen *Mutterschoß* (immaculatus uterus) des göttlichen Bornes werde eine neue Schöpfung geboren, steige ein himmlisches Geschlecht empor. Und mag Geschlecht, mag Alter sie scheiden, als Mutter gebäre die Gnade sie alle zu derselben einen Kindheit.« So wird der Taufbrunnen zum Mutterschoß der Mutter Kirche, und von den Getauften kann gesagt werden, daß sie Kinder Gottes sind, »nicht aus dem Blut noch aus dem Willen des Fleisches noch aus dem Willen eines Mannes, sondern von Gott geboren« (Johannes 1,13).

Dieser Gedanke kommt bei den Kirchenvätern häufig zum Ausdruck. »Wie der Schoß der Mutter bei der natürlichen Geburt den Samen aufnimmt, den dann die Hand Gottes zum Menschen formt, so wird auch bei der Taufe das Wasser zum Mutterschoß, aber die Gnade des Heiligen Geistes formt den Getauften, so daß er als neuer Mensch zum zweiten Mal geboren wird« (Theodor von Mopsuestia). »Er (Gott) gab uns den Taufquell zur Mutter, zum Vater den Allerhöchsten, zum Bruder den Herrn« (Didymus der Blinde).

In der heutigen Taufordnung der Evangelisch-Lutherischen Kirche kommt der Gedanke der Wiedergeburt darin zum Ausdruck, daß der Pfarrer unmittelbar nach dem eigentlichen Taufakt, indem er dem Täufling die Hand auflegt, folgenden Taufsegen spricht: »Der allmächtige Gott und Vater unseres Herrn Jesus Christus, der dich von neuem geboren *hat* durch das Wasser und den Heiligen Geist und dir alle deine Sünde vergibt, der stärke dich mit seiner Gnade zum ewigen Leben.« Die Frage ist allerdings, ob bei der Taufe eines Säuglings, dessen Glaube noch aussteht, mit vollem Recht von einer Wiedergeburt gesprochen werden kann.

Der Gedanke der Wiedergeburt durch die Taufe geht auf das Neue Testament selbst zurück. Im Gespräch mit dem jüdischen Lehrer Nikodemus sagt Jesus: »Es sei denn, daß jemand von neuem geboren werde – und zwar durch Wasser und Geist –, so kann er nicht in das Reich Gottes kommen« (Johannes 3,3–5).

In dem Brief an seinen Mitarbeiter Titus spricht der Apostel Paulus von der Taufe als dem »Bad der Wiedergeburt und Erneuerung im heiligen Geist« (3,5).

Im 1. Petrusbrief wird ein urchristliches Tauflied zitiert, das mit den Worten beginnt: »Gelobt sei Gott, der Vater unseres Herrn Jesu Christi, der uns nach seiner großen Barmherzigkeit wiedergeboren hat zu einer lebendigen Hoffnung durch die Auferstehung Jesu Christi von den Toten« (1,1–3), und kurz darauf: »Ihr seid wiedergeboren nicht aus vergänglichem, sondern aus unvergänglichem Samen, nämlich aus dem lebendigen Wort Gottes, das da bleibt« (1,23). Das Wort Gottes ist hier als die Kraft der Taufe bezeichnet.

An diese neutestamentlichen Schriftworte knüpfen die Kirchenväter an, wenn sie von der Taufe als von der Wiedergeburt sprechen: »Gesegnete, Begnadete seid ihr, wenn ihr dem überaus heiligen Bad der Wiedergeburt entsteigt und zum erstenmal bei eurer Mutter und in Gemeinschaft mit euren Brüdern betet« (Tertullian).

Der Gedanke der Wiedergeburt wird in der kultischen Taufhandlung durch verschiedene Zeremonien veranschaulicht: Den Getauften wird *Milch und Honig* dargereicht (wie auch bei altgriechischen oder gnostischen Kultbräuchen). Milch und Honig waren in der Alten Welt die dem Neugeborenen gereichte erste Nahrung. Sie steht hier symbolisch für die erste Nahrung der Wiedergeborenen. In der Ermahnung an die Getauften heißt es: »Seid begierig nach der vernünftigen lauteren Milch wie die neugeborenen Kindlein, damit ihr durch sie zunehmt zu eurem Heil, da ihr ja geschmeckt habt, daß der Herr freundlich ist« (1. Petrus 2,2 f.). – Der andere Gedanke, der sich mit dieser Handlung verbindet, ist der an das Gelobte Land, in dem »Milch und Honig« fließen: Nachdem das Volk Israel den Jordan durchschritten hatte, kam es in dieses Gelobte Land. So hält auch der aus dem Taufwasser Hervorgegangene seinen Einzug in das geistliche Kanaan. Und schließlich: Milch und Honig sind die Gaben des Dionysos, des volkstümlichsten Gottes der alten Mittelmeerwelt. Der Getaufte empfängt sie als Gabe Christi, der damit an die Stelle des Dionysos tritt, weil er größer ist als jener.

Eine weitere symbolische Handlung, die die neue Geburt versinnbildlicht, ist das *Anziehen des Taufgewandes*. Nach der Taufe und der Salbung mit dem Öl der Danksagung wurde der Täufling abgetrocknet und mit einem weißen Taufgewand bekleidet. Es war im Gegensatz zum abgelegten tierischen Fellkleid aus Leinen gewebt. War das Ablegen der Kleider ein Symbol für das Ablegen des alten Menschen, so ist das Anziehen der neuen Kleider ein Symbol für das Anziehen des »neuen Menschen, der nach Gott geschaffen ist in wahrer Gerechtigkeit und Heiligkeit« (Epheser 4,24). Statt »neuer Mensch« kann auch einfach »Christus« gesagt werden: »Ihr alle, die ihr auf Christus getauft seid, habt Christus angezogen« (Galater 3,27; vgl. Römer 13,14).

Cyrill spricht von dem »geistlichen Kleid«, das der Täufling allezeit tragen soll, dem »Gewand des Heils« und dem »Kleid der Freude«. Auch wird das weiße Kleid zu dem weißen Kleid des verklärten Christus in Beziehung gesetzt: »Ja, wollte einer wohl die Lumpen der Berauschung und der Unlauterkeit wieder anlegen, wenn er sich mit dem Gewand des Herrn bekleidet sähe, das leuchtet wie die Sonne, mit jenem Gewand, das ihn mit Lauterkeit und Unverweslichkeit umhüllte, als er auf den Berg der Verklärung stieg!« Das Angetanwerden mit dem weißen Gewand wird damit zur Teilhabe an der Herrlichkeit des verklärten Christus und zu einem Sinnbild für das Überkleidetwerden mit dem »Kleid der Unverweslichkeit« (1. Korinther 15,53 f.; 2 Korinther 5,2 ff.). In der Koptischen Kirche spricht der Priester, wenn er dem Getauften das Taufkleid antut: »Das unvergängliche und unsterbliche Gewand des ewigen Lebens. Amen.« Nach Luthers Taufbüchlein spricht der Pfarrer: »Nimm das weiße, heilige und unbefleckte Kleid, das du ohne Flecken bringen sollst vor den Richtstuhl Christi, daß du das ewige Leben habest.«

Die in der Osternacht Getauften wohnten während der ganzen Festwoche in ihren weißen Taufgewändern der Osterfeier bei, bis sie am Sonntag nach Ostern, dem Sonntag Quasimodogeniti (= gleichwie von neuem geboren), diese Kleider der Schatzkammer der Kirche zur Aufbewahrung übergaben. Daher hat dieser Sonntag auch den Namen »weißer Sonntag«.

Eine Parallele zum neuen Kleid ist der *neue Name:* »Du bekommst einen neuen Namen, den du vorher nicht hattest« (Cyrill). Auch sonst war es Brauch, einem Menschen einen neuen Namen zu geben, wenn er ein anderer geworden war. So gab der König von Babel Mantanja, als er ihn zum König von Juda machte, den Namen Zedekia (2. Könige 24,17). Lukas nennt den Christenverfolger Saulus, nachdem Christus ihn als Heidenapostel in seinen Dienst genommen hatte, nur noch Paulus (Apg. 13,9). Der Jünger Simon erhielt, nachdem er Jesus als »Messias, den Sohn des lebendigen Gottes« bekannt hatte, von ihm den Namen »Petrus« (= der Fels), weil er auf ihn seine Gemeinde gründen wollte (Matthäus 16,18).

Mit der Verallgemeinerung der Kindertaufe wurde allmählich die Namensgebung auf den Taufakt bezogen (in der englischen Sprache wird der Vorname als Taufname, Christian name, bezeichnet).

In einer Lichterprozession zogen einst die Neugetauften mit Kerzen oder Fackeln in den Händen unter Psalmengesängen vom Baptisterium zur Kirche, um an der österlichen Eucharistiefeier teilzunehmen. Dieser Zug wird symbolisch gleichgesetzt mit dem Zug der klugen Brautjungfern, die mit brennenden Lampen dem Bräutigam entgegengehen (Matthäus 25,1–13). Gregor von Nazianz sagt: »Was du unmittelbar nach der Taufe vor dem Altar tust, ist eine Vorwegnahme der zukünftigen Glorie. Der Psalmengesang, mit dem du empfangen wirst, ist das Präludium der Hymnen des Jenseits. Die Kerzen, die du in der Hand hältst, sind das Mysterium des Lichtes von oben, mit dem wir vor den Bräutigam treten werden als jungfräuliche, strahlende Seelen mit den schimmernden Kerzen des Glaubens.«

Hier liegt der Ursprung für den Brauch der Überreichung einer *Taufkerze* an den Täufling beziehungsweise seinen Vater (oder einen Paten). Nach Luthers Taufbüchlein wird sie überreicht mit den Worten: »Nimm diese brennende Fackel und bewahre deine Taufe unsträflich, auf daß, wenn der Herr kommt zur Hochzeit, du ihm mögest entgegengehen samt den Heiligen in den himmlischen Saal und das ewige Leben habest.« Die entsprechenden Worte im katholischen Taufritus knüpfen an die Bezeichnung der Taufe als »Erleuchtung« an: »Empfange das Licht Christi. – Liebe Eltern und Paten! Ihnen wird dieses Licht anvertraut. Christus, das Licht der Welt, hat Ihr Kind erleuchtet. Es soll als Kind des Lichtes leben, sich im Glauben bewähren und dem Herrn und allen Heiligen entgegengehen, wenn er kommt in Herrlichkeit.« In der neuen Taufordnung für evangelisch-lutherische Kirchen und Gemeinden ist die Überreichung einer an der Oster- oder Altarkerze entzündeten Taufkerze wieder vorgesehen. Sie geschieht mit den Worten: »Christus spricht: Ich bin das Licht der Welt. Wer mir nachfolgt, der wird nicht wandeln in der Finsternis, sondern wird das Licht des Lebens haben. Nimm hin diese brennende Kerze zum Zeichen, daß Christus das Licht deines Lebens ist.« Lutherische Gemeinden in Amerika knüpfen dabei an das Jesuswort an: »Laßt euer Licht leuchten vor den Menschen, damit sie eure guten Werke sehen und euren Vater im Himmel preisen« (Matthäus 5,16). Denn so gewiß Christus das Licht der Welt ist, so gewiß sind auch die Christen dazu berufen, Licht der Welt zu sein (Matthäus 5,14).

Sowohl die Taufe als auch das Abendmahl wurde in der alten Kirche als »*Heilige Hochzeit*« gefeiert, als Vereinigung der Seele mit Gott, mit Christus, mit dem Heiligen Geist. Wie die Braut in das Gemach eingeführt wird, so betritt der Taufkandidat das Baptisterium, um sich in sakramentaler Weise mit Christus zu vermählen.

»Das Fleisch geleitet die Seele zu dieser Hochzeit mit dem Geist« (Tertullian). »Im Taufwasser wird die Seele zur Braut des Schöpfers« (Didymus der Blinde). »Christus gab den Söhnen des Brautgemachs seinen Leib und sein Blut zum Genuß« (Cyrill). »Wenn wir den Leib des Bräutigams essen und sein Blut trinken, vermählen wir uns ihm« (Theodoret).

Häufig wird zur Deutung der Einweihungshandlung das Hohelied Salomos angeführt. Die Alte Kirche verstand es als Prophetie der endzeitlichen Hochzeit des Messias mit dem Neuen Israel und sah sie in der sakramentalen Vereinigung mit Christus vorweggenommen. Ein Beispiel mag für viele stehen: »Schaut Christus die im Bad der Wiedergeburt geläuterte und gereinigte Seele, so spricht er: Schön bist du, meine Freundin, ja schön. Deine Augen blicken wie Tauben . . . Kein Makel haftet dir an; die Schuld wurde im Wasser getilgt« (Ambrosius, vgl. Das Hohelied Salomos 1,15).

Die Verbindung von Taufritus und Hochzeitssymbolik geht auf das Neue Testament selbst zurück. Wahrscheinlich spielt »Paulus« auf einen der antiken Welt bekannten Ritus, auf das die Hochzeit einleitende Bad der Brautleute an, wenn er schreibt: »Ihr Männer, liebt eure Frauen, wie auch Christus die Gemeinde geliebt hat und hat sich selbst für sie dahingegeben, um sie zu heiligen. Er hat sie gereinigt durch das Wasserbad im Wort, damit er sie vor sich stelle als eine Gemeinde, die herrlich sei und keine Flecken oder Runzel habe, sondern die heilig und untadelig sei« (Epheser 5,25 ff.) So nimmt es denn auch nicht wunder, daß altjüdische Hochzeitsriten (Brautbad, Salbung, Krönung beziehungsweise Bekränzung) auf den Taufritus übertragen wurden.

In der Taufe geschieht die Reinigung, in der Eucharistie die volle Heiligung, denn durch sie werden Christus und die menschliche Seele zu einem Leib wie Mann und Frau. Darum kann zusammenfassend gesagt werden: »In der gesamten (Taufe, Firmung und Eucharistie umfassenden) Initiation verwirklicht sich das eine hochzeitliche Mysterium«[6].

Entsprechungen zwischen dem christlichen Taufritus und den Einweihungsriten

Die bisherigen Ausführungen haben deutlich gemacht, daß der christliche Taufritus formal den Einweihungsriten in aller Welt entspricht[7]. Das gilt nicht nur in bezug auf die drei Phasen des Überganges mit ihren Symbolhandlungen, sondern auch in bezug darauf, daß der Einzuweihende den Weg eines Urbildes abbildlich nachvollzieht; und zwar eines Urbildes, das den Sonnenweg durch den Tod zur Wiedergeburt geht. Das Urbild, dem der Täufling gleichgebildet wird, ist Christus, seine Taufe im Jordan das urbildliche Geschehen, das der Täufling in der Taufe nachvollzieht. Er wird ihm in seinem Tode und in seiner Auferstehung gleich; er wird mit ihm begraben durch die Taufe in den Tod, um mit ihm auferweckt zu werden zu neuem Leben (Römer 6,1–11).

Die Taufe wird am Tage der Auferstehung Christi vollzogen, genauer: in der Feier der Osternacht, in der der Durchgang (Passah) durch den Tod (Nacht) zum Leben (Licht) begangen wird. »In dieser hochheiligen Nacht«, heißt es in der Liturgie der Osternacht, »feiert die Mutter Kirche das Gedächtnis des Todes und der Grabesruhe unseres Herrn Jesu Christi. Seine Liebe zu erwidern mit Liebe, hält sie Nachtwache bei ihm. Seiner glorreichen Auferstehung harrend, jubelt sie in überströmender Freude. Durch die heilige Taufe sind wir mit Christus begraben in den Tod, und gleichwie er ist auferweckt von den Toten, so sollen auch wir in einem neuen Leben wandeln . . .«

In der Taufe wird der Täufling *Christus gleichgestaltet*: »Hineingetaucht in Christus und mit Christus bekleidet, seid ihr Christus gleichgestaltet worden« (Cyrill). Der Weg, der mit der Taufe beschritten wird, ist Nachvollzug des Weges Jesu, ist

Nachfolge. Christus ist das wahre »Licht der Welt« (das ist die antike Bezeichnung der Sonne), das aufgeht (Geburt) und untergeht (Tod) und wieder aufgeht zum ewigen Tag (Auferstehung). Wer ihm durch Tod und Auferstehung nachfolgt, wird ein »Kind des Lichtes«, ein durch Christus »Erleuchteter« – wie es in einem Stück der urchristlichen Taufliturgie (Weckruf an den Täufling?) heißt:

> »Wach auf, der du schläfst,
> und steh auf von den Toten,
> so wird dich Christus erleuchten« (Epheser 5,14).

Schließlich zeigt sich die formale Entsprechung von christlichem Taufritus und Einweihungsriten der Völker auch darin, daß die Taufe die *Aufnahme in eine Gemeinschaft von Auserwählten* ist. Vor dem Hereinbrechen der furchtbaren Geschehnisse der Endzeit werden die Glieder des Volkes Gottes mit dem »Siegel des lebendigen Gottes« als sein Eigentum gekennzeichnet und dadurch zur Erlösung verwahrt (Offenbarung 7,2–8). Das Siegel des Alten Bundes war die Beschneidung, das Siegel des Neuen Bundes ist die Taufe als Empfang des Geistes Gottes. Wo im Neuen Testament von Versiegelung die Rede ist, wird auf die Taufe Bezug genommen, bei der der Glaubende als Eigentum Gottes beziehungsweise Christi gekennzeichnet wird; so zum Beispiel wenn Paulus sagt: »Gott hat uns versiegelt und uns den Geist als Unterpfand (auf das zukünftige Heil) in unsere Herzen gegeben« (2. Korinther 1,22).

In nachapostolischer Zeit wird die Taufe durchweg als *»Siegel«*, nämlich als »Siegel der Geistmitteilung« (Cyrill) bezeichnet. Dieser Begriff verbindet sich mit unterschiedlichen Vorstellungen. Für Cyrill von Jerusalem ist es das »heilbringende Siegel, vor dem die Dämonen furchterschreckt fliehen«. Gregor von Nazianz denkt an das Brandzeichen von Herdentieren: »Ein gezeichnetes Schaf wird nicht leichthin entwendet.« Ambrosius denkt an das Zeichen, das dem Sklaven auf die Stirn tätowiert wurde: »Die Sklaven trugen das Zeichen ihres Herrn.« Und Theodor von Mopsuestia denkt an das Zeichen, das dem Soldaten auf Hand oder Unterarm gebrannt wurde: »Es stempelt dich zum Soldaten des himmlischen Königs.«

Die Zugehörigkeit zu Christus bedeutet zugleich Zugehörigkeit zur christlichen Gemeinde, die der »*Leib Christi*« ist: »Alle, die gläubig geworden waren und sich hatten taufen lassen, bildeten eine Gemeinschaft und hatten alles gemeinsam« (Apostelgeschichte 2,44). Der Geist, den sie empfingen, wirkt die Einheit der Gemeinde: »Wir sind durch einen Geist alle zu einem Leib getauft, wir seien Juden oder Griechen, Sklaven oder Freie, und sind alle mit einem Geist getränkt« (1. Korinther 12,13). Die Taufe ist unter diesem Gesichtspunkt die Eingliederung in die »Gemeinde der Heiligen«, in die endzeitliche Gemeinde.

Um dies stärker zu betonen, werden die Taufen heute wieder vorwiegend im Gemeindegottesdienst vollzogen, nachdem sie lange Zeit häufig im Krankenhaus, im Hause der Taufeltern oder im Anschluß an den Gemeindegottesdienst stattgefunden hatten: »Da die Taufe zutiefst verbunden ist mit dem gemeinschaftlichen Leben und dem Gottesdienst der Kirche, sollte sie normalerweise während eines öffentlichen Gottesdienstes vollzogen werden ...« (Lima-Text).

Unterschiede zwischen der christlichen Taufe und den Einweihungsriten

Nachdem wir die formalen Entsprechungen zwischen dem christlichen Taufritus und den Einweihungsriten der Völker aufgezeigt haben, gilt es nun, die inhaltlichen Unterschiede zwischen ihnen ins Auge zu fassen und den ureigenen, unverwechselbaren Sinn der christlichen Taufe herauszustellen.

Die christliche Taufe geschieht nicht nur »im Namen Jesu«, sondern, wie die wohl älteste Taufformel lautet, »*auf den Namen Jesu*«, das heißt: auf das mit dem Namen Jesu verbundene Heilshandeln Gottes hin (das »auf« drückt das Woraufhin der Taufe aus). Die Taufe ist auf den Tod und die Auferstehung Jesu bezogen und erhält von daher ihren Sinn. Dies ist *das* Unterscheidungsmerkmal, das die christliche Taufe von allen taufähnlichen Handlungen unterscheidet. Mit dieser Tauformel verband sich der Gedanke der Übereignung *an* Jesus[8].

Anders als die sterbenden und auferstehenden Naturgötter, die den unendlichen Kreislauf des Werdens und Vergehens in der Natur verkörpern, ist das Sterben und Auferstehen Jesu ein einmaliges, ein für allemal geschehenes Ereignis der Heilsgeschichte, das heißt der Geschichte, durch die Gott das Heil der Welt wirkt. Tod und Auferstehung Jesu sind als geschichtliches Ereignis ein urbildliches Geschehen, das am Christen in der Taufe abgebildet wird. Paulus sagt: »Wenn wir mit ihm (Christus) verbunden und ihm gleich geworden sind in seinem Tod (wörtlich: Wenn wir mit der Gleichgestalt seines Todes zusammengewachsen sind), so werden wir ihm auch in der Auferstehung gleich sein« (Römer 6,5). Das heißt nicht, daß wir mit ihm identisch, sondern daß wir in der Taufe mit der Heilswirklichkeit des Todes und der Auferstehung Jesu aufs engste verbunden, daß wir mit ihm »gleichzeitig« werden. Das Gleichwerden mit Christus bedeutet also keine Vergöttlichung, auch keine mystische Vereinigung, sondern reale Kommunikation mit seinem Schicksal, so daß sich an uns vollzieht, was sich an ihm ereignet hat.

Die Einmaligkeit der Taufe weist auf die unwiderrufliche Zusage Gottes hin, die dem Menschen ein für allemal gilt und die durch kein menschliches Verhalten aufgehoben werden kann. Aber die Taufe bewirkt keine magisch-naturhafte Verwandlung des Menschen, die unabhängig von seinem Glauben geschieht. Aus der Gabe der Taufe erwächst dem Getauften die Aufgabe, im Geiste Christi zu leben. Das »Stirb und werde« wird im Neuen Testament ausschließlich unter dem Gesichtspunkt der Konsequenzen gesehen, die der Getaufte daraus für sein Leben zieht: daß er als ein Mensch lebt, der nicht mehr unter der Herrschaft der Sünde, sondern unter der Herrschaft des Gottes steht, der sich in Jesus Christus, dem Gekreuzigten und Auferstandenen, offenbart hat (Römer 6,11). Die Erneuerung ist nicht mit der Taufe geschehen (Perfekt), sondern sie ist ein Prozeß, der mit der Taufe beginnt und über den Tod hinausreicht (Aorist). »Darum«, so sagt Luther, »ist dies ganze Leben nichts anderes als eine geistliche Taufe ohn Unterlaß bis in den Tod.«

Die Einmaligkeit der Taufe macht auch deutlich, daß es dabei nicht um einen der verschiedenen Übergänge innerhalb unseres natürlichen Lebens geht, sondern um den Übergang von der natürlichen zur geistlichen, das heißt zur von Gottes beziehungsweise Christi Geist gewirkten Daseinsweise. Es ist ein Übergang vom Tod zum Leben: »Ihr wart tot durch eure Übertretungen und Sünden, in denen ihr früher gelebt habt nach der Art dieser Welt, unter dem Mächtigen, dem Geist, der noch jetzt am Werk ist in den Kindern des Ungehorsams. ... Aber Gott ... hat uns, die wir tot waren in unseren Sünden, mit Christus lebendig gemacht« (Epheser 2,1 ff.). Gestorben ist der Mensch, der sich selbst lebte; auferweckt ist der Mensch, der dem lebt, der für ihn gestorben und auferstanden ist (2. Korinther 5,15).

Das Christusgeschehen auf Golgatha ist und bleibt Grund und Ermöglichung des Lebens mit und in Christus. Durch die Taufe wird der Christ in Christus »eingesenkt« – so wie eine Pflanze in den Mutterboden gesenkt wird, in dem sie wurzelt und aus dem sie ihre Kraft zieht. Der Christ lebt in der Gnade der Taufe – so wie ein Fisch im Wasser lebt und außerhalb dieses Elementes zugrunde gehen muß.

Wenn die Taufe der Grund ist, auf dem das Leben des Christen gegründet ist, wenn sie der Beginn eines Erneuerungsprozesses ist, dann muß der Getaufte – ganz gleich, ob er als Kind oder als Erwachsener getauft ist – sich ständig an seine Taufe erinnern oder an seine Taufe erinnert werden und die Konsequenzen für sein Leben daraus ziehen. Die christliche Verkündigung ist weithin *Rückbesinnung auf den Grund christlicher Existenz* und Ermahnung zu einem Leben, das dem »Sein in Christus« entspricht: »Werde, was du bist.«

Zusammenfassung und Besinnung

Zusammenfassend läßt sich sagen: Der christliche Taufritus entspricht formal der Grundstruktur aller Einweihungsriten, aber er unterscheidet sich inhaltlich durch seine Bezogenheit auf das Christusgeschehen von allen außerchristlichen Einweihungsriten.

Wie ein Symbol, zum Beispiel ein Traumsymbol, seinen Sinn nicht in sich selbst hat, sondern seinen Sinn aus dem Zusammenhang erhält, in dem es erscheint, so haben auch symbolische Handlungen ihren Sinn nicht in sich selbst, sondern erhalten ihn von der göttlichen Offenbarung her, auf die sie bezogen sind. Alle Religionen, auch die christliche Religion, bedienen sich, um ihre Glaubenserfahrungen auszudrükken, der allgemein-menschlichen Symbolsprache, die der archetypischen Struktur der menschlichen Seele entspricht; aber in jeder Religion haben die Symbole und symbolischen Handlungen entsprechend der ihnen zugrunde liegenden Offenbarung ihre unverwechselbare Eigenart. In den allgemein-menschlichen Symbolen und symbolischen Handlungen kommt das Universale, in ihrem unterschiedlichen Sinn das Eigene und Eigentliche einer Religion zum Ausdruck. Die Symbole und symbolischen Handlungen sind vergleichbar, aber die göttliche Offenbarung, auf die sie sich beziehen, ist unvergleichlich.

Was besagt die Feststellung, daß die christliche Taufe in ihrer ursprünglichen Gestalt ein Initiationsritus ist, der der Grundstruktur aller Einweihungshandlungen entspricht? – Handelt es sich dabei um eine archetypische Struktur der menschlichen Seele, dann kommt in der Initiation ein bleibendes, unabweisbares Bedüfnis nach Erneuerung und Wiedergeburt zum Ausdruck[9]. Man kann es unterdrücken und verdrängen, aber man kann es nicht beseitigen. Die moderne verweltlichte, industrielle Gesellschaft ist gegenüber der archaischen Gesellschaft dadurch charakterisiert, daß es keine kollektiven Initiationen mehr gibt. Denn es fehlen die beiden entscheidenden Voraussetzungen dafür: die Überzeugung, daß die Geburt den Menschen in ein Leben setzt, das ohne Werte und ohnc Transzendenz nur ein vegetatives Dasein bleibt, und die Überzeugung, daß der Tod nicht ein Ende, sondern ein Übergang in eine andere Daseinsweise ist. Zudem verhindert die pluralistische Gesellschaft Initiationserfahrungen, weil die Welt ihre Sakralität verloren hat und total verweltlicht ist, weil entscheidende Lebensschritte, zum Beispiel das Eingehen einer Ehe, rückgängig gemacht werden können und damit den Charakter einer radikalen Transformation mit dem Absterben der alten Persönlichkeit und der Möglichkeit einer seelischen Wiedergeburt verlieren und weil es in der heutigen Gesellschaft eine Vielzahl von Alternativen, zum Beispiel zur Ehe, gibt.

Geburt, Volljährigkeit, Hochzeit und Tod, die von jeher von Initiationsriten begleitet waren, werden heute zwar noch festlich begangen, aber diese Feiern haben die unabdingbaren Merkmale der Initiation verloren. Da aber dem unbewußten Bedürfnis nach Erneuerung und Wiedergeburt in der offiziellen Kultur nicht entsprochen wird, entsteht zwangsläufig eine Subkultur, die sich Ersatzformen der Initiation schafft. Es bilden sich Geheimgruppen, in denen initiationsähnliche Erfahrungen gemacht werden können. Das können politische, paramilitärische Gruppen sein (Terroristengruppen) oder sektenähnliche Gruppen mit pseudo-religiösen Kulten (Mutter-Erde-Kult, Schamanismus, Satansmessen u. ä.). Auch der Drogenkonsum kann als ein (zum Scheitern verurteilter) Versuch angesehen werden, selbst einen Initiationsprozeß einzuleiten und Tod und Wiedergeburt zu durchleben[10].

Wenn es so ist, daß das Bedürfnis nach Erneuerung und Wiedergeburt ein archetypisches Bedürfnis der menschlichen Seele ist, das zwar unterdrückt, aber nicht ausgelöscht werden kann, dann bekommt die Feststellung, daß die christliche Taufe ursprünglich ein Initiationsritus war, eine weit über die historische Betrachtungsweise hinausgehende Bedeutung. Die christliche Taufe hat in ihrer ursprünglichen Gestalt zweifellos dieses Bedürfnis in einem letztgültigen Sinn erfüllt.

Die symbolische Bedeutung des Wassers

Wasser ist ein Urelement, das Leben hervorbringt und erhält,
das aber auch Leben bedroht und verschlingt.
Wasser ist zugleich Wasser des Lebens und Wasser des Todes.
Nach mythischem Denken
muß das Leben immer wieder ins Chaos zurücksinken,
um erneuert daraus hervorzugehen.

Wasser hat für die meisten Menschen in der zivilisierten Welt seine Symbolkraft verloren. Es ist etwas Selbstverständliches geworden. Und weil es sich von selbst versteht, machen wir uns keine Gedanken darüber. Wissenschaftlicher Verstand hat das Wasser nüchtern analysiert und es nach seiner chemischen Zusammensetzung aus zwei Teilen Wasserstoff und einem Teil Sauerstoff auf die Formel H_2O gebracht. Die chemische Formel ist an die Stelle des mythischen Symbols getreten. Technisches Können hat das Wasser dem zivilisierten Menschen verfügbar gemacht, wo immer und wann immer er es braucht. Er schöpft das Wasser nicht mehr mühsam Eimer für Eimer aus einem Brunnen – bis in die zwanziger Jahre unseres Jahrhunderts hinein versorgten sich die Bewohner vieler Dörfer noch aus öffentlichen Brunnen oder Straßenpumpen und die Bewohner von Mietshäusern aus einer Zapfstelle auf dem Hof. Nein, er dreht den Wasserhahn auf, und das Wasser fließt aus der Leitung, sooft und solange er es will. Darum hat das Wasser für ihn seine Naturmächtigkeit und Symbolhaftigkeit verloren. Es ist für ihn zu einem Ding geworden, das er für seine Zwecke nutzbar gemacht hat[1]. Weil die Technik zwischen den Menschen und das Element getreten ist, haben wir keine unmittelbare Beziehung mehr zum Wasser.

Je selbstverständlicher für den zivilisierten Menschen das Wasser wurde, desto gedankenloser ging er damit um, als wäre der Wasservorrat unerschöpflich. Der private Wasserverbrauch für Waschen, Duschen und Baden, für Wäsche- und Geschirrspülen, für Reinigung von Haus und Auto, für Toilettenspülung und Gartensprengen sowie der öffentliche Wasserverbrauch für Schwimmbäder, öffentliche Einrichtungen, Industrien und so weiter ist in der Bundesrepublik in den letzten Jahrzehnten ständig gestiegen: 1969 betrug er 27 Milliarden Kubikmeter, zur Zeit beträgt er 32 Milliarden Kubikmeter, und im Jahre 2000 wird er schätzungsweise 44 Milliarden Kubikmeter betragen.

Wasser ist für den zivilisierten Menschen so banal geworden, daß er es kaum noch trinkt, höchstens aufbereitetes Mineralwasser, mit Kohlensäure versetzt und in Flaschen abgefüllt. Er bevorzugt künstlich hergestellte Getränke, zum Beispiel Bier; aber um 50 Liter Bier herzustellen, werden

1000 Liter Wasser benötigt. Der Mensch ist bestrebt, sich durch die Industrie weitgehend unabhängig von der Natur zu machen, aber ein einziges chemisches Werk kann unter Umständen mehr Wasser verbrauchen als eine ganze Großstadt. Die zivilierte Welt bleibt letzten Endes vom Rohstoff Wasser abhängig.

Durch künstliche Bewässerungssysteme regelt der Mensch selbst den Rhythmus von Überflutung und Entwässerung und macht sich so zunehmend unabhängig vom Wetter und von den Gezeiten. Er setzt dem Meer seine Grenzen und sichert seinen Lebensraum mit Hilfe modernster Deichbautechnik gegen dessen Urgewalt.

Das Meer zu befahren ist kein Wagnis mehr. Der zivilisierte Mensch durchquert alle Weltmeere mit seetüchtigen Schiffen auf festgelegten Routen zu festgelegten Zeiten. Was in den Meeren lebt an seltsamen Tieren und Pflanzen, ist erforscht und hat für ihn seine Unheimlichkeit verloren. Selbst die Tiefen des Meeres bergen für ihn kein Geheimnis mehr.

Quellen sprudeln nicht mehr aus der Erde, sondern sind einbetoniert. Der Lauf der Flüsse und Bäche ist im Zuge der Flurbereinigung weitgehend begradigt, das Wasser nach menschlichem Belieben oder für menschliche Zwecke (z.B. der Stromgewinnung) gestaut, umgeleitet oder kanalisiert. Fließendes Wasser dient der Unratbeseitigung. Die Gewässer sind zu Abwässern geworden, die Meere zu Abfallgruben für Öl, Klärschlamm und radioaktive Stoffe – als wenn die Selbstreinigungskraft des Wassers unbegrenzt wäre.

Nur noch in außergewöhnlichen Situationen erfährt der zivilisierte Mensch die mythische Dimension des Wassers: Wenn bei einer Sturmflut die Wassermassen die Deiche überspülen, das Land überschwemmen und Menschen, Vieh und Häuser verschlingen; wenn ein Schiff im Sturm untergeht und Mannschaft und Passagiere mit sich in die Tiefe reißt; wenn der Regen ausbleibt und eine anhaltende Dürre den Erdboden und was darauf wächst verdorren läßt; oder wenn Menschen in eine Notlage geraten, in der sie Durst leiden (der Mensch, der zu zwei Dritteln aus Wasser besteht, kann nur drei Tage, ohne Flüssigkeit zu sich zu nehmen, leben).

Seit einer Reihe von Jahren wird dem zivilisierten Menschen das Wasser zunehmend zu einem Problem. Am eigenen

Leibe bekommt er die negativen Auswirkungen seiner Eingriffe in die Natur zu spüren. Die Verunreinigung vieler Meere, Seen und Flüsse ist so groß geworden, daß man in ihnen nicht mehr baden, geschweige denn sich reinigen kann. Die Schadstoffbelastung der Nordsee hat bereits solche Ausmaße angenommen, daß Wissenschaftler eine größere biologische Katastrophe befürchten, wenn nichts dagegen unternommen wird. Die Fische und andere Lebewesen in der Nordsee und in den großen Flüssen, die in sie münden, sind zu 30 Prozent krank und für den Menschen ungenießbar geworden. Bei immer häufigeren, von Menschen verursachten Katastrophen sterben sie zu Tausenden.

Selbst der Regen ist nicht mehr fruchtbar, sondern wird zu einer schädlichen Dünnsäure, nachdem er sich mit den Schadstoffen verbunden hat, die unsere Industrie hunderttausendtonnenweise in die Atmosphäre bläst.

Beim Bau von Staudämmen und beim Anlegen von Stauseen zeigte sich in vielen Fällen, daß die erreichten Vorteile von den schädlichen Nebenwirkungen übertroffen werden. Beispiel: der Assuan-Staudamm.

Der verschwenderische Umgang mit Wasser hatte das Absinken des Grundwasserspiegels zur Folge. Selbst die reichlichen Niederschläge in der Bundesrepublik reichen nicht mehr aus, um das in immer größeren Mengen abgepumpte Grundwasser wieder aufzufüllen und den Wasserhaushalt auszugleichen. Wegen der zunehmenden Asphaltierung, Betonierung und Bebauung des Erdbodens (Oberflächenversiegelung) kann immer weniger Wasser versickern. Die begradigten Flüsse und Bäche lassen das Regenwasser schneller abfließen, und die Wälder, die es wie ein Schwamm aufsaugen und speichern, sterben in einem besorgniserregenden Maße dahin. Zudem wird das Grundwasser, das hauptsächlich aus den Niederschlägen stammt, immer mehr durch sauren Regen, durch chemische Düngemittel (Nitrate und Phosphate), durch Lagerung (Mülldeponien) und Beförderung von wassergefährdenden Stoffen sowie durch Ableitung von Öl und chemischen Waschmitteln in die Kanalisation verseucht. Gelegentlich müssen die Bewohner eines Ortes, weil das Trinkwasser ungenießbar geworden ist, mit Wasser aus Transportfahrzeugen versorgt werden. Je knapper und kostspieliger das Trinkwasser wird, desto mehr wird sich der Mensch der Kostbarkeit des Wassers wieder bewußt.

Weltweit gesehen – und wir können heute eigentlich nur noch im Weltmaßstab denken – ist Wasser ein noch viel größeres Problem. Nach einer Schätzung der Weltgesundheitsorganisation (WHO) aus dem Jahre 1975 haben etwa 60 Prozent der Bevölkerung in den Entwicklungsländern auf Grund der abnehmenden Qualität und zu großer Entfernungen vom Versorgungsnetz nicht genügend Wasser zur Verfügung. Ungefähr vier Fünftel der Landbevölkerung der Welt haben keinen Zugang zu sicheren, verläßlichen Trinkwasservorräten. Die Lage wird dadurch verschärft, daß sich allein durch das Wachstum der Bevölkerung der Wasserbedarf während der nächsten zwanzig Jahre in der Hälfte aller Länder verdoppeln wird (Global 2000). Nur in weltweiter Zusammenarbeit können diese Probleme gelöst werden.

Der Mensch beginnt, Wasser als Urelement seines Lebens wiederzuentdecken. Punkt 1 der Europäischen Wasser-Charta von 1968 lautet: »Ohne Wasser gibt es kein Leben, Wasser ist ein kostbares, für den Menschen unentbehrliches Gut.« Die UNESCO gab in den letzten Jahren das Motto aus: »Wasser – unser Leben«, und auf Autoaufklebern der Umweltschutzorganisation Greenpeace kann man lesen: »Wasser ist Leben«. Das heißt: Wasser ist zum Symbol für Leben geworden. Damit hat der Mensch nach langer Entfremdung wieder Zugang zum Symbol gefunden[2].

Im Symbol des Wassers haben sich allgemein-menschliche Erfahrungen mit diesem Urelement zum Sinnbild verdichtet. C. G. Jung nannte solche Sinnbilder »archetypische Bilder«, das heißt: von ihrem Ursprung (arche) her typische Bildwerdungen psychischer Erfahrungen. Sie sind als allgemein-menschliche Formen der Vorstellung ererbt, so wie auch allgemein-menschliche Formen des Handelns (Instinkte) ererbt sind. Bei entsprechenden Erfahrungen treten die archetypischen Bilder aus dem kollektiven Unbewußten ins Bewußtsein. Mit ihrer Hilfe drückt der Mensch seine Erfahrung aus. Das erklärt, warum auf der ganzen Erde unabhängig voneinander dieselben Symbole vorkommen, in den uralten Mythen und Märchen ebenso wie in den Träumen heute lebender Menschen.

Aber es ist nicht so, daß nun das Symbol wieder an die Stelle der chemischen Formel tritt. Wissenschaftliches und symbolisches Denken schließen sich nicht gegenseitig aus, sie sind unterschiedliche Sichtweisen der Welt, die einander komplementär ergänzen. Die wissenschaftliche Sicht sieht das Wasser aus objektiver Distanz als Gegenstand, der analysiert wird und mit dem man rational umgeht. Die symbolische Sicht sieht das Wasser aus subjektiver Betroffenheit als lebendiges Gegenüber, das in seiner Mächtigkeit und Wirklichkeit erfahren wird und mit dem man religiös umgeht. Der rationale und der religiöse Umgang mit Wasser schließen sich nicht gegenseitig aus; aber so viel kann man sagen: Ohne den religiösen Umgang mit den Dingen dieser Welt verkommt die Schöpfung zur bloßen Dingwelt und richtet sich gegen den Menschen, wie die gegenwärtige Umweltkrise zeigt.

Wenden wir uns nun der mythischen Sicht des Wassers und dem rituellen Umgang mit dem Wasser zu.

Die mythische Sicht des Wassers

In den meisten Schöpfungsmythen, auch in der biblischen Schöpfungsgeschichte der Priesterschrift (1. Mose 1,1–2,4a), sind Finsternis, Chaos und Urmeer die Ausgangspunkte des Lebens. Vor der eigentlichen Schöpfung bedeckt eine große, unbewegte Wasserfläche die ganze Erde. Aus diesem *unerschaffenen Wasser* gehen der unerschaffene Schöpfergott (Demiurg), die Götter (in Ägypten wird der Urozean »Vater der Götter« genannt) und die Schöpfung (die Erde und alles, was darauf ist) hervor[3]. Wasser ist der Urstoff, aus dem alles besteht, das Chaos, aus dem der Kosmos, die geordnete Welt, hervorgeht, das Gestaltlose und Undifferenzierte, das aber den Keim zur Gestaltwerdung und Differenzierung in sich trägt.

In einigen Schöpfungsmythen wird die Entstehung der Schöpfung als Emporsteigen der »herrlichen Hügel des Uranfangs« aus der Wasserflut geschildert. (In Ägypten wurde das Allerheiligste in jedem Tempel mit diesem Urhügel identifi-

Gläubige bei rituellen Waschungen am Ganges

48

ziert.) Das Leben geht aus dem Wasser hervor – sowohl erdgeschichtlich als auch auf den einzelnen Menschen gesehen: Das Leben entstand in den Gewässern und breitete sich von dort über die ganze Erde aus, und auch der menschliche Embryo lebt im Fruchtwasser des Mutterleibes, ehe er zur Welt kommt. Darum ist das Wasser (wie die Erde) mythologisch dem weiblichen Prinzip zugeordnet. Es ist Symbol der Großen Mutter, des Weltenschoßes, der prima materia (materia ist von mater = Mutter abgeleitet).

In anderen Schöpfungsmythen wird die Erschaffung und Ordnung der Welt als Ergebnis eines Kampfes dargestellt, den der lichte Schöpfergott gegen das dunkle Chaosungeheuer, eine Verkörperung der *Chaoswasser*, führt. Nachdem er sie besiegt hat, spaltet er das Chaosungeheuer in zwei Teile und schafft aus dem einen den Himmel und aus dem anderen die Erde – so im babylonischen Schöpfungsmythos.

Anders im biblischen Schöpfungsbericht der Priesterschrift: »Die Erde war wüst (tohu) und leer (bohu), und Finsternis lag über dem Urmeer (tehom), und der Geist Gottes schwebte über den Wassern« (1.Mose 1,2). Hier stehen sich das Urmeer und der Schöpfergeist Gottes gegenüber. Hier gibt es keinen Kampf, denn der strenge Monotheismus läßt keinen Raum für ein zweites Prinzip neben Gott. Das Urmeer ist keine selbstmächtige Größe und spielt keine aktive Rolle, es ist nur Material in des Schöpfers Hand. Gott ist der souveräne Herr, er ruft durch sein allmächtiges Wort Himmel und Erde ins Dasein. Nur entfernt erinnert das hebräische Wort tehom = Urmeer an Tiamat, das Chaosungeheuer aus dem babylonischen Schöpfungsmythos, und die Scheidung der Wasser oberhalb der Himmelsfeste und der Wasser unterhalb der Himmelsfeste an die Spaltung des Chaosungeheuers.

Das Urmeer ist – wie alle Ursymbole – ambivalent, das heißt, es kann eine positive und eine negative Bedeutung haben. Es bringt nicht nur Leben hervor, sondern es kann auch das Leben, das es hervorgebracht hat, wieder verschlingen (wie die Große Mutter). Es ist zugleich Wasser des Lebens und Wasser des Todes.

Auf der ganzen Erde werden Geschichten von einer Großen Flut erzählt, die in der Urzeit alles Leben verschlang. Nur ein Menschenpaar überlebte. Mit ihm begann das Leben auf der Erde noch einmal. Die Große Flut ist in diesen Geschichten identisch mit der Urflut, aus der im Anfang die Schöpfung hervorging.

Die aus einer jahrtausendealten Traditionsgeschichte im Abendland bekannteste solcher Erzählungen ist die biblische Sintflutgeschichte (sint = groß). Sie berührt sich eng mit dem babylonischen Gilgamesch-Epos und mit den Fluterzählungen im mesopotamischen Raum. Der Scheidung der oberen und unteren Wasser bei der Schöpfung entspricht das Zusammenfließen beider in der Sintflut. Die *Sintflut* ist also Rückkehr der Schöpfung ins Chaos. Ganz ausdrücklich entspringt sie dem Entschluß Gottes, alles, was er geschaffen hat, »vom Menschen an bis hin zum Vieh«, von der Erde zu vertilgen; denn es reute ihn, daß er sie gemacht hatte. Nur Noah fand Gnade vor Gott. Er allein blieb übrig und was mit ihm in der Arche war (1. Mose 6–9).

Die verschlingende Macht des Wassers wird in vielen mythischen Erzählungen in einem oder in mehreren mythischen Ungeheuern verkörpert. Im Alten Testament werden sie als großer Fisch, als Seedrache oder -schlange, als Krokodil oder Nilpferd vorgestellt. Sie haben geheimnisvolle Namen: Leviathan, Rahab, Tannin, gewundene Schlange. Dadurch wird das Wasser als dämonische, ja als gottfeindliche Macht gekennzeichnet.

Alle Gewässer auf der Erde – Meere, Seen, Teiche, Flüsse, Bäche – sind Teile des Urmeeres. Darum sind sie Gegenstand religiöser und kultischer Verehrung. In allen Regionen spielt das Wasser eine bedeutende Rolle. Es ist gegenüber dem Festen und Erstarrten Symbol des Lebendigen, sich ständig Wandelnden. Das gilt vor allem vom fließenden Wasser und vom Quellwasser, das im Gegensatz zum stehenden Wasser (Zisternenwasser) als »lebendiges Wasser« bezeichnet wird (vgl. Johannes 4,10; 7,38).

Für den Naturglauben der Völker sind *Quellen* heilig. Dem Quellwasser wohnt eine schöpferische und verwandelnde »Macht« inne, die auf der ganzen Erde weiblichen Charakter hat. Nicht zufällig sind die meisten Quellgottheiten weiblich, wie auch die niederen Naturgottheiten, die als Hüter des Wassers in den Quellen wohnen: Nymphen, Najaden und Nixen.

Die Quellen gelten als »jungfräulich« und zugleich als müt-
terlich-weiblich. Die Beziehung des Wassers zu Empfängnis
und Geburt ist uralt. Häufig bedarf es einer von außen kommenden männlichen Kraft, um das Wasser aus dem Innern der
Erdmutter hervorsprudeln zu lassen. Die männliche Kraft wird
vergegenständlicht im Stab des Mose, im Dreizack des Meer-
gottes Poseidon, in dem mit Efeu und Weinlaub umwundenen
Thyrosstab des Dionysos. Immer wird mit Hilfe eines männlichen Attributs das Wasser aus der Erde geschlagen. Das aus
Erd- und Felsspalten hervorbrechende Quellwasser hat den
Charakter des »Geborenwerdens«.

Das vom Männlichen befruchtete weibliche Wasser ist
Fruchtbarkeit spendend. Bei den finnisch-ugrischen Völkern
zum Beispiel verleiht eine »Wassermutter« den Frauen
Fruchtbarkeit.

Auch besteht eine enge Beziehung des Quellwassers zum
Orakelwesen. Sibyllen und Propheten haben ihren Sitz oft bei
Quellen oder Grotten. Das »Murmeln« des aus der Tiefe der
Erde quellenden Wassers symbolisiert das murmelnde Spre-
chen eines Menschen, aus dessen unbewußter Seelentiefe
Erkenntnisse aufsteigen, die er nur schwer in Worte fassen
kann: Worte der Inspiration, Weisheitssprüche, verschlüsselt in
der Sprache der Bilder.

Wasser hat Heilkraft. Der Wörishofener Pfarrer Sebastian
Kneipp hat sie um die Mitte des 19. Jahrhunderts mit seinen
Wasserkuren wiederentdeckt. Sein Wahlspruch lautete: »Im
Wasser ist Heil.« Das gilt in besonderem Maße von den
natürlichen (kalten, warmen oder heißen) Heilquellen mit ihrem
hohen Gehalt an Mineral- oder anderen Stoffen. Entweder
trinkt der Heilungsuchende dieses Wasser, oder er badet sich
darin, um dessen heilende Kraft am eigenen Leibe zu erfahren.

Wenn sich das natürliche Wasser mit einer übernatürlichen
Kraft verbindet, gewinnt es heilende und heiligende Kraft,
wie zum Beispiel in Lourdes. Dort wird eine Quelle als
heilkräftig verehrt, die im letzten Jahrhundert in einer Höhle
entsprang, in der kurz zuvor einem Mädchen die Jungfrau
Maria erschienen war.

Heilquellen werden zum Symbol für die Quelle des Heils,
aus der Wasser des Lebens quillt. Sie entspringt am Fuße des
Lebensbaumes im Paradies und speist die vier Flüsse, die die

Erde in alle vier Himmelsrichtungen durchströmen und das Land fruchtbar machen (1. Mose 2,10–14). Als Abbild dieser Paradiesquelle wurden viele Fontänen in der Mitte von Gärten, Plätzen, Höfen und Kreuzgängen geschaffen. – Eine volkstümliche Abwandlung des Paradiesbrunnens ist der Jungbrunnen, der dem, der darin badet, die Jugend wiedergibt.

Nach der mythischen Gleichung: Urzeit = Endzeit kehrt am Ende der Zeit das Paradies wieder. Der Seher Johannes berichet in den letzten Kapiteln seiner »Offenbarung« von dem neuen Himmel und der neuen Erde, die er schaute: »Und er (ein Engel) zeigte mir einen Strom lebendigen Wassers, klar wie Kristall, der ausgeht von dem Thron Gottes und des Lammes (Christus); mitten auf dem Platz und auf beiden Seiten des Stromes Bäume des Lebens, die bringen jeden Monat ihre Frucht, und die Blätter der Bäume dienen der Heilung der Völker ...« (22,1 ff.). Und Johannes hörte eine Stimme, die sprach: »Wen dürstet, der komme; und wer da will, der nehme das Wasser des Lebens umsonst« (22,17).

Das *Wasser des Lebens* spielt in Mythen und Märchen eine große Rolle, zum Beispiel in dem gleichnamigen Grimmschen Märchen[4]. Es erzählt von einem König, der so krank ist, daß er sterben muß, wenn es nicht einem seiner drei Söhne gelingt, ihm das Wasser des Lebens zu holen. Wasser des Lebens ist hier Symbol für die Lebenskraft, die in der Tiefe der menschlichen Seele verborgen ist. Verliert der Mensch den Zugang zu ihr, so wird er starr und unlebendig und siecht dahin.

Eine gefaßte Quelle nennen wir *Brunnen*. Das Wort Brunnen bedeutet nichts anderes als Quelle, denn das Brunnenwasser quillt aus der Tiefe der Erde. Beim Brunnen ist der Gefäß- und Elementarcharakter des Weiblichen unmittelbar deutlich. Nicht zufällig ist der Brunnen im Märchen oft der Eingang in das Reich der Erdmutter (Frau Holle), in das Reich des Naturhaften, des Unbewußten.

War bisher vom positiven Aspekt des Wassers die Rede, so muß nun auch von seinem negativen Aspekt gesprochen werden, denn als Abbild des Urmeeres hat es teil an dessen ambivalentem Charakter: Wie es Leben schafft und erhält, so verschlingt es auch Leben und läßt es untergehen. Auf mancherlei Weise kommt dieser doppelte Aspekt des Wassers zum Ausdruck:

Es gibt Süßwasser und Salzwasser – in der sumerischen und babylonischen Mythologie werden beide in verschiedenen Göttern verkörpert. Eine Überschwemmung durch Süßwasser macht das Land fruchtbar, eine Überschwemmung durch Salzwasser dagegen unfruchtbar.

Wasser dient der Gesundheitspflege, aber es gibt auch viele Krankheiten, die vom Wasser herrühren oder mit Wasser in Verbindung stehen: Ruhr, Malaria, Schistosomiase und andere.

Wasser trägt Menschen, Flöße, Boote, aber es kann sie auch in die strudelnde Tiefe hinabreißen. Man kann im Wasser ein erfrischendes Bad nehmen, man kann aber auch darin ertrinken.

Wasser enthält viele Fische und andere Lebewesen, die dem Menschen zur Nahrung dienen; aber es birgt auch gefährliche Ungeheuer, die ihm zum Verderben werden können: Haie, Kraken, Piranhas, Krokodile und andere. – Gerade während ich dies schreibe, lese ich in der Zeitung, daß der Leichtsinn von Touristen, die im nördlichen Australien unbekümmert durch Flüsse waten, die von Krokodilen nur so wimmeln, den Behörden große Sorgen bereitet. In den vergangenen 15 Monaten seien dort acht Menschen von Krokodilen gefressen worden.

Ehe wir uns dem rituellen Umgang mit Wasser zuwenden, wollen wir uns die tiefenpsychologische Deutung des Wassers vergegenwärtigen.

Die tiefenpsychologische Deutung des Urwassers

Die Analytische Psychologie C. G. Jungs hat uns eine neue Dimension der Symbole erschlossen. Sie deutet das im Mythos geschilderte äußere Geschehen als repräsentatives Symbol eines innerseelischen Geschehens – was eine Entsprechung von Außen und Innen, von Kosmos und Psyche, voraussetzt. In der mythischen Projektion des Psychischen ins Kosmische wird das innere unbewußte Drama der Seele dem Bewußtsein wahrnehmbar.

In den Mythen stellen sich archetypische Stadien der seelischen Entwicklung dar. Ihr erstes Stadium spiegelt sich in den

Schöpfungsmythen wider. Die darin geschilderte Weltentstehung symbolisiert den Beginn des psychischen Lebens. Die Ursprungssituation entzieht sich naturgemäß einer Darstellung, die anders als mythisch ist, weil noch kein reflektierendes, selbstbewußtes Ich vorhanden ist, das etwas auf sich beziehen kann[5].

Welches ist die seelische Entsprechung zum Urwasser und seiner sakralen Mächtigkeit?

Das Urwasser, aus dem alles entsteht, ist ein Symbol des Unbewußten; und zwar nicht des unter der Oberfläche des Bewußtseins liegenden persönlichen Unbewußten, das alles das enthält, was unserem Bewußtsein entfallen oder aus unserem Bewußtsein verdrängt oder uns noch nicht zum Bewußtsein gekommen ist, sondern die Tiefe des Unbewußten, die C. G. Jung als das *Kollektive Unbewußte* bezeichnet hat. Es enthält keine individuell erworbenen, sondern ererbte allgemein-menschliche Verhaltens- und Verstehensmuster: die Instinkte als allgemein-menschliche Formen des Handelns und die Archetypen als allgemein-menschliche Formen der Anschauung.

Zahlreich sind die Entsprechungen zwischen dem Urwasser und dem Kollektiven Unbewußten:

Wie das Urwasser vor der Schöpfung da war, so ist das Kollektive Unbewußte der nicht hinterfragbare seelische Urzustand, das vorgeburtliche Stadium, das heißt das Stadium vor der Geburt des Ich und des Bewußtseins. Das Urwasser, das die ganze Erde bedeckt, ist ein Bild für die Uferlosigkeit des unbewußten Seelenzustandes, in dem die Triebregungen und Gemütsbewegungen noch keine Begrenzung und noch keine Form haben. Aber wie in dem gestaltlosen Urmeer der Keim zu Gestalt und Form enthalten ist, so drängt auch das im unbewußten seelischen Urzustand enthaltene psychische Leben zu Form und Gestalt.

Wie das Urwasser der weiblich-mütterliche Schoß allen Lebens ist, so ist das Kollektive Unbewußte Mutterschoß und Urquell allen psychischen Lebens. Wie das Kind im Mutterleib, so ist das Ich als Kern des Bewußtseins zunächst völlig im Unbewußten enthalten. Ich und Unbewußtes, Einzelner und Gruppe, Mensch und Welt sind auf der archaischen Ursprungsstufe ununterscheidbar miteinander verbunden.

Wie sich die Erde, inselgleich, aus dem Urwasser erhebt, so erhebt sich das Ich als Zentrum des Bewußtseins aus dem Unbewußten. Wenn Kinder zum erstenmal »Ich« sagen, nachdem sie bis dahin von sich selbst nur in der dritten Person oder ihren eigenen Namen nennend gesprochen haben, so ist solch eine Insel entstanden, auf die sich das Leben gründen kann.

Die Loslösung des Ich vom Unbewußten erscheint in der Mythologie als Drachenkampf. Der Spaltung des Chaosungeheuers in Himmel und Erde, in die oberen und unteren Wasser sowie die Scheidung von Licht und Finsternis entspricht in der menschlichen Seele das Auseinandertreten der Systeme Bewußtsein und Unbewußtes, mit dem das Drama der seelischen Entwicklung beginnt. Das Ich identifiziert sich mit der oberen, lichten Seite und läßt die andere im Unbewußten.

So gewiß das bewußte Ich aus dem Kollektiven Unbewußten hervorgegangen ist und sich von diesem losgelöst hat, so gewiß muß es, wenn es nicht erstarren will, in Verbindung mit dem Unbewußten bleiben. »Der Mensch«, so hat schon Goethe erkannt, »kann nicht lange im bewußten Zustande oder im Bewußtsein verharren; er muß sich wieder ins Unbewußte flüchten, denn darin liegt seine Wurzel.« Wie die Sonne, das archetypische Symbol für das Bewußtsein, immer wieder in den Schoß des Meeres, aus dem sie aufstieg, zurücksinkt und erneuert daraus hervorgeht, wie der Sonnenheld in die Unterwelt hinabsteigen muß, um Weisheit und Unsterblichkeit zu erlangen, so muß auch das bewußte Ich immer wieder ins Unbewußte eintauchen, um sich daraus zu erneuern.

Wie das Urwasser, aus dem die Schöpfung hervorging, diese auch wieder verschlingen kann (Sintflut), so kann das Unbewußte, aus dem das Ich-Bewußtsein hervorging, dieses auch wieder überschwemmen und zurückschlingen. Das geschieht zum Beispiel, wenn das Ich überwältigt wird von chaotischen Gefühlen, Ängsten, Sehnsüchten und Ansprüchen. Das Überschwemmtwerden von Affekten, deren Gefühlsqualität meist nicht benannt werden kann, äußert sich oft in Wasserträumen. Psychotherapeuten wissen davon zu berichten, wie häufig Wasserträume bei heutigen Menschen sind, weil die Ursprünglichkeit und Dynamik der Seele im Bild des Wassers ihren angemessenen symbolischen Ausdruck findet. »Des Menschen Seele gleicht dem Wasser«, hat schon Goethe gesagt.

Die Bilder des Traumes finden eine Entsprechung in bild-
haften Redewendungen, wie sie vor allem in den alttestamentlichen Psalmen und in sprichwörtlichen Redensarten vorkommen: »Fluten umgeben mich, schließen mich ein«, »das Wasser geht mir bis an die Kehle oder steht mir bis zum Hals«,
»die Wellen schlagen über mir zusammen«, »ich versinke im
tiefen Meer« und so weiter.

Das Überschwemmtwerden von Emotionen kann sich über
das Symbol des Wassers auch in körperlichen Symptomen wie
Bettnässen und Alkoholismus äußern[6]. So phantasierte ein
etwa siebenjähriger kontaktschwacher Junge, der einnäßte und
erhebliche Schwierigkeiten hatte, von einem Professor auf
einer einsamen Insel, für den das Wasser ein unüberwindbares
Hindernis war, zum Festland und zu anderen Menschen zu
kommen. – Eine Frau, die Angst hatte, alkoholabhängig zu
werden, träumte: Als sie die Tür zu ihrem Keller öffnete, sah
sie, daß er voll Wasser stand. In Panik schlug sie die Tür zu und
beschloß, sie nie im Leben wieder zu öffnen. – Eine alkohol-
kranke Frau um die Lebensmitte hatte folgenden Traum: Zu
ihrer Linken floß ein breiter Strom dahin, den sie im Traum
mit dem »Strom des Lebens« gleichsetzte. Als sie merkte, daß
das Wasser bedrohlich schnell anstieg und über die Ufer zu
treten drohte, wurde sie von Angst ergriffen, daß die starke
Strömung sie mit fortreißen könnte.

Das Überschwemmtwerden des Ich vom Unbewußten kann
die Form einer Psychose oder gar der Schizophrenie annehmen. Das völlige Versinken des Ich im Kollektiven Unbewußten kann nicht nur seelisch, sondern auch körperlich tödlich
sein.

Aber wie das Urwasser enthält auch das Kollektive Unbewußte nicht nur dunkle und zerstörerische, sondern auch
schöpferische und heilsame Kräfte. Wie die Tiefe des Meeres
birgt es einen kostbaren Schatz, den Lebenswert, den zu
gewinnen der Held, das Ich, sein Leben einsetzt; denn beim
Abstieg in die Tiefe begegnet es mancherlei Ungeheuerlich-
keiten, die es zu verschlingen drohen. Es kann bei diesem
Abenteuer zugrunde gehen, aber es kann dabei auch von
Grund auf erneuert werden.

Das Kollektive Unbewußte ist die unerschöpfliche Quelle
der Weisheit, die weiter und umfassender ist als die Klugheit

des Ich-Bewußtseins. In ihm ist die Summe der Erfahrungen unserer Ahnen enthalten. Als Ahnungen, als schöpferische Einfälle oder als prophetische Träume treten sie zuweilen in unser Bewußtsein, sprechen zu uns (wie das Raunen der Quelle) in einer geheimnisvollen Sprache, in der Sprache der Symbole, die wir nicht ohne weiteres verstehen, die der Deutung bedarf. Aus dieser Quelle schöpfen die alten Mythen und Märchen, aus ihr schöpfen die Künstler ihre großen Werke, aus ihr schöpfen die Träume ihre Bilder.

Aber wie der Trank aus der Quelle kann das Schöpfen aus dem Unbewußten nicht nur weise machen, sondern auch in den Wahnsinn treiben. Die Nixe, die Nymphe, die im Wasser wohnt, symbolisiert das weibliche Seelenbild, das im Unbewußten des Mannes enthalten ist: anziehend und ängstigend, verlockend und verzaubernd zugleich. Es kann das Bewußtsein ins Unbewußte hinabziehen (»halb zog sie ihn, halb sank er hin ...«), es kann ihm aber auch Führerin zur Ganzheit werden. Auch hier wird die Ambivalenz des Unbewußten deutlich.

Quellendes, fließendes Wasser ist Symbol für die Lebendigkeit und Dynamik unserer Seele. Als Bewegtes und Bewegendes, das ständig im Fluß ist und mitreißt, das ständig seine Form wandelt und alles, was es berührt, formt und verändert, ist es ein Symbol für die psychische Energie (Libido), die aus dem Kollektiven Unbewußten quillt. Wo sie durch irgendwelche Hemmnisse daran gehindert wird zu fließen – in der Bildersprache der Seele: wenn ein Drache auf der Quelle sitzt –, da versickert das Lebenswasser, da ist das Leben vom Austrocknen bedroht. Das geschieht zum Beispiel da, wo lebendige Überzeugungen zu Klischees erstarren, wo spontanes Handeln zur Routine wird.

Erst wenn der Drache besiegt worden ist, beginnt die Lebensenergie wieder zu strömen und zu sprudeln. Das drückt sich oft körperlich darin aus, daß in einem Menschen, der erstarrt und versteinert war, Tränen aufsteigen und zu fließen beginnen. Ganz gleich, ob es Tränen der Freude oder der Trauer, Tränen der Wut oder der Enttäuschung sind, sie sollten niemals – wie eine lebensfremde Erziehung fordert – unterdrückt werden; denn sie sind meistens Zeichen dafür, daß sich eine seelische Verkrampfung löst, Zeichen des aufbrechenden

Gefühls und der wiedererwachenden Lebendigkeit der Seele. (In der Alchemie sind Tränen eines der vielen Symbole des Heil- und Lebenswassers.)

Jedoch kann das Weinen auch gegenteilige Bedeutung haben: Wenn einer zu »nahe am Wasser gebaut« hat, das heißt, wenn ihm leicht die Tränen kommen und er bei dem geringsten Anlaß zu weinen anfängt, ist das meist ein Anzeichen tiefer seelischer Depression.

Der rituelle Umgang mit Wasser

Von der symbolischen Bedeutung des Wassers her wird der rituelle Umgang mit Wasser verständlich. Ein Ritus ist »eine elementare Handlung, die der Mensch in dem Bewußtsein verrichtet, daß er damit etwas in einer anderen Sphäre bewirkt«[7]; zum Beispiel wäscht er sich mit Wasser, will damit aber die Reinigung seiner Seele von Schuld bewirken. Dieser leib-seelische Zusammenhang wird auch heute noch auf mancherlei Weise deutlich: zum Beispiel bei dem sogenannten Waschzwang, bei dem ein unbewußter Schmutz oder Blut abgewaschen werden soll; oder darin, daß ein Mensch nach einem reinigenden und erfrischenden Bad sich »wie neugeboren« fühlt. Oder auch schon darin, daß bei den meisten Menschen die Morgen- und Abendtoilette wie ein festgelegtes Ritual abläuft. Wenn die Reihenfolge verändert wird, haben sie das Gefühl, daß etwas »nicht in Ordnung« ist. So eng sind leibliches und seelisches Befinden miteinander verbunden.

Der Vorgang des Eintauchens oder des Badens im Wasser ist ein archetypisches Motiv, das bildhafter Ausdruck für die Reinigung (Katharsis) und Wandlung der Seele ist. Es kommt häufig in Märchen vor, zum Beispiel in dem Grimmschen Märchen »Der gestiefelte Kater«[8]. Der Kater, der die instinktiven Kräfte verkörpert, die dem armen Müllerburschen zu neuem Leben verhelfen, verordnet diesem zunächst ein Bad im Fluß, an der Stelle, die er ihm zeigen will. Der Müllerbursche gehorcht ihm, »ohne zu wissen, wozu es gut sein mochte«. Er legt seine ärmliche Kleidung ab, steigt nackt ins Wasser und wird darauf mit königlichen Kleidern angetan. Fortan lebt er unter neuem Namen als ein Adeliger und von einem guten

Schutzgeist Geleiteter – das besagen Titel und Name: Marquis von Carabas.

Dies ist die bildhafte Darstellung des ersten Stadiums auf dem Wege der Selbstwerdung (Individuation): Der Mensch muß sich in seiner Nacktheit, in seinem unverhüllten Dasein, mit allen seinen Vorzügen und Nachteilen, erkennen und annehmen. Er muß sich erkennen als der, der er ist, damit er der werden kann, der er sein kann und soll. Das Böse, das er getan hat, die Schuld, die ihm anhaftet, muß abgewaschen, verarbeitet werden, damit er frei wird, ein neues Leben zu beginnen.

In einigen Märchen erfolgt die Erlösung von einem bösen Zauberbann durch Eintauchen ins Wasser[9]. Der in eine häßliche Gestalt verwandelte Mensch, der unter einem Zwang zum Bösen steht (wie die Prinzessin, die ihre Männer in der Hochzeitsnacht umbringt), wird durch dreimaliges kräftiges Untertauchen im Wasser von seiner Verunstaltung befreit. Oder er wird so lange gewaschen, bis die Trollhaut von ihm abfällt. Eine Variante des Bades ist das Schwitzbad, das im Märchen ein Mittel ist, um sich von begangenen Sünden und vom bösen Geist zu reinigen.

Ist – tiefenpsychologisch gesehen – das Wasser ein Symbol des Kollektiven Unbewußten, so ist das Eintauchen ins Wasser Symbol für das Eintauchen ins Unbewußte. Dieses ist zum Beispiel notwendig, um sich von gewissen Aspekten des Schattens zu reinigen, die nicht wirklich zu einem gehören. In vielen Träumen erscheint der analytische Prozeß als ein Waschen oder Baden. Der Schmutz, der den Körper bedeckt, symbolisiert die seelischen Einflüsse der Umgebung, welche die ursprüngliche Persönlichkeit befleckt haben. Ein verfluchtes Wesen symbolisiert einen Inhalt des Unbewußten, der zwischen Unbewußtem und Bewußtsein steckengeblieben ist. Deswegen kann er nicht verstanden werden und wirkt sich oft negativ aus. Er muß dann in seine Matrix, gewissermaßen ins »Fruchtwasser« zurückgetaucht werden, damit er in seiner vollen ursprünglichen Bedeutung heraufkommen kann und seine negative Wirkung verliert.

Unübersehbar ist die Fülle ritueller Handlungen, die in den Religionen mit Wasser vorgenommen werden. Sie leiten sich her von der dem Waser eignenden mythischen Mächtigkeit.

Wasserstelle an einer Moschee in Istanbul, wo sich gläubige Moslems waschen, bevor sie die Moschee betreten

Sie bewirkt Reinigung, Wandlung und Erneuerung, alles in allem: Wiedergeburt. Die rituellen Handlungen mit Wasser werden auf dreifache Weise vollzogen: durch Besprengen oder Übergießen, durch Waschungen und durch Untertauchen.

Besprengen

In einer Gesetzesverordnung des Alten Testaments ist vom Besprengen mit »Wasser gegen Unreinheit« die Rede, das durch Vermischung mit der Asche einer roten Kuh und durch Zusatz von verbranntem Zedernholz, Ysop und Karmesin kultisch qualifiziert wird. Mit diesem Reinigungswasser wurden Menschen, Wohnstätten und Gegenstände besprengt, die durch Berührung mit einem Toten kultisch unrein geworden waren (4. Mose 19).

Wenn ein Mensch vom Aussatz geheilt ist, soll Quellwasser, das mit dem Blut eines geschlachteten Vogels vermischt ist, siebenmal mit einem Ysopbüschel auf den Geheilten, auf sein Haus und die darin befindlichen Gegenstände gesprengt und damit die kultische Reinheit wiederhergestellt werden (3. Mose 14). Das entspricht heute der Entseuchung eines Menschen und seiner Wohnung nach der Genesung von einer ansteckenden Krankheit.

Mit Entsündigungswasser wurden auch die Leviten bei der Priesterweihe besprengt (4. Mose 8,7). In allen genannten Fällen bewirkt die Besprengung Entsündigung und Reinigung.

Seit dem 5. nachchristlichen Jahrhundert ist der Gebrauch von Weihwasser nachweisbar, das vom Priester unter Beimischung von Salz entdämonisiert und gesegnet wurde. Mit diesem Weihwasser werden in der orthodoxen und katholischen Kirche bis heute Menschen und Gegenstände besprengt, um Dämonen von ihnen abzuwehren, sie zu reinigen und zu heiligen.

Schon in biblischer Zeit löste sich der Begriff »Besprengen« von der kultischen Handlung und wurde zur bildlichen Redeweise. So heißt es beispielsweise in einem Gottesspruch des Propheten Hesekiel: »Ich will reines Wasser über euch sprengen, daß ihr rein werdet; von all eurer Unreinheit und von allen euren Götzen will ich euch reinigen« (36,25). Oder in einem Bußpsalm: »Entsündige mich (durch Besprengung) mit einem Ysop(büschel), daß ich rein werde« (51,9).

Waschungen

Längst ehe sich Menschen aus Gründen der körperlichen Sauberkeit regelmäßig wuschen (in vielen Gegenden Europas erst im 19. Jahrhundert), war das Waschen eine symbolische Handlung, die der Reinigung im mythischen Sinne diente[10]. Der Mensch wurde nach seiner Geburt und dann erst wieder nach seinem Tod gewaschen. Dabei wurde die Verunreinigung der vergangenen Daseinsweise abgewaschen, um Reinheit für die neue Daseinsweise zu erlangen.

Wo immer das Reich der Toten in den Mythen lokalisiert wird, ob in der Unterwelt, auf einer Insel oder auf dem Gipfel eines Berges, immer liegt diese andere Welt jenseits eines Flusses oder eines großen Wassers, das überquert, durchwatet oder durchschwommen werden muß. Es sind die Wasser des Vergessens, die die Taten von den Toten abspülen und ihre Erinnerungen an das bisherige Leben von ihnen ablösen. Aber das, was das Wasser von ihnen abwäscht, wird nicht vernichtet, sondern wird in eine Quelle im Jenseits geleitet. Es ist die Quelle der Erinnerung. Wenn ein von den Göttern gesegneter Sterblicher aus dieser Quelle trinkt, werden ihm Erinnerungen zuteil, deren die Toten nicht mehr bedürfen, die aber für die Lebenden unersetzlich sind.

Rituelle Waschungen gibt es in fast allen Religionen der Erde, Waschungen einzelner Körperteile (Gesicht, Hände, Füße) oder des ganzen Körpers. Sie dienen – dem ganzheitlichen Denken und Handeln entsprechend – sowohl der körperlichen als auch der seelischen Gesundheit. Schmutz und Schuld werden miteinander abgewaschen und entfernt.

Religiöse Vorschriften gebieten Reinigungen nach bestimmten Vorgängen, die als verunreinigend gelten; zum Beispiel nach der Menstruation, nach dem Geschlechtsverkehr, nach der Geburt, nach einer Krankheit, nach der Berührung eines Toten. Normalerweise reinigte sich der Verunreinigte selbst; nur bei schwerwiegenden Verunreinigungen, besonders bei Blutschuld, wurde die Reinigung durch den Priester oder andere Personen an ihm vollzogen. Es ging dabei in erster Linie um die Wiederherstellung der kultischen Reinheit, die zum Betreten des Tempels, zum Gebet und zur Darbringung von Opfern erforderlich ist. Darum finden wir Wasserbecken zum Waschen vor vielen Tempeln, Moscheen und Kirchen.

Das damalige Weltbild war bestimmt von der Vorstellung einer umfassenden Bedrohung des Menschen durch dämonische Mächte. Böse Schadensgeister sind die Verkörperung der negativen, gefährlichen Seite aller Dinge und Geschehnisse, insbesondere alles dessen, was mit der Geschlechtlichkeit, mit Krankheit und Tod zusammenhängt. Darum war der antike Mensch auf Schritt und Tritt darauf bedacht, sich der Dämonen zu erwehren und sich von ihrer Verunreinigung zu befreien. Dazu dienten vornehmlich Waschungen und Bäder.

Hinter diesen Vorstellungen steht die Unterscheidung von rein und unrein, von heilig und profan, die dem Unterschied von Gott und Mensch entspricht. In jeder kultischen Handlung und ganz besonders in derjenigen, die mit Wasser (oder Blut) vollzogen wird, geht es um Reinigung und Heiligung des sündigen Menschen vor dem heiligen Gott.

Wird der Schmutz nicht beseitigt, kann das Leben nicht weitergehen, wird es erstickt. Das erfahren wir heute ganz real auf der materiellen Ebene bei der Beseitigung des Mülls, an dem unsere Wohlstandsgesellschaft zu ersticken droht, insbesondere bei der Beseitigung der chemischen und radioaktiven Abfälle, die im buchstäblichen Sinne des Wortes »lebensbedrohlich« sind. Dies gilt in übertragenem Sinne von uneingestandener, unverarbeiteter und unvergebener Schuld, die das Zusammenleben einzelner Menschen sowie der Völkergemeinschaft zunehmend vergiftet. Wenn sie nicht weggenommen und Gerechtigkeit wiederhergestellt wird, kann das Leben nicht weitergehen.

Im alten Rom gab es bestimmte Perioden, in denen sich eine Gemeinschaft von Menschen (Heer, Stadt, Staat) reinigte. Das lateinische Wort dafür heißt lustrum und bedeutet »Reinigungswasser«. Ein Lustrum begehen bedeutet wörtlich: das Waschwasser (mit dem abgewaschenen Schmutz) begraben. Der Schmutz einer Periode wurde in dieser Symbolhandlung beseitigt, die Atmosphäre gereinigt und ein neuer Anfang gemacht. – Eine festgelegte Zeit der Reinigung war im alten Rom der Monat Februar. Das Wort ist abgeleitet von dem lateinischen februa = Reinigungs-, Sühnemittel. War der Monat Februar vorüber, begann mit dem März ein neues Jahr.

Reinigung erneuert das Leben. In der Religion des alten Ägypten, bei der das Wasser im Mittelpunkt vieler kultischer Handlungen stand, wird der Tote im »Urmeer« gereinigt. Das Urmeer, aus dem alles entstand, wird »Same des Gottes Atum« genannt, der die Wiedergeburt schenkt. Der Tag der Reinigung des Toten ist der Tag seiner wahren Geburt.

Auch das »Waschen« löst sich allmählich von der kultischen Handlung und wird zu einer metaphorischen Ausdrucksweise; zum Beispiel wenn der Psalmbeter Gott bittet: »Wasche mich rein von meiner Missetat und reinige mich von meiner Sünde; wasche mich, daß ich schneeweiß werde« (51,4.9).

Symbolisch ist auch die Geschichte von der Heilung des Blindgeborenen zu verstehen (Johannes 9). Jesus gebietet ihm: »Geh zum Teich Siloah – das heißt übersetzt: Gesandter – und wasche dich! Da ging er hin und wusch sich und kam sehend wieder.« Indem der Evangelist den Eigennamen des Gewässers auf Jesus, den von Gott »Gesandten«, deutet, wird deutlich, daß nicht das Wasser, sondern das Wort dessen, der den Blindgeborenen sendet, Heilung bewirkt. Im übertragenen Sinne: Wie der Blinde durch das Wasser des Siloahteiches das Augenlicht empfängt, so empfängt der Glaubende durch Jesus, den von Gott »Gesandten«, das Licht der Offenbarung.

Untertauchen

Wasser löst das Gewordene auf, nimmt die Gestalt ins Gestaltlose zurück. Das Untertauchen im Wasser ist Rückkehr in den Zustand vor der Schöpfung. Das gilt sowohl von der Erde, die in der Sintflut untergeht, von Erdteilen, die periodisch im Wasser versinken (Atlantis-Mythos), als auch von einzelnen Menschen, die im rituell vollzogenen Tauchbad den Einweihungstod sterben. Es bedeutet nicht endgültigen Untergang, sondern zeitweiliges Eingehen in einen archaischen Urzustand, aus dem eine neue Schöpfung hervorgeht. Es geht um Erneuerung der Schöpfung, um Verwandlung, Wiedergeburt und Verjüngung des Menschen.

Es ist nur allzu naheliegend, daß die Initiationsriten durch das Untertauchen des Einzuweihenden im Wasser und sein Wiederauftauchen aus dem Wasser den Übergang vom Tod zum Leben, die Wiedergeburt aus dem Tod darstellen. Dafür einige Beispiele:

In den verschiedenen Kulturen gibt es eine Fülle von Riten, bei denen Neugeborene einige Tage oder Wochen nach der Geburt im Fluß oder im Haus im Wasser untergetaucht werden, um sie dem eigentlichen Leben zuzuführen und in die Sippe aufzunehmen. Das Flußwasser hat die Kraft dazu nicht aus sich selbst, sondern erhält es durch das Lebenswasser, das sich mit ihm verbindet. Darum ruft der Priester auf Borneo zu Beginn des Rituals die höheren Gottheiten an und bittet sie, die Quelle des Lebenswassers zu öffnen und es in den Fluß fließen zu lassen.

Der aztekische Priester betet bei dem *zeremoniellen Bad eines Neugeborenen* zu der Göttin des fließenden Wassers: »Wasche ihn und befreie ihn nach deinem Wissen von Unreinheit, denn deiner Macht ist er unterworfen. Reinige ihn von Verunreinigung, die er von seinen Eltern empfangen hat; laß das Wasser Schmutz und Makel hinwegnehmen, und laß ihn befreit sein von aller Befleckung. Mag es dir, o Göttin, gefallen, daß sein Herz und sein Leben gereinigt seien, auf daß er in dieser Welt in Frieden und Weisheit lebe. Möge dieses Wasser alle Übel hinwegnehmen; deshalb ist dieses Kindchen in deine Hände gelegt, du, die du Mutter und Schwester der Götter bist und die du allein würdig bist, es zu besitzen und von ihm zu waschen das Böse, das es mit sich trägt von Anbeginn der Welt . . .«[11]

Diese Beispiele machen deutlich: Das Wasser hat nicht an sich reinigende und erneuernde Kraft; es muß zu dem natürlichen Element eine göttliche Kraft hinzukommen, damit es eine über die gewöhnliche Wirkung hinausreichende Mächtigkeit erlangt. Diese göttliche Kraft wird durch ein (Weihe-)Gebet auf das Wasser herabgefleht.

Bei den Dayak auf Borneo liegt allen Übergangsriten – nach der Geburt, in der Pubertät, bei der Heirat und beim Sterben – dieselbe Vorstellung zugrunde: Der oder die Einzuweihende taucht in das Urgewässer (Unterwelt) ein, verweilt dort eine Zeitlang und geht dann neu erschaffen daraus hervor. Das heilige Bad bedeutet letztlich Rückkehr zur Gottheit und Erneuerung des Lebens in der Gottheit und durch sie (M. Eliade).

Der jüdische Initiationsritus, durch den ein Heide in das Judentum aufgenommen wird, ist die *Proselytentaufe*. Der »Hinzukommende« (= Proselyt) muß sich in Gegenwart von Zeugen einem Tauchbad unterziehen (tauchen = taufen). Es handelt sich hier um eine grundlegende Waschung, die der Proselyt selber vornimmt und durch die er ein für allemal von der dämonischen Unreinheit gereinigt wird. Zugleich schützt sich dadurch die Gemeinschaft, in die er aufgenommen wird, vor dämonischer Verunreinigung. Das Tauchbad bewirkt kultische Reinheit, das heißt, der Proselyt hat nun Zugang zum jüdischen Gottesdienst. – Dabei spielt noch ein anderer Gedanke eine Rolle: Der Proselyt empfing in diesem Einwei-

Taufbassin in Chirbet Qumran

hungsritus jenes Sakrament, das dem Volk Israel beim Durchzug durch das Rote Meer zuteil geworden war. Die Proselytentaufe ist also eine Art Nachahmung des Auszugs aus Ägypten und als solche Symbol der Befreiung und Neuschöpfung.

Die *Qumran-Essener* – eine der jüdischen Gemeinschaften, für die eine akute messianische Naherwartung kennzeichnend war, genauer: eine strenge Mönchsgemeinde, die sich für die Büßer Israels der letzten Tage hielt und in die man erst nach einer insgesamt fünfjährigen Vorbereitungszeit voll aufgenommen wurde – legten auf Reinigung durch Wasser höchsten Wert und kannten auch, wie die Ausgrabungen zweier Badebassins in Chirbet Qumran zeigen, rituelle Bäder – eine Weiterentwicklung der alttestamentlichen levitischen Reinigungsbräuche[12]. Die Ordensregel schrieb tägliche Tauchbäder vor.

Das Reinigungswasser, so heißt es in einer der Qumranschriften, durfte nicht weniger sein, als daß es einen Mann gänzlich bedeckt. Aber solche Reinigung war kein Selbstzweck, sondern nur sinnvoll, wenn sie mit einer echten Zuwendung zu Gott verbunden war: »denn nicht wird man rein, außer wenn man von seiner Bosheit umgekehrt ist« (Sekten-Kanon 5,13).

Johannes der Täufer, der möglicherweise vorübergehend zur Qumrangemeinde gehörte[13], jedenfalls ihre Lehre so gut wie sicher kannte, lebte in der Wüste und taufte, nicht weit vom Kloster von Qumran entfernt, kurz bevor der Jordan ins Tote Meer mündet. Seine Taufe ist im Unterschied zu den täglichen rituellen Waschungen der Qumran-Essener ein einmaliger Akt der Umkehr: eine »Taufe der Umkehr (Buße) zur Vergebung der Sünden« (Markus 1,4) angesichts des von ihm als unmittelbar bevorstehend verkündeten Zorngerichtes Gottes: »Es ist schon die Axt den Bäumen an die Wurzel gelegt . . .« (Matthäus 3,10). Johannes sah in der allgemeinen politischen, wirtschaftlichen und gesellschaftlichen Krise den Beginn der Endzeit. In dieser endzeitlichen Katastrophenstimmung, wie sie in der Apokalyptik jener Zeit ihren Ausdruck fand, ist die Johannestaufe ein eschatologisches Bußsakrament. Sie ist aber nur eine Wassertaufe zur Reinigung von den Sünden gegenüber der Feuertaufe, die der nach ihm kommende »Stärkere« im Endgericht vornehmen wird.

Auf welche Weise Johannes taufte, wird in den neutestamentlichen Berichten nicht beschrieben, doch legt das durchgängig dafür verwendete Wort (baptisma/baptidsein) nahe, an ein vollständiges Untertauchen im Jordan zu denken. Im Unterschied zu den Waschungen und Tauchbädern seiner religiösen Umwelt ist die Taufe des Johannes keine Selbsttaufe. Sie wird vielmehr durch einen Täufer vollzogen. Diese Besonderheit brachte Johannes den Beinamen »der Täufer« ein. Seine Taufe bestand also nicht primär in einem religiösen Tun, sondern im Empfang einer Gabe: nämlich der Vergebung der Sünden. Sie wurde, ohne daß es einer langen Vorbereitungszeit bedurfte, allen zuteil, die ihre Sünden bekannten, die die Taufe begehrten und umkehrten; den selbstgerechten Pharisäern und Sadduzäern dagegen verweigerte er die Taufe.

Die Johannestaufe unterschied sich auch darin von den sonstigen Tauchbädern, daß die Getauften keine um den Täufer gescharte Büßergemeinde oder Sekte bildeten. Johannes entließ sie wieder nach der Taufe. Dennoch gehörten sie zu der endzeitlichen Heilsgemeinde, die vor dem Zorngericht Gottes bewahrt werden sollte. In diesem Sinne ist auch die Johannestaufe ein Aufnahme-, ein Initiationsritus.

Die christliche Taufe

In diesem großen Zusammenhang der Wassersymbolik und der Wasserriten steht die christliche Taufe, die bald nach Ostern oder Pfingsten in allen christlichen Gemeinden ausnahmslos und mit großer Selbstverständlichkeit vollzogen wurde[14]. Sie ist eine Wiederaufnahme und Weiterführung der Johannestaufe; denn die Christen sahen in Johannes den Wegbereiter Jesu, und dieser hatte sich von jenem taufen lassen. Die christliche Taufe stimmt mit der Johannestaufe darin überein,

– daß sie keine Selbsttaufe ist, sondern von einem Täufer vorgenommen wird;

– daß sie durch Untertauchen in fließendem, kaltem Wasser geschieht, weil dieses noch den Zusammenhang mit der Quelle erkennen läßt und darum für die kultische Erneuerung besonders geeignet ist; nur wenn solches nicht vorhanden ist, in anderem Wasser, und wenn solches nicht genügend vorhanden ist, durch Übergießen des Kopfes mit Wasser – so die älteste Kirchenordnung (Didache) aus dem Anfang des 2. Jahrhunderts;

– daß sie mit dem Ruf zur Umkehr (Buße) angesichts des anbrechenden Reiches Gottes verbunden ist und

– daß sie nicht kultische Reinheit, sondern Vergebung der Sünden bewirkt (»Vergebung der Sünden« ist ein zusammenfassender Ausdruck für die christliche Taufbotschaft).

Die christliche Taufe wird aber auch deutlich von der Johannestaufe unterschieden; und zwar dadurch,

– daß sie »auf den Namen Jesu Christi« beziehungsweise »auf den Namen des Vater und des Sohnes und des heiligen Geistes« geschieht (davon war im vorangehenden Kapitel schon die Rede gewesen); und

– daß sie nicht nur mit Wasser, sondern auch mit dem Heiligen Geist vollzogen wird (die »Feuertaufe«, von der Johannes sprach, wird in der christlichen Überlieferung auf die »Geisttaufe« gedeutet).

Die Gegenüberstellung von *Wassertaufe und Geisttaufe* ist nicht im Sinne eines alternativen Gegensatzes zu verstehen; denn in der Urgemeinde trat nicht an die Stelle der Wassertaufe die Geisttaufe, sondern sie hat von Anfang an auch mit Wasser getauft. Darum kann die Gegenüberstellung nur im heilsgeschichtlichen Sinne verstanden werden: Die Johannestaufe geschah nur mit Wasser; in der christlichen Taufe verbinden sich Wassertaufe und Geisttaufe miteinander. Anders ausgedrückt: Die Johannestaufe verheißt Vergebung der Sünden und Rettung im kommenden Gericht; die christliche Taufe gibt die Gabe des Geistes als Pfand der kommenden Erlösung.

Nach urchristlichem Taufverständnis gehören Taufe und Geistempfang unlöslich zusammen – nicht so, daß mit der Taufe der Geist automatisch empfangen wird, sondern so, daß ursprünglich der Beginn der christlichen Existenz mit der Taufe zusammenfiel. Der Geistempfang kann – wie die Apostelgeschichte zeigt – der Taufe zeitlich vorausgehen oder ihr folgen; denn nicht die Taufe, sondern der Glaube reinigt zum Geistempfang. Der Geist aber bleibt unverfügbar, er weht, wann und wo er will, und kann weder durch den Vollzug der Taufhandlung noch durch Auflegen der Hände herbeigezwungen und gehandhabt werden.

Im übrigen ist zu bedenken, daß unter »Geist« in der Apostelgeschichte des Lukas nicht wie bei Paulus – die von Gott ausgehende Glauben weckende Kraft verstanden ist, sondern die Begabung der bereits Glaubenden mit einer göttlichen Kraft, die zu außergewöhnlichen Taten wie Zungenreden und Prophetie befähigt. Dies war nach der Erwartung des palästinensischen Judentums ein Zeichen der Endzeit (vgl. Apostelgeschichte 2,16 ff.).

Was bedeutet es, wenn sich im christlichen Taufritus Wasser- und Geisttaufe miteinander verbinden? – Die Wassertaufe ist eine Gestalt des über die ganze Erde verbreiteten Einweihungs-, Übergangs- oder Wiedergeburtsritus und als solche symbolischer Ausdruck der allgemein-menschlichen Erfahrung, daß der Mensch immer erst »sterben« muß, um von neuem »wiedergeboren« zu werden. Die Wassertaufe in Gestalt der Johannestaufe ist Vorläufer und Wegbereiter der christlichen Taufe, so wie Johannes der Vorläufer und Wegbereiter Christi war. Das heißt: Nur wer für die Wandlungs- und Reifeschritte bereit ist, die ihm das Leben abverlangt, wird auch offen und bereit sein für jene Wandlung, die die Geisttaufe bewirkt. Dabei geht es nicht nur um die Krisen innerhalb unserer natürlichen Entwicklung zu erwachsenen, reifen Menschen, sondern um die Wandlung vom »natürlichen Menschen«, der nichts vom Geist Gottes vernimmt, zum »geistlichen Menschen«, der vom Geist Gottes getrieben wird (1. Korinther 2,14 ff.). Anders ausgedrückt: Es geht bei der Wandlung nicht nur um die natürlichen Lebenszyklen, sondern um das Sterben des in Sünden empfangenen und geborenen »Alten Adam« und um die Auferstehung eines neuen Menschen, des Christen, der »in Christus« lebt. Es geht um die Überwindung der sündigen Natur durch den Geist Gottes, um die Transzendierung des natürlichen Lebens auf Gott, auf Christus, auf das verheißene Heil hin, um den Übergang vom Vorläufigen zum Endgültigen.

Indem Wassertaufe und Geisttaufe miteinander verbunden sind, bleiben die Natur des Menschen und der Geist Gottes aufeinander bezogen. Der Getaufte ist kein bloßes Naturwesen ohne Transzendierung auf den letzten Seinsgrund, auf Gott. Er ist aber auch kein bloßes Geistwesen ohne Beziehung zur menschlichen Natur. Die menschliche Natur und der Geist Gottes durchdringen sich im Sakrament der Taufe auf unlösliche Weise. Gott wirkt durch die unteren Kräfte der Natur *und* durch die oberen Kräfte des Geistes, der vom Himmel herabkommt – so wie ein Baum nur gedeihen kann, wenn die Kräfte der Erde, in der er wurzelt, und die Kräfte des Himmels, das Licht und die Wärme der Sonne, zusammenwirken.

Anders gesagt: Die allgemein-menschliche Natur hält das Symbol Wasser als Form und Gefäß bereit. Inhaltlich bestimmt wird es durch die christliche Offenbarung Gottes, auf die es bezogen ist.

Das Wasser der Taufe

Alle Aspekte der allgemein-menschlichen Wassersymbolik sind in der christlichen Taufe aufgenommen und in ihrer liturgischen Ausgestaltung entfaltet worden.

Das Taufwasser ist das *Urwasser*, das Leben hervorbringt und verschlingt. Nach der Taufordnung für evangelisch-lutherische Kirchen und Gemeinden von 1988 spricht der Pastor beim Eingießen des Wassers in die Taufschale: »Das Wasser, mit dem wir taufen, ist zugleich Zeichen des Todes und des Lebens ... Als Gottes Geist bei der Schöpfung über den Wassern schwebte, nahm alles, was ist, seinen Anfang. In der Sintflut jedoch fand alles Leben sein Ende ... So soll im Wasser der Taufe alles, was uns von Gott trennt, untergehen. Aus dem Wasser der Taufe soll der neue Mensch auferstehen, der mit Christus lebt.« (Als Anregung werden weitere Betrachtungen zum Taufwasser, teils in Form eines Gebetes, teils in Form einer Meditation, angeboten.)

Auch das Taufwasser hat verschlingende Macht: Das Hinabsteigen ins Taufwasser wird – wie wir gesehen hatten – zum Abstieg in einen Abgrund, in dem es mit Drachen und Schlangen zu kämpfen gilt. Nicht von ungefähr ist darum eines der Hauptmotive auf alten romanischen Taufsteinen der Kampf des Menschen gegen das Böse in Gestalt von Ungeheuern, meist Löwen. Dabei ist wahrscheinlich an die mahnenden Worte gedacht: »Seid nüchtern und wacht; denn euer Widersacher, der Teufel, geht umher wie ein brüllender Löwe und sucht, wen er verschlinge« (1. Petrus 5,8). Häufig werden die Taufbecken auch von Löwen getragen. Sie verkörpern die dämonischen Mächte, die in der Taufe überwunden worden sind.

Das Urbild der *Quelle* und des Lebensbrunnens verbindet sich ebenfalls mit der Taufe. Der Taufstein wird fons (niederdeutsch: Fünte) = Quelle genannt. Der bronzene Taufkessel wird häufig mit dem Bild der vier Paradiesflüsse geschmückt oder von Personifikationen der Paradiesflüsse getragen. Und in der Osternacht betet der Pastor am Taufbrunnen, indem er mit der rechten Hand das Wasser berührt: »Dies Wasser, durch dein Wort gereinigt und geheiligt, mache, Herr, zum Quell, der belebt, zum Wasser, das neu gebiert, zur Flut, die reinigt.

71

Wirke, Herr, in allen, die teilhaben an dem Bad der neuen Geburt, durch deinen Heiligen Geist wahre Reinigung, Vergebung der Sünden, Leben und Seligkeit.«

Wenn die Katechumenen der Alten Kirche in das Taufhaus einzogen, sangen sie den 42. Psalm, der mit den Worten beginnt: »Wie der Hirsch lechzt nach frischem Wasser, so schreit meine Seele, Gott, zu dir. Meine Seele dürstet nach Gott, nach dem lebendigen Gott ...« Gott wird auch sonst »die lebendige Quelle« (Jeremia 2,13) oder »die Quelle des Lebens« (Psalm 36,10) genannt. Wenn der Hirsch, der aus der Quelle des Lebens trinkt, häufig in Taufkapellen als Symbol für den Täufling dargestellt wird, so hat das aber noch einen anderen Grund: Nach volkstümlicher Naturvorstellung hatte der Hirsch die Eigenschaft, Schlangen zu vertilgen. Dementsprechend war der Hirsch Symbol für den Täufling, der durch die Taufe und Buße den Teufel besiegt hatte und das lebenserneuernde Wasser empfing.

Von dem, der den Geist Gottes beziehungsweise Christi empfangen hat, heißt es, daß aus seinem Innern »Ströme lebendigen Wassers« fließen werden (Johannes 7,38) oder daß sein erquicktes Innere zu einer Quelle weiterwirkender Erquickung werden wird: »eine Quelle des Wassers, das in das ewige Leben quillt« (Johannes 4,14). Lebendiges Wasser ist hier ein Symbol des Geistes, der lebendig macht. Da der Geist die Gabe der Taufe ist, sind diese Worte schon früh auf die

Taufe nach orthodoxem Ritus.
Der Priester taucht das Kind so weit wie möglich im Wasser unter und schöpft mit der Hand reichlich Wasser über seinen Kopf, so daß es vollständig vom Wasser eingehüllt ist und zugleich das Fließen als Zeichen seiner Lebendigkeit zum Ausdruck kommt. – Die orthodoxe Kirche praktiziert die Taufe der Kleinkinder. Am 8. Tag nach der Geburt wird das Kind christlicher Eltern von einer Frau aus der Verwandtschaft zur Kirche gebracht. Im Vorraum der Kirche wird es vom Priester an Stirn, Mund und Brust mit dem Kreuz bezeichnet und damit der Herrschaft Christi unterstellt. Danach erfolgt die Namengebung. Am 40. Tag nach der Geburt wird der Säugling von seiner Mutter und seinen zukünftigen Paten wiederum zum Gotteshaus gebracht und vom Priester in die Kirche getragen und vor dem Altar niedergelegt. Damit wird es Gott dargestellt und in die Gemeinde aufgenommen. Manchmal ist es schon vorher getauft worden, manchmal wird es erst später getauft. Nach Lage der Verhältnisse in der Sowjetunion ist die Taufe von größeren Kindern, Jugendlichen und Erwachsenen keineswegs selten.

*Hirsch auf einem Taufstein
in der Stadtkirche zu Freudenstadt, um 1100*

Taufe bezogen worden. Wir finden das Gespräch Jesu mit der Samariterin verschiedentlich in Taufräumen und Taufkirchen dargestellt. Es gehört zu den frühesten Bildszenen aus dem Neuen Testament, in denen auf das neue Leben hingewiesen wird, das durch die Taufe in Christi Tod und Auferstehung geschenkt wird.

Auch das Taufwasser, das durch den männlichen Geist Gottes befruchtet wird, hat weiblichen Charakter. Der *Taufbrunnen* wird zum Schoß der Mutter Kirche, aus dem Gott Kinder geboren werden. Davon wird im folgenden Kapitel noch ausführlicher die Rede sein.

Also auch das Taufwasser wirkt nicht durch sich selbst, sondern dadurch, daß es »in Gottes Gebot gefaßt und mit Gottes Wort verbunden« ist. Das betont Luther in seinem Kleinen Katechismus, wenn er auf die Frage, wie denn Wasser solche großen Dinge tun könne, antwortet: »Wasser tuts freilich nicht, sondern das Wort Gottes, so mit und bei dem Wasser ist, und der Glaube, so solchem Worte Gottes im Wasser trauet; denn ohne Gottes Wort ist das Wasser schlicht Wasser und keine Taufe, aber mit dem Wort Gottes ists eine Taufe, das ist ein gnadenreich Wasser des Lebens und ein Bad der neuen Geburt im Heiligen Geist« (IV. Hauptstück).

Die Taufhandlung

Wie alle Wasserriten bewirkt auch die christliche Taufe durch die äußere sichtbare Handlung etwas, was innen und unsichtbar geschieht. Wir nennen eine solche Handlung ein Sakrament, wenn es auf Christus selbst zurückgeht. Denn Christus selbst wirkt durch das mit dieser Handlung verbundene Wort das Heil: Vergebung der Sünden, Leben und ewige Seligkeit.

Die christliche Taufe wird in allen drei Formen des Umgangs mit Wasser vollzogen: in der Regel durch Untertauchen (Immersion), in Ausnahmefällen durch Übergießen (Infusion) und an Kranken durch Besprengen (Aspersion). In allen Formen geht es um Reinigung, Erneuerung und Wiedergeburt.

Im Hebräerbrief heißt es in deutlicher Anspielung auf die *Besprengung* und Waschung, die notwendig waren, damit der Priester seinen Dienst vor Gott tun konnte, daß die Gemeinde des Neuen Bundes vor Gott tritt, »die Herzen besprengt und befreit vom bösen Gewissen und den Leib gewaschen mit reinem Wasser« (10,22). Die kultische Reinigungshandlung ist hier auf die christliche Taufe gedeutet worden.

Es ist ferner vom *Abwaschen der Sünden* (Apostelgeschichte 22,16) oder der »früheren Sünden« (2. Petrus 1,9) die Rede (womit die heidnische Vergangenheit gemeint ist) und von der Reinigung »durch das Wasserbad im Wort« (Epheser 5,26), das heißt: Die Reinigung geschieht durch das bei der Taufhandlung gesprochene Wort Gottes, wenn es angenommen und geglaubt wird.

Paulus deutet das Taufgeschehen als »Rechtfertigung«: »Ihr seid reingewaschen, ihr seid geheiligt, ihr seid gerecht geworden durch den Namen des Herrn Jesus Christus und durch den Geist unseres Gottes« (1. Korinther 6,11). Er nennt die Taufe auch »das Bad der Wiedergeburt und Erneuerung im heiligen Geist« (Titus 3,5).

Der Zusammenhang von *Bad und Taufe* kommt in dem lateinischen Wort Baptisterium zum Ausdruck: Ursprünglich wurde es für die großen Wasserbecken in den öffentlichen Bädern verwendet. Vom 4. Jahrhundert an bezeichnete es fast ausschließlich die in der Nähe einer Kirche oder an eine Kirche angebaute Taufkapelle, in der die Katechumenen getauft wur-

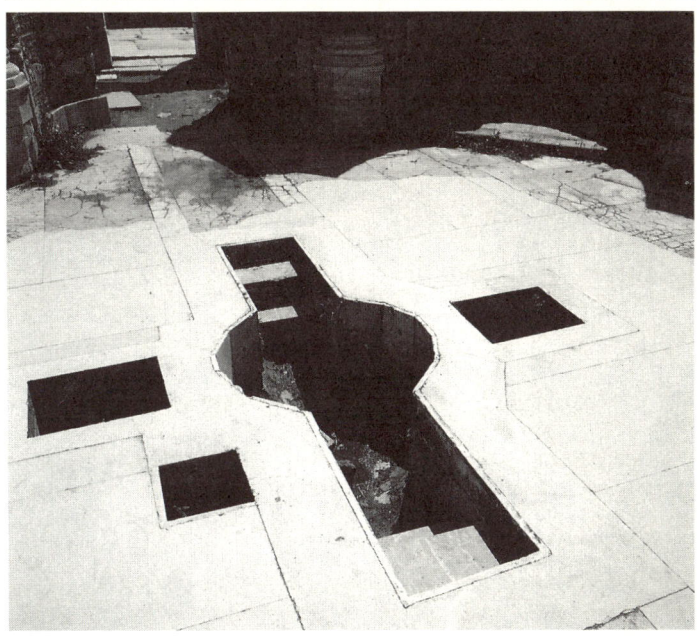

Taufgrab in der Johannesbasilika zu Ephesus, Mitte des 5. Jahrhunderts

den. Für den Vorgang der Taufe erhielt sich noch lange der mannigfache Sprachgebrauch der profanen Badebräuche. – Gerade wegen der Analogie von Bad und Taufe war es notwendig, die Taufe von einem reinigenden Bad zu unterscheiden und deutlich zu machen, daß die körperliche Reinigung nicht auf magische Weise Vergebung der Sünden wirke. Chrysostomos, der beliebteste Prediger der Ostkirche (354–407), sagt: »Leute gibt es, die tagsüber mit Schuld und Sünde sich beladen, des Abends aber ein Bad nehmen und dann voll Zuversicht zur Kirche kommen und die Hände zum Gebet erheben, als hätten sie in ihrem Wasserbassin jeden Tadel weggewaschen.« Demgegenüber wird betont: Es gilt, dem Wort Gottes, das mit der Taufe verbunden ist, zu glauben und diesen Glauben im alltäglichen Leben zu bewähren.

Auch die christliche Taufe wehrt Dämonen ab und reinigt von aller dämonischen Unreinheit, war doch auch die neutestamentliche Zeit von Dämonenfurcht und Dämonenabwehr

bestimmt. Alles, was dem Menschen schadet, vornehmlich Krankheit und Tod, wurde auf das Wirken der Dämonen zurückgeführt. Heilung geschah durch Austreiben der Dämonen. Die Alte Kirche hat »im Namen Jesu Christi« Dämonen ausgetrieben und geheilt. Die Taufe »auf den Namen Jesu Christi« vertreibt die Dämonen und stellt den Getauften unter den Schutz dieses Namens. Hatte der irdische Jesus böse Geister ausgetrieben und geheilt, so galt erst recht der erhöhte Christus als Sieger über den Satan und seine Dämonen. Und er hat auch seiner Gemeinde verheißen: »In meinem Namen werden sie böse Geister austreiben . . . und auf Kranke werden sie die Hände legen, so wird's besser mit ihnen werden . . . (Markus 16,17 f.).

Darum war von Anfang an die Taufe mit dem *Exorzismus* (Austreibung von Dämonen) verbunden[15]. Die orthodoxe Kirche kennt bis heute einen mehrfachen Exorzismus im Zusammenhang mit der Taufe: Bei der Aufnahme als Katechumene bläst der Priester dreimal in sein Gesicht, um die Dämonen, unter deren Herrschaft er steht, zu vertreiben (exsufflatio), und bezeichnet ihn dann dreimal an Stirn und Brust mit dem Zeichen des Kreuzes, um ihn der Herrschaft Jesu Christi zu unterstellen. – Zu Beginn der vierzigtägigen Fastenzeit und zu Beginn der Karwoche erfolgen die beiden nächsten Exorzismen. Dabei wird der Satan direkt angeredet: »Ich beschwöre dich, ganz böser, unreiner, verruchter, abscheulicher und feindlich gesinnter Geist, durch die Macht Jesu Christi, der alle Gewalt hat im Himmel und auf Erden . . .: Erschrick vor Gott, fahre aus und weiche von diesem Menschen, der zur

Baptisterium der Kathedrale von Ravenna, Beginn des 5. Jahrhunderts.
Vom 4. Jahrhundert an wurden vielfach Taufhäuser (Baptisterien) an der nordwestlichen Ecke der (geosteten) Kirchengebäude errichtet; denn die Weissagung des Propheten Hesekiel, nach der »von der rechten Seite des Tempels her« Quellwasser fließt (Hesekiel 47,1 f.), wurde typologisch auf die christliche Taufe gedeutet. Während in den Kirchen des Ostens das rechteckige überkuppelte Baptisterium vorherrschend ist, sind für die Kirchen des Westens sechs- und achteckige oder auch runde Taufhäuser (und Taufbecken) typisch. Die Sechszahl steht symbolisch für den Tod Christi am 6. Wochentag, die Achtzahl für die Auferstehung Christi am 8. Tag, dem erneuerten 1. Tag der Woche. Ausgeschmückt sind die Baptisterien mit Symbolen, die sie als Ort der Erneuerung des Paradieses kennzeichnen: der Gute Hirte mit seinen Schafen, Wassertiere des 5. Schöpfungstages, trinkende Hirsche, Pfauen, Tauben, Phönix, Frucht tragende Bäume, Blumen und Pflanzen.

heiligen Erleuchtung vorbereitet wird; kehre nicht mehr in ihn zurück, verbirg dich nicht in ihm, stelle ihm nicht nach und wirke nicht in ihm, weder bei Nacht noch bei Tag, zu keiner Stunde ...« – Am Ende der Fastenzeit erfolgt dann noch ein weiterer Exorzismus. Er unterscheidet sich von den vorangegangenen Exorzismen dadurch, daß er sich im Gebet an Gott wendet: »Blicke auf deinen Diener, prüfe ihn und wehre von ihm alle Einwirkungen des Teufels ab. Drohe allen unreinen Geistern; vertreibe sie und reinige das Werk deiner Hände. Biete deine strahlende Macht auf und zermalme Satan jetzt bald unter seinen Füßen. Verleihe ihm den Sieg über ihn und seine unreinen Geister, damit er Erbarmen von dir empfange und gewürdigt werde deiner unsterblichen und himmlischen Mysterien (Sakramente) ...«

In diesem Zusammenhang wird verständlich, warum auch Säuglinge und kleine Kinder getauft werden – wie auch in den verschiedenen Kulturen die Neugeborenen ins Wasser getaucht wurden, um sie zu reinigen. Die katholische und die evangelische Kirche begründen das mit der Lehre von der Erbsünde, die besagt, »daß nach Adams Fall alle natürlich geborenen Menschen in Sünde empfangen und geboren werden, das heißt, daß sie alle von Mutterleib an voll Neigung und Lust zum Bösen sind und von Natur aus keine wahre Gottesfurcht, keinen wahren Glauben an Gott haben können« (Augsburgisches Bekenntnis, Artikel 2).

Schon in der Bibel selbst finden sich Ansätze zur Überwindung der dämonistischen Auffassung der Unreinheit. Als Unreinheit gelten den Propheten Sünde und Schuld. Reinigung durch Wasser bedeutet Vergebung der Sünden. Das Reinigungswasser ist nur noch ein Bild für die reinigende Funktion des Geistes der Wahrheit; denn nicht das Wasser, sondern Gottes heiliger Geist wirkt Reinheit. Selbst da, wo der Taufe sündentilgende Kraft zugesprochen wird, geschieht das nicht auf magisch-sakramentale Weise, sondern durch den Rückbezug auf Jesu Tod und Auferstehung. Entgegen einem magisch-exorzistischen Mißverständnis wird die ethische Verpflichtung betont: Das neue Leben des Getauften ist keine unverlierbare Verwandlung seiner Substanz, sondern es muß in einem Wandel nach Gottes Wort und Gebot bewährt und verwirklicht werden.

Von den drei Formen des Besprengens, des Begießens und des Untertauchens bringt die letztere am deutlichsten zum Ausdruck, daß es nicht nur um ein Abwaschen der Sünden, sondern um Sterben und Auferstehen geht. »Das Wasser steht an Stelle des Grabes ... das Untertauchen ist das Mitsterben (mit Christus), das Emportauchen das Mitauferstehen« (Apostolische Konstitutionen).

Die tiefenpsychologische Deutung der Taufe

Die Tiefenpsychologie hat nach C. G. Jung nicht das Prägende, sondern das Geprägte, nicht das äußere Geschehen, sondern dessen Widerspiegelung in der menschlichen Seele im Blick. Das heißt hinsichtlich der Taufe: Es geht ihr nicht um die theologische, sondern um die psychologische Seite des Taufgeschehens. Wir erinnern uns, daß die »natürliche Mächtigkeit« des Wassers ihre psychologische Entsprechung im Kollektiven Unbewußten hat und daß dem Hineintauchen oder Hineingetauchtwerden ins Wasser psychologisch das Hinabtauchen in die Tiefen des Unbewußten entspricht. Die Taufe bedeutet demnach unter tiefenpsychologischem Aspekt, »daß der Mensch freiwillig und bei vollem Bewußtsein ins Kollektive Unbewußte hinuntertauchen kann, alle Gefahren dieses Hinabtauchens ins Ungewisse auf sich nehmend, um ... dort unten Neues zu erfahren und das Erfahrene mit heraufzubringen, um dadurch erneuert, neugeboren zu werden; um (das klingt in psychologischer Sprache sehr dürr) eine Erweiterung seines Bewußtseins zu erfahren«[16]. Es geht dabei also um vertiefte, erweiterte Selbst-Erfahrung, um Selbsterkenntnis, um »Gnosis«.

Psychologisch gesehen ist die Wassertaufe ein *Individuationsritus*, das heißt der Beginn des Prozesses der Selbstwerdung. Die Auseinandersetzung mit den dunklen Kräften des Kollektiven Unbewußten ist eine lebensbedrohende Erfahrung, die den ganzen Menschen umprägt. Durch sie stirbt er dem alten, unbewußten Zustand ab und gewinnt ein neues, erweitertes Bewußtsein. Am Ende des Individuationsprozesses steht die vollständige Vereinigung von (männlichem) Bewußtsein und (weiblichem) Unbewußten und damit die Erfahrung der seelischen Ganzheit. Sie kommt vor allem in der Hochzeitssymbolik der Taufe zum Ausdruck, die – tiefenpsychologisch gesehen – die Gegensatzvereinigung und die Ganzwerdung symbolisiert.

Die Taufe Christi ist die Voraussetzung seines Erlösungswerkes: Er mußte ins Wasser hinabsteigen, ehe er den Geist Gottes empfing. Wenn die Taufe Jesu mit dem auf der ganzen Erde verbreiteten archetypischen Bild der Nachtmeerfahrt dargestellt wird, bei der der Held (wie die Sonne) die Tiefen des nächtlichen Meeres zu durchschreiten hat, um Weisheit, um Unsterblichkeit zu erlangen und als Erneuerter daraus hervorzugehen, so symbolisiert das in tiefenpsychologischer Sicht das Hinabtauchen ins Unbewußte zum Zwecke der Bewußtseinserweiterung und Selbsterkenntnis. Und wenn von ihm gesagt wird, daß er durch seinen Abstieg das Wasser gereinigt und ihm das »Leuchten seiner Gottheit« mitgeteilt hat, so bedeutet das, daß er als Erlöser diesen Weg für die, die ihm nachfolgen, gebahnt und geheiligt hat.

Der Exorzismus des Taufwassers geht – tiefenpsychologisch gesehen – von einer Projektion aus, die zurückgenommen werden muß. Wir müssen erkennen, daß die dämonischen Mächte nicht im Taufwasser, sondern in der eigenen unbewußten Seele vorhanden sind. Hier ist der Ort der Begegnung und Auseinandersetzung mit ihnen. Dadurch wird die Gefahr des Hinabsteigens nicht geringer, sondern nur noch größer; denn nur durch Auflösung und Tod hindurch kann die Wiedergeburt erlangt werden. Auch die christliche Existenz muß immer wieder aufs Spiel gesetzt werden, damit der Glaube erneuert wird und lebendig bleibt.

Eine Schwierigkeit ergibt sich bei solcher tiefenpsychologischen Deutung der Taufe: Wenn vor der Taufe den heidnischen Göttern, dem Teufel und den Dämonen abgesagt wird und bei der Taufe die Häupter der Drachen zermalmt werden und der Starke gefesselt wird, so würde das in tiefenpsychologischer Deutung der Absage an die dunklen Mächte des Kollektiven Unbewußten und seiner Archetypen, die in der Projektion als Götter erscheinen, entsprechen. Aber der Tiefenpsychologie geht es gerade nicht um die Absage und Vernichtung, sondern um die Integration der Mächte des Unbewußten.

Diesen Widerspruch hat man auf folgende Weise zu erklären und aufzulösen versucht: Der Widerspruch entspricht genau der Differenz zwischen der Bewußtseinslage der Menschen damals und heute. Zur Zeit der Entstehung des Christentums bestand die Aufgabe darin, die in der ausgehenden Spätantike ins Uferlose zerfließenden Projektionen des Selbst im Brennpunkt des Gottesbildes von dem einen, dreieinigen Gott zu sammeln und gleichzeitig die unzweideutige Lichtnatur dieses zentralen Archetyps gegenüber allem mystischen Zwielicht aufs stärkste zu betonen. Da die Gefahr der Regression, des Rückfalls in einen diffusen unbewußten Zustand (Vielgötterei) groß war, mußte der Abstieg ins Unbewußte als Überwindung und Vernichtung der unbewußten Mächte (Götter, Dämonen) unternommen werden.

Heute ist die psychologische Situation des Menschen eine ganz andere. Er muß alles, was ihm bei der Hadesfahrt ins Unbewußte begegnet, nicht als teuflisch verdammen, sondern soll es als Kräfte seiner eigenen unbewußten Seele annehmen und die Auseinandersetzung damit wagen. Denn die Wiedergeburt ist heute in noch viel krasserer Weise als in früheren Jahrhunderten nur durch Auflösung und Tod hindurch zu gewinnen. Die Anerkennung der Realität der dunklen Mächte in uns selbst und die Auseinandersetzung mit ihnen ist die undelegierbare Aufgabe derer, die sich der Selbst-Erfahrung stellen wollen. Erst in einem mühsamen und schmerzhaften Prozeß kann das Selbst, in dem die Gegensätze vereinigt sind, erfahren werden. Die individuelle Erfahrung des Selbst ist die Voraussetzung für eine lebendige Erfahrung Gottes; oder sagen wir: Das eine vollzieht sich im andern. Denn es gibt keine Gotteserfahrung ohne Selbsterfahrung – und umgekehrt. Sind aber im Selbst die Gegensätze vereinigt, so kann von solcher Selbst-Erfahrung her auch die dualistische Aufspaltung der Welt in gute und böse Kräfte überwunden und können die »heiligen Kriege« als Projektionen erkannt und in unser Inneres verlegt werden.

81

Zusammenfassung und Besinnung

Im Symbol des Wassers haben sich allgemein-menschliche Erfahrungen zum Sinnbild verdichtet. Wasser ist ein Urelement, das Leben hervorbringt und erhält, das aber auch Leben bedroht und verschlingt. Wasser ist zugleich Wasser des Lebens und Wasser des Todes. Nach mythischem Denken muß das Leben immer wieder ins Chaos zurücksinken, um erneuert daraus hervorzugehen.

Quellen und fließendes Wasser sind Symbol der Lebendigkeit und Beweglichkeit, der Wandlungsfähigkeit und der unerschöpflich sprudelnden schöpferischen Lebenskraft. Heilquellen sind Symbol für die Quelle des Heils, für Gott selbst, den Ursprung allen Seins.

Die symbolische Qualität des Wassers bestimmt den kultisch-religiösen Umgang mit diesem Element in Form von Besprengung, Waschung und Tauchbad. Es geht dabei um Reinigung – nicht nur des Körpers, sondern auch der Seele und des Gewissens von allem, was dem Menschen schadet. Es geht um Rückkehr in das Chaos(wasser) und um Erneuerung der Schöpfung.

Das Taufwasser der christlichen Taufe vereinigt in sich alle mythischen Aspekte des Wassers, und die christliche Taufhandlung bringt alle Facetten des kultisch-religiösen Umgangs mit Wasser zur Geltung. Aber Symbol und symbolische Handlung sind auf das christliche Offenbarungsgeschehen bezogen und erhalten von Tod und Auferstehung Christi her ihren einzigartigen, unverwechselbaren Sinn.

Die Taufe ist ein von Christus selbst eingesetztes Sakrament: Unter dem sichtbaren Zeichen des Untertauchens im Wasser geschieht Gottes unsichtbares Gnadenhandeln am Menschen. Das mit dem natürlichen Element des Wassers verbundene Wort wirkt Vergebung, neues Leben und ewige Seligkeit. Aber es wirkt dies nicht auf magische Weise, unabhängig vom Glauben des Menschen, sondern nur da, wo sich der Mensch im Glauben dem Heilshandeln Gottes öffnet.

Wird die christliche Taufe dadurch herabgesetzt, daß wir sie in dem großen Zusammenhang der Initiationsriten der Menschheit sehen und erkennen, daß sie teilhat an der allgemein-menschlichen Symbolik des Wassers und des rituellen

Umgangs mit Wasser? Keineswegs. Denn erstens schließt die strukturelle Übereinstimmung nicht aus, daß die christliche Taufe einen unvergleichlichen Sinn hat; dieser wird durch den Vergleich mit ähnlichen Phänomenen der Religionsgeschichte überhaupt erst deutlich. Und zweitens kann die christliche Taufe gerade dadurch, daß sie teilhat an der allgemein-menschlichen Symbolik, als Antwort auf all das verstanden werden, was in dem Menschengeist nach Sakramenten verlangt (G. v. d. Leeuw), als Erfüllung allen Menschheitssehnens auf religiösem Gebiet (O. Casel). Wie hätte denn der christliche Glaube eine Weltreligion werden können, wenn er sich nicht der Symbolsprache bedient hätte, die nach Erich Fromm die »einzige universale Sprache der Menschheit« ist!

Das Wort Symbol ist von dem griechischen Verb symballein = zusammenfügen abgeleitet. In ihm fügen sich zwei Dinge zusammen, die ihrem Wesen nach zusammengehören. Ein Brauch im griechischen Altertum veranschaulicht dies: Wenn ein Vater seinen Sohn auf Reisen schickte, nahm er einen Holzstab und brach ihn in der Mitte auseinander. Die eine Hälfte gab er seinem Sohn, die andere Hälfte schickte er voraus an den fernen Gastfreund, den sein Sohn besuchen sollte. Traf dieser bei jenem ein, fügten sie die beiden Stabhälften zusammen. Paßten diese an der Bruchstelle genau ineinander, hatte sich der Eingetroffene damit als Sohn des Freundes erwiesen. Sie vollzogen das Symbol.

Es ist das Wesen des Symbols, daß sich in ihm zwei Wirklichkeitsbereiche berühren und zusammenfügen: das Sichtbare und das Unsichtbare. Das Sichtbare ist nur die eine Hälfte der Wirklichkeit, die andere Hälfte ist unsichtbar. Das Symbol gibt nicht Sichtbares wieder, sondern macht sichtbar, was unsichtbar ist. Das Symbol des Wassers zum Beispiel ist Ausdruck für die mythische Dimension des Wassers, für seine lebenschaffende und lebenverschlingende Macht.

Was für das Symbol gilt, gilt auch für die symbolische Handlung, insbesondere für die Sakramente. In ihnen fügen sich ein sichtbares und ein unsichtbares Geschehen zu einer Einheit, zu einem Ganzen zusammen. In, mit und unter der äußeren sichtbaren Handlung geschieht im und am Menschen etwas, was unsichtbar ist. Indem zum Beispiel der Leib eines Menschen mit Wasser übergossen wird, wird seine Seele gereinigt, widerfährt ihm Vergebung der Sünden. Indem er ins Wasser hineingetaucht wird, wird das alte, gottlose Wesen ersäuft, und indem er aus dem Wasser gezogen wird, ein neues, christliches Wesen aus der Taufe gehoben. Indem er in den Namen Christi hineingetauft wird, lebt er fortan »in Christus«, das heißt: Er lebt nicht mehr für sich selbst, sondern für den, der für ihn gestorben und auferstanden ist. Der Kreuzestod Christi erwirkt in ihm die Freiheit zum Tun des Willens Gottes, und die Auferstehung Christi verbürgt ihm Zukunft über den Tod hinaus.

Weil die Natur von Gott geschaffen, also Schöpfung Gottes ist, besteht ein wesensmäßiger Zusammenhang zwischen allem kreatürlichen Sein, gibt es eine geheimnisvolle Beziehung zwischen der sichtbaren Welt und der unsichtbaren, ewigen Welt Gottes. Darum können die Dinge der materiellen Wirklichkeit Gleichnis und Symbol sein für die geistige und geistliche Wirklichkeit. Sie sind nicht nur eine belanglose Hülle für einen geistigen Sinn, sondern sie besitzen eine Seinsmächtigkeit, die zeichenhaft auf jene hintergründige Wirklichkeit hinweist. Weil aber die Schöpfung gefallene Schöpfung ist, steht sie zugleich in einem unaufhebbaren Gegensatz zu ihrem kreatürlichen Bild. Mit anderen Worten: Es besteht nicht nur ein wesensmäßiger Zusammenhang, sondern auch ein unüberbrückbarer Unterschied zwischen allem kreatürlichen Sein und der Welt der Gnade, Erlösung und Vollendung.

Was für das Symbol gilt, gilt auch für die symbolische Handlung, insbesondere für die Sakramente. In der Sphäre des bloßen Geschaffenseins und des Falles kommen wir nur zu den »Schatten«, wie wir sie in der Religionsgeschichte sehen. Sie erhalten erst wieder Sinn und werden durchsichtig, wenn sie beleuchtet werden aus der Erfüllung in der Fleischwerdung Gottes. Erst die Neuschöpfung gibt die Möglichkeit eines echten Sakraments, eine richtige Analogie.

Von der Symbolhaftigkeit strahlt eine eigentümliche Würde zurück auf die Schöpfung, die in solcher Weise Gottes Handeln dient. Die Dinge, die Träger göttlicher Geheimnisse geworden sind, werden dadurch »geheiligt«. Das Symbol hat teil an der Wirklichkeit, die es repräsentiert, wie der Repräsentant einer Person oder Institution teilhat an der Ehre derer, die er repräsentiert.

84

Der Schriftsteller Erhart Kästner hat einmal die Frage gestellt: »Wenn die Dinge der Welt (Lamm, Hirte, Weinstock, Licht, Wasser usw.) (von Christus) aufgerufen werden, . . . die Last eines Heilsvergleiches zu tragen: können sie, wieder entlassen, dann die vorigen sein, die sie waren?« Wenn beispielsweise das Wasser einmal gewürdigt wurde, Gleichnis für das Wasser des Lebens zu sein, kann es dann jemals wieder nichts weiter als H_2O sein? – Kästner antwortet: »Das ist nicht möglich. – Durchs Gleichnis mußte eine sakramentale Erhöhung auf die gerufenen Dinge ausgehen: eine Verwandlung, die in der Verwandlung von Brot und Wein wohl ihren höchsten, aber nicht einsamen Ausdruck besitzt.«[17]

Wir kehren damit wieder an den Ausgangspunkt dieses Kapitels zurück. Die Entsakralisierung und Verobjektivierung des Wassers haben letztlich zu dem ehrfurchtslosen, rein technischen Umgang mit Wasser geführt, der die Menschheit in eine lebensbedrohliche Krise stürzt. Wenn wir uns seiner sakramentalen Bedeutung wieder bewußt werden, kann das nicht ohne Folgen für unseren Umgang mit Wasser sein.

Von daher wird der Sinn der orthodoxen »Segnung des Wassers am Tage der Taufe des Herrn im Jordan, Tag der Epiphanie, Tag der Offenbarung der Heiligen Dreifaltigkeit« verständlich. Eine solche »Wasserweihe« wurde von der Griechisch-Orthodoxen Metropolie in Deutschland zusammen mit der Arbeitsgemeinschaft Christlicher Kirchen 1988 in Hamburg begangen. Dabei kam deutlich zum Ausdruck, daß die Taufe des Herrn nicht nur für die Menschen, sondern für die ganze Schöpfung von Bedeutung ist. Der russisch-orthodoxe Erzpriester Dr. Ambrosius Backhaus sagte in seiner Predigt im Blick auf die anschließende Zeremonie, bei der von einem Schiff aus das Kreuz des Altars dreimal in die dunklen Wasser hineingetaucht und wieder herausgehoben wurde: »Da wir das Kreuz des Herrn in die Gewässer dieser Stadt tauchen, bekennen wir, daß alle Dinge Gottes Eigentum sind. Er hat sie uns anvertraut als guten Haushaltern.

Durch das Zeichen des Kreuzes verkünden wir uns und aller Welt: Gott ist einziger und alleiniger Schöpfer und Eigentümer auch der Fluten, die diese Stadt umspülen. Sie gehören nicht uns, sie sind uns anvertraut wie ein Weinberg und Ackerfeld, damit sie Gott Frucht bringen.

Das Wasser ist uns anvertraut, daß es auch uns Nutzen bringe. Wir bedürfen des Wassers zu unserem Leben, und wir pflegen das Wasser in den großen Wasserwerken dieser unserer Stadt. Aber wir gehen auch lieblos mit den Gewässern um. Wir lassen sie unseren Schmutz, unsere Abfälle forttragen und fordern wie ein Despot mehr von ihnen, als sie zu leisten vermögen.

Damit wir Mut und Kraft finden, uns von unserer Gewaltherrschaft über die Gewässer zu befreien, die uns und der Natur zum Verhängnis wird, heiligen wir das Wasser durch das Kreuz. In diesem starken Zeichen sagen wir uns los von unserem lieblosen Mißbrauch der Schöpfung. Wir bekennen durch das Eintauchen des Kreuzes und durch den Gesang des Gebetes, daß Gott der Herr über alle Wasser, über die ganze Schöpfung ist.

Der Sinn und die Kraft des Segens über den Wassern ist, daß wir Gottes Schöpfung ehren und uns stärken, Gärtner in diesem Park der Erde zu sein, die zur Pflege, nicht zum Herrschen und Besitzen eingesetzt sind. Wir haben keine Vollmacht zu zerstören, sondern zu bewahren.«[18]

Geschichten zur Taufe

Am Anfang schuf Gott Himmel und Erde.
Und die Erde war wüst und leer,
und es war finster auf der Tiefe;
und der Geist Gottes schwebte auf dem Wasser.

1. Mose 1,1.2

In der nächtlichen Osterfeier der Alten Kirche wurden zwölf Geschichten aus dem Alten Testament gelesen[1]. Man nannte sie »Prophetien«, denn sie galten als Vorbilder und Hinweise auf Tod und Auferstehung Jesu beziehungsweise auf das Sakrament der Taufe, durch das die jungen Glieder der Gemeinde in das Mysterium Christi eingeweiht wurden. Von diesen Geschichten werden einige auch heute noch in der katholischen wie in der evangelischen Osternachtfeier vorgetragen. In der orthodoxen Kirche werden sie in der Liturgie der »Großen Wasserweihe« am 6. Januar als alttestamentliche Vorbilder der Taufe Christi gelesen und sind verschiedentlich auf den Kuppeln über orthodoxen Wasserweihbrunnen dargestellt. Hinweise auf diese Geschichten finden wir ebenfalls in dem Dankgebet für die Gottesgabe des Wassers und in den betrachtenden Worten, die nach der neuen evangelischen Taufordnung beim Einfüllen des Wassers ins Taufbecken gesprochen werden. (Diesem Dankgebet entspricht beim Sakrament des Abendmahls das Gabengebet, das bei der Darbringung von Brot und Wein gesprochen wird.)

Von den zwölf Geschichten des Alten Testaments wollen wir im folgenden vier näher betrachten: die Geschichte von der Schöpfung, der Sintflut, dem Durchzug des Volkes Israel durch das Rote Meer und die Geschichte von Jona.

Ehe wir uns jedoch diesen Geschichten zuwenden, müssen wir uns klarmachen, daß die Menschen, die sie ursprünglich erzählt haben, nicht historisch dachten und daß es ihnen nicht darum ging, Tatsachen und Ereignisse möglichst objektiv zu berichten. Vielmehr bedienten sie sich der Symbolsprache, um damit die Bedeutung auszudrücken, die diese Tatsachen und Ereignisse für ihren Glauben hatten. Viele Schwierigkeiten heutiger Menschen, diese Geschichten zu verstehen, rühren daher, daß sie – einseitig im historischen Denken geschult – sie als historische Berichte lesen, daß sie symbolische Aussagen für Schilderungen von Ereignissen in Zeit und Raum halten und »glauben« mit »für wahr halten« verwechseln. Was sich als unhistorisch erweist, gilt ihnen als unglaubwürdig. Die Glaubwürdigkeit der Bibel hängt für sie weitgehend von deren historischer Tatsächlichkeit ab. Mit solchem Denken wird man den biblischen Geschichten nicht gerecht. Es gilt vielmehr, zwischen historischen und symbolischen Aussagen zu unterscheiden und symbolische Aussage als solche zu verstehen.

Die biblischen Geschichten beispielsweise, die in frühchristlicher Zeit in den Katakomben Roms immer wieder dargestellt wurden, sind eindeutig symbolisch verstanden worden, denn nur so geben sie einen Sinn: die Geschichte von den drei Männern im Feuerofen (Daniel 3), von Daniel in der Löwengrube (Daniel 6), von Jona im Bauch des großen Fisches (Der Prophet Jona) und andere mehr. Sie sind allesamt Symbolgeschichten für die Errettung aus dem Tode – wohlgemerkt nicht der Errettung vor dem Tod, sondern der Errettung aus dem Tod zum ewigen Leben. Darum finden wir sie als Bilder lebendiger Hoffnung an dem Ort, wo die ersten Christen Roms ihre Toten beisetzten. Bilder des Lebens gegen den Tod.

Die Bibel benutzt die allgemein-menschliche Symbolsprache; aber alle Symbole sind auf die Heilsgeschichte bezogen und bekommen von ihr her Sinn und Inhalt. Anders ausgedrückt: In der biblischen Symbolik haben sich Erfahrungen verdichtet, die das Vollk Israel in seiner Geschichte mit Jahwe, dem Gott Israels, gemacht hat. Daraus ergibt sich eine Eigenart der biblischen Symbolik: die *Typologie*[2]. Das ist eine Auslegungsmethode, die – ausgehend von der Kontinuität des Heilshandelns Gottes, wie es im Alten und im Neuen Testament bezeugt ist – überall Entsprechungen zwischen dem Alten und dem Neuen Testament entdeckt, genauer: die in gewissen Personen und Ereignissen des Alten Testaments neutestamentliche Personen und Ereignisse vorgebildet sieht.

Schon im Alten Testament finden wir Ansätze eines solchen typologischen Denkens. Die Propheten verkünden, daß Ereignisse der Urzeit und der Frühzeit der Geschichte des Volkes Israel in der Endzeit in viel gewaltigerem Ausmaß geschehen werden (Sintflut, Auszug aus Ägypten). Das ist die endzeitliche Typologie.

Das Neue Testament sieht in Leben und Werk Jesu die Erfüllung aller Verheißungen des Alten Testaments. Darum werden beispielsweise die Ereignisse beim Auszug des Volkes Israel aus Ägypten und der Wüstenwanderung als Vorbilder für das Erlösungswerk Christi verstanden: »Dies widerfuhr ihnen (den Israeliten) als ein Vorbild (typos). Aufgeschrieben aber ist es zur Ermahnung für uns, auf die das Ende der Zeiten gekommen ist«, schreibt der Apostel Paulus (1. Korinther 10,11). Das ist die christologische Typologie.

Die alttestamentlichen Ereignisse, die sich in Leben und Werk Christi erfüllt haben, werden darüber hinaus auf die Sakramente bezogen, in denen sich das Heilswirken Gottes fortsetzt und durch die der Gläubige teilgewinnt an Christi Tod und Auferstehung. Das ist die sakramentale Typologie.

So wird das Heilshandeln Gottes in drei verschiedenen Epochen der Heilsgeschichte offenbar: in der Geschichte des (alttestamentlichen) Volkes Israel, in dem Wirken Jesu und in den Sakramenten der christlichen Kirche.

Die Typologie der Sakramente wird in der frühchristlichen Liturgie und in den Taufkatechesen der ersten drei Jahrhunderte entfaltet. Sie entspringt nicht der Willkür Einzelner, sondern geht auf gemeinsames Traditionsgut zurück. Sie ist deutlich vom Alten Testament her geprägt und steht in unmittelbarer Verbindung zur jüdischen Liturgie. Die Schöpfungs- und die Sintflutgeschichte, die Geschichte vom Auszug des Volkes Israel aus Ägypten und die vom Durchzug durchs Rote Meer bestimmen wesentlich die symbolische Bedeutung des Taufwassers und die damit vollzogene Taufhandlung.

Diese Betrachtungsweise ist uns heute fremd geworden, weil wir die Bibel einseitig unter historischem Gesichtswinkel lesen, obgleich diejenigen, die sie schrieben, selbst nicht historisch dachten. Aber in der Theologie werden seit einiger Zeit zunehmend Stimmen laut, die sich für eine Überwindung der einseitig historisch orientierten Fragestellung einsetzen. Es geht nicht darum, die historisch-kritische Methode abzuschaffen und durch eine andere Auslegungsmethode zu ersetzen, sondern sie durch andere Auslegungsmethoden zu ergänzen. Anders ausgedrückt: Das Historische der biblischen Heilsgeschichte darf nicht als bedeutungslos übergangen werden; darum hat die historisch-kritische Forschung ihr bleibendes Recht. Die historischen Ereignisse werden aber in der Bibel in einer symbolischen Sprache erzählt, die deren überzeitliche Bedeutung zum Ausdruck bringt; darum bedarf es der Deutung der Symbole, um die religiöse Aussage einer biblischen Erzählung zu erfassen. »Ich glaube«, sagt Eugen Drewermann, dessen Arbeiten in diese Richtung gehen, »daß man die Bibel vorwiegend symbolisch lesen muß, um den bleibend gültigen Gehalt ihrer Erzählungen von innen her und gleichursprünglich mitzuvollziehen.«[3]

Die Schöpfungsgeschichte

Die erste der zwölf Geschichten, die in der Osternacht der Alten Kirche gelesen wurden, ist die Schöpfungsgeschichte. In der Zusammenfassung lautet sie folgendermaßen:

»Am Anfang schuf Gott Himmel und Erde. Und die Erde war wüst und leer, und es war finster auf der Tiefe; und der Geist schwebte auf dem Wasser.

Und Gott sprach: Es werde Licht! – Und es ward Licht. Und Gott sah, daß das Licht gut war. Da schied Gott das Licht von der Finsternis und nannte das Licht Tag und die Finsternis Nacht. Da ward aus Abend und Morgen der erste Tag.

Und also rief Gott durch sein allmächtiges Wort alles, was da ist, ins Leben: Licht und Finsternis, Tag und Nacht, Wasser und Festland, Sonne und Mond, Baum und Gras, Pflanze und Tier.

Und Gott sprach: Lasset uns Menschen machen, ein Bild, das uns gleich sei, die da herrschen über die Fische im Meer und über die Vögel unter dem Himmel und über das Vieh und über die ganze Erde und über alles Gewürm, das auf Erden kriecht. – Und Gott schuf den Menschen zu seinem Bilde, zum Bilde Gottes schuf er ihn; und er schuf sie als Mann und Weib. Und Gott segnete sie und sprach zu ihnen: Seid fruchtbar und mehret euch, und füllet die Erde und machet sie euch untertan.

Und Gott sah an alles, was er gemacht hatte, und siehe, es war sehr gut.« 1. Mose 1,1–2,4a

Im Zusammenhang der Osternachtfeier wird sowohl die Beziehung der Schöpfungsgeschichte zum Ostergeschehen als auch zum Taufgeschehen deutlich. Ostern ist der Anbruch der neuen Schöpfung: »In dieser Nacht, da Gott in der Auferstehung seines Sohnes die neue Schöpfung herauführt aus dem Dunkel des Grabes und allen Kreaturen Heil und Leben schenkt, gedenken wir der ersten Schöpfung am Anfang der Welt« – so wird diese Lesung angekündigt.

Der Begriff »*neue Schöpfung*« hat seine Geschichte: Im Alten Testament ist damit die Erneuerung der Welt in der messianischen Heilszeit gemeint (Jesaja 43,19; 65,17; 66,22; Jeremia 32,12 u. a.). »Neu« ist dabei der Inbegriff des ganz Anderen, Wunderbaren, das die Endzeit bringt. Das Neue ist in Christus Heilsgegenwart geworden. Er führt die Heilszeit (den neuen Äon) herauf, in der die Schöpfung erneuert und der Mensch neu geschaffen wird, in der alle bisherigen Unterschiede (Juden und Heiden) aufgehoben sind. Als »neue Schöpfung« wird im Neuen Testament auch der Christ bezeichnet, der in seiner Taufe Christus gleichförmig geworden ist. Der Apostel Paulus sagt: »Ist jemand in Christus, so ist er eine neue Schöpfung; das Alte ist vergangen, siehe, Neues ist geworden« (2. Korinther 5,17). Dieser Satz ist – wie alle Stellen, an denen im Neuen Testament von der »neuen Schöpfung« die Rede ist – auf die Taufe bezogen. »In Christus« bezeichnet das »neue Sein« des Christen, in das er durch die Taufe hineingetaucht wurde. Das »Alte«, das vergangen ist, umfaßt alles, was dem alten Äon zugehörte: »Wir werden durch das Wasser der Taufe frei von allem, was uns an Sünde, Feindschaft oder Gleichgültigkeit anhaftet. Es beginnt ein Neues. Aus dem Wasser der Taufe ersteht ein neuer Mensch, der lebt, wie Gott es will, und der das ewige Leben erlangt« (Neue evangelische Taufordnung). Der Christ wird – so ist es in einem urchristlichen Tauflied ausgedrückt – von Gott in Christus durch den Heiligen Geist »neu gezeugt«.

In den Gedankenzusammenhang von der ersten und der zweiten Schöpfung gehört auch die *Symbolik des achten Tages*, um die sich bei den Kirchenvätern eine ganze Theologie und Philosophie rankt[4]. Danach ist der achte Tag, der auf den siebten Schöpfungstag (Sabbat) folgt, der zukünftige Äon, der nur ein einziger Tag sein wird, der »große Tag«, von dem der Prophet sagt, daß er weder untergehen noch abgelöst werden wird (Joel 2,11): die Ewigkeit. Abbild dieses achten Tages ist der wöchentlich wiederkehrende »Herrentag«, unser Sonntag, der als Tag des Gedächtnisses der Auferstehung Jesu Christi und der Verheißung der zukünftigen Weltzeit gefeiert wurde. Mit der Auferstehung Christi begann die neue Schöpfung, die wunderbarer ist als die erste.

Der achte Tag nach Ostern, der in Kappadozien und in

Afrika sehr festlich begangen wurde, war in frühchristlicher Zeit der herausragende Oktavtag. Er war vor allem den Neugetauften teuer, für die der achte Tag, den Christus mit seiner Auferstehung heraufgeführt hatte, in der Taufe angebrochen war. »An diesem Tag kehrten die Neugetauften wieder ins alltägliche Leben zurück und legten das weiße Kleid ab, das sie die ganze Osterwoche hindurch getragen hatten« (Apostolische Konstitutionen). An diesem Tag predigte Augustinus über das Mysterium der Achtzahl, und er wußte: »Die Feier der Oktav jenes Tages, der auf der ganzen Erde die Völker dem Namen Christi unterwarf, wird mit besonderer Hingabe von all jenen begangen, die in seiner Taufe wiedergeboren wurden.«

Von diesem Gedankenzusammenhang erklärt sich auch, daß die Taufkirchen und Taufbecken häufig achteckig waren, denn – so lautet die Inschrift des Ambrosius im Baptisterium der Theklakirche zu Mailand –: »Nach dieser Zahl mußte das Haus der heiligen Taufe erbaut sein, in der die Völker in Wahrheit das Heil erlangten im Lichte des auferstandenen Christus . . .«

Im einzelnen wurden drei Parallelen zwischen der Schöpfungsgeschichte und dem Taufgeschehen gezogen:

Eine erste Parallele besteht zwischen dem *Geist Gottes*, der *über dem Urwasser* schwebte, und dem Geist Gottes, der in Gestalt einer Taube auf Jesus herabkam, als er nach der Taufe aus den Wassern des Jordan stieg (Markus 1,10). Wie der Heilige Geist, über den Urwassern schwebend, aus ihnen die erste Schöpfung hervorbrachte, so hat er, über den Jordanwassern schwebend, die zweite Schöpfung erweckt. »Die Weltschöpfung beginnt mit dem Wasser und das Evangelium mit dem Jordan«, sagt Cyrill von Jerusalem. – Die Parallele wird dann aber von der Taufe Christi bis zur Taufe des Christen ausgezogen, denn nach urchristlichem Verständnis war die Taufe – wie im vorausgehenden Kapitel ausgeführt wurde – mit dem Geistempfang verbunden. »Gottes Geist, der zu Anfang der Schöpfung über den Wassern schwebte, macht auch dies Bad zu einem Bad der Wiedergeburt mit der Erneuerung durch den Heiligen Geist« (Origines).

Wenn der Pastor in der Osternacht zur Taufe an den Taufstein tritt, ruft er Gott den Herrn an, »dessen Geist bei der

Schöpfung der Welt über den Wassern schwebte«. Und indem er das Wasser nach den vier Winden in Form des Kreuzes teilt, spricht er: »Gib, daß dein Heiliger Geist das Element des Wassers bereite für dein heiliges Sakrament. Aus dem Mutterschoß der Taufe erwecke dir eine neue Schöpfung, laß emporsteigen aus ihrer Flut ein wiedergeborenes Geschlecht.«

Der katholische Priester segnet an dieser Stelle das Wasser dreimal mit den Worten: »Daher segne ich dich, Wasser, durch den lebendigen Gott, . . . der dich im Anfang durch sein Wort vom trockenen Land schied, dessen Geist über dir schwebte.« Während der Segnung haucht der Priester dreimal in Kreuzesform über das Wasser, so wie Gott am Anfang seinen Geist darüber hauchte, und spricht: »Segne du (Gott) mit deinem Munde dies lautere Wasser, daß es außer der natürlichen Reinigung, die es dem Körper beim Waschen zu bringen vermag, auch zur Läuterung der Seele wirksam sei.« – Es handelt sich hier um die Konsekration des Taufwassers (consecratio = Weihe, Widmung), wie auch die Elemente des Abendmahls konsekriert werden. Ihr maß das Frühchristentum große Bedeutung bei. Tertullian führt dazu aus, daß »der Geist Gottes, der einst auf den Wassern schwebte, auch auf dem Taufwasser ruht, um die Täuflinge neu zu erschaffen. Das Geheiligte trug den Heiligen, oder vielmehr das, was ihn trug, empfing die Heiligkeit dessen, den es trug . . . Auf diese Weise empfing die schon geheiligte Natur des Wassers die Fähigkeit zu heiligen . . . Auf Grund dieser ursprünglichen Fähigkeit kann jedes Wasser durch die Anrufung Gottes heiligende Kraft empfangen. – Du siehst das Wasser, aber nicht jedes Wasser ist heilbringend, es sei denn, der Heilige Geist stieg herab und hat es geheiligt.«

Der Priester senkt bei der Konsekration die Osterkerze dreimal in das Taufwasser[5] und singt: »Es steige herab in diesen vollen Born die Kraft des Heiligen Geistes und befruchte die ganze Masse dieses Wassers, daß es die Wiedergeburt bewirke, . . . daß jeder Mensch, der in dies Mysterium der Wiedergeburt eingeht, zu einer neuen Kindheit wahrer Unschuld wiedergeboren werde.« Wie Christus durch den Heiligen Geist von der Jungfrau Maria empfangen wurde als Erstfrucht der neuen Schöpfung, so gilt auch von denen, die aus diesem Mutterschoß der Kirche hervorgehen, daß sie

»nicht aus dem Willen des Fleisches, sondern von Gott geboren sind« (Johannes 1,13).

Die zweite Parallele zwischen Schöpfungsgeschichte und Taufgeschehen wird in der *Erschaffung des Lichtes* und dem Entzünden der Osterkerze gesehen. Wie im Anfang auf das Geheiß Gottes das Licht aus der Finsternis hervorleuchtete, so strahlt der Auferstandene als das »Licht der Welt« aus der Nacht des Todes auf. In dem Gebet, durch das die Osterkerze geweiht wird, heißt es: »Herr, du hast mit deinem allmächtigen Wort das Werk deiner Schöpfung begonnen, und das Licht strahlte auf in der Finsternis. Wir bitten dich: Beginne heute aufs neue dein Werk in uns und sprich zu unserer Seele: Es werde Licht, damit auf ewig alle Finsternis von uns weiche und wir alle deine Werke und Wege in deinem heiligen Licht erkennen.« Darauf wird die brennende Osterkerze in den dunklen Kirchenraum hineingetragen und dreimal – jeweils einen Ton höher – gesungen: »Christ, unser Licht«, worauf die Gemeinde jedesmal antwortet: »Gelobt sei Gott.« An der Osterkerze entzünden im Laufe des Gottesdienstes die Gläubigen ihre Kerzen zum Zeichen dafür, daß Christus das Feuer seiner göttlichen Liebe in ihnen entzündet hat.

Die dritte Parallele zwischen Schöpfungsgeschichte und Taufgeschehen setzt an bei dem Befehl Gottes an das Wasser, *Lebewesen hervorzubringen* beziehungsweise von lebendigem Getier zu wimmeln (1. Mose 1,20). Von daher wird die Linie ausgezogen zum Wasser der Taufe, das ebenfalls Lebendiges hervorbringt. Ambrosius schreibt in seiner Schrift »Über die Sakramente«: »In der Schrift ist zu lesen . . . die Wasser sollen Lebewesen hervorbringen, und es geschah so. So geschah es am Anfang der Schöpfung. Dir aber ist es vorbehalten, aus dem Wasser der Gnade geboren zu werden, wie die Lebewesen aus dem Wasser das natürliche Dasein erhielten.« Und er fügt hinzu: »Ahme jenen Fisch nach, der weniger empfing als du.« Der Fisch (ichtys) ist ein von der Taufe hergeleitetes Sinnbild für Christus und die Christen. Wie das Urwasser Fische hervorbrachte, so gebiert das Taufwasser kleine Fische. »Kleine Fische (pisciculi) sind wir, geboren aus dem Ichtys Jesus Christus, und wir bleiben nur am Leben, wenn wir im Wasser bleiben« (Tertullian). Darum wird der Taufbrunnen gelegentlich auch als Fischteich (piscina) bezeichnet.

Auch auf die zweite biblische Schöpfungsgeschichte (1. Mose 2,4b–25) wird in der Taufliturgie Bezug genommen. Sie spricht von einer Wasserflut, die von der Erde aufsteigt und die ganze Oberfläche des Erdbodens tränkte (so der ursprüngliche Wortlaut von 1. Mose 2,6). Hier liegt also eine andere Vorstellung von der Schöpfung zugrunde: die Umwandlung der Wüste in Kulturland durch Bewässerung. Nachdem Gott den Menschen geschaffen hatte, setzte er ihn in den Garten Eden. Die Fruchtbarkeit dieses Gartens wird durch einen Strom bewirkt, der den Garten bewässert. Dieser *Paradiesstrom* teilt sich in vier Ströme, die die vier Weltgegenden, also die ganze Erde, bewässern. Damit wird ausgedrückt: Alle Fruchtbarkeit bringenden Ströme der Erde haben ihren Ursprung in dem Paradiesstrom des Gottesgartens. Wenn die vier Ströme häufig auf Taufbecken und Taufschalen dargestellt sind, wird dadurch der Paradiesstrom auf die Taufe gedeutet: Von ihr geht Fruchtbarkeit schaffendes Leben in alle Welt aus[6]. Auf einem Weihwassereimer aus dem 12. Jahrhundert sitzen zwischen den vier Paradiesströmen die vier Evangelisten. Dadurch werden die Paradiesströme auf das Evangelium von Jesus Christus gedeutet, das durch die vier Evangelisten in aller Welt verkündigt worden ist.

In der Osternacht singt der Priester, wenn er das geweihte Wasser nach den vier Himmelsrichtungen versprengt: »Wie der Herr dich, Wasser, Gottes Geschöpf, aus der Quelle des Paradieses entspringen ließ und dir gebot, in vier Strömen die ganze Erde zu bewässern, so sollst du die Kinder Gottes taufen in allen vier Winden, wie der Herr seinen Jüngern befohlen hat, da er sprach: Gehet hin in alle Welt und lehret alle Völker und taufet sie in dem Namen des Vaters und des Sohnes und des Heiligen Geistes.«

Die zweite Schöpfungsgeschichte erzählt die Geschichte von »dem Menschen«, hebräisch: *Adam*. Sie ist eine Ausprägung des Mythos vom Urmenschen, der zur religiösen Überlieferung der Menschheit gehört. Er umfaßt die ursprüngliche Herrlichkeit des Menschen (das heißt seine Eigentlichkeit), seinen Fall und die Wiederherstellung seiner verlorenen Herrlichkeit[7].

Adam ist nicht im historischen Sinne der erste Mensch, sondern er ist der Mensch schlechthin. Er ist das Urbild des Menschen, von dem wir alle Abbilder sind: »Kinder Adams«.

Seine Geschichte wiederholt sich in jedem Menschen; sie ist unser aller Geschichte. Adam ist als Ebenbild Gottes geschaffen; aber durch die Sünde, Gott gleich sein zu wollen, wurde seine Ebenbildlichkeit zum Zerrbild Gottes, und er verfiel dem Tod.

Im Judentum der nachexilischen Zeit entstand die Vorstellung von dem »Messias« (griechisch: »Christos«), der als der zweite Adam die verlorene Gottebenbildlichkeit des Menschen wiederherstellen werde. Diese Vorstellung greift der Apostel Paulus in seiner Adam-Christus-Typologie auf (Römer 5,12 ff.). Dabei wird ein Grundzug der biblischen Typologie deutlich: Vorbild (typus) und Gegenbild (antitypus) entsprechen einander, aber das Gegenbild übertrifft qualitativ das Vorbild bei weitem: Christus ist mehr als Adam.

Die Gegenüberstellung von *Adam und Christus* ist von den Kirchenvätern auf vielfältige Weise variiert und weiterentwikkelt worden. Dabei geht es in erster Linie um den Untergang Adams im Wasser der Taufe und die Neuerschaffung des Menschen nach dem in Christus wiederhergestellten Ebenbild Gottes. Es wird also, genaugenommen, eine Parallele gezogen zwischen Adam, Christus und dem Täufling.

Mit der persönlichen Prüfung des Taufbewerbers und der darauf erfolgenden Einschreibung zur Taufe beginnt der Kampf Satans um die Seele des Gläubigen. Die Prüfung des Täuflings wird darum sowohl mit der Versuchung Adams als auch mit der Versuchung Christi, des zweiten Adam, in Parallele gesetzt.

In der syrischen Kirche stand der Taufbewerber bei der Prüfung auf einem härenen Teppich als dem Symbol des »Fellkleides«, mit dem Gott nach dem Sündenfall die Blöße Adams bedeckte. Es ist das Sinnbild seiner gefallenen, profanisierten Natur. Indem der Taufkandidat auf dem härenen Teppich stand, trat er die darin versinnbildlichte sündige Natur unter seine Füße.

Diese Symbolik kehrt in anderer Form bei der Taufe wieder: Das Gewand, das der Täufling vor der Taufe ablegte, entspricht dem Fellkleid. Es ist das Kleid Adams, das Gewand der Sünde und der Todverfallenheit. Christus, der neue Adam, legte es ab, als er gekreuzigt wurde, und der Täufling legt es ab, wenn er ins Taufwasser hinabsteigt. Das Ablegen dieses

Gewandes bedeutet Rückkehr zur paradiesischen Unschuld: »Ihr wart nackt und schämtet euch nicht, denn ihr waret ein Abbild des ersten Adam, der im Paradies nackt war und keine Scham darüber empfand« (Cyrill).

Dem Ablegen des Adamsgewandes vor der Taufe entspricht das Anziehen des Christusgewandes nach der Taufe. Das weiße Taufkleid symbolisiert die Urstandsgnade, die den Menschen im Paradies wie ein Gewand umhüllte, ehe sie mit dem Sündenfall verlorenging. Christus hat sie wiederhergestellt und den Seinen verliehen. »Du hast uns die Feigenblätter, diese Elendskleider, ausgezogen und uns mit dem Gewande der Ehre bekleidet ... Wenn du jetzt Adam rufst, wird er sich nicht mehr vor dir schämen und nicht mehr, von seinem Gewissen angeklagt, unter den Bäumen des Paradieses sich zu verbergen suchen; in wiedergeschenkter Zuversicht wird er wie ein Sohn vor dich treten« (Gregor von Nyssa).

Es ist ein Grundgedanke vieler Taufkatechesen, daß die Taufe dem Menschen das von Adam verlorene Paradies wieder zurückgibt. Cyrill ruft den Taufkandidaten zu: »Bald wird sich für jeden und für jede von euch das Paradies auftun.« Wenn ihnen dann das Baptisterium geöffnet wird, treten sie in die Kirche ein und kehren damit ins Paradies zurück: »Jetzt öffnen sich dir die Tore des Paradieses; kehre also dorthin zurück, von wo du fortgegangen bist« (Gregor von Nyssa). Wenn sie sich zum Gebet nach Osten wenden, so hat das folgenden Sinn: »So suchen wir unsere alte Heimat, das Paradies, das Gott in Eden gen Osten angelegt hatte« (Basilius). Die Absage an den Satan, die durch den Gestus der erhobenen Hände als Schwur gekennzeichnet wird, ist die Lösung des Paktes, der den Täufling als Folge der Sünde Adams an den Satan fesselte. »Wenn du Satan widersagt hast, öffnet sich dir das Paradies Gottes, das gen Osten angelegt war und aus dem unsere Stammeltern wegen ihres Ungehorsams vertrieben wurden; du drückst dies symbolisch aus, wenn du dich vom Westen zum Osten wendest« (Cyrill). Im Taufakt selbst wird der Täufling von der Erbsünde gereinigt und befreit: »Hier in diesem Wasser wäscht Christus Adams Sünde ab« (Inschrift an dem frühchristlichen Baptisterium in Mainz). Mehr noch: Die Taufe vernichtet den alten Adam und schafft den neuen Menschen nach Gottes Ebenbild.

Es ist aber nicht so, daß es keine Verbindung gäbe zwischen dem Adam, der im Wasser der Taufe ersäuft wird, und dem neuen Menschen, der aus dem Wasser der Taufe wiedergeboren wird. Das Taufhandeln zielt nicht auf den Tod, sondern auf die Heimführung Adams in die ursprüngliche Nähe zu Gott, in die Gotteskindschaft, ins Paradies. »Der Heilsplan unseres Gottes und Erlösers zielt hin auf die Rückrufung des Menschen aus der Verbannung und seine Rückkehr aus der Fremde, in die ihn der Ungehorsam gebracht hatte, in die vertraute Nähe mit Gott« (Basilius).

Beide, Tod und Erneuerung, verbinden sich in dem Wort »Ver-wandlung«, denn anders als bei der bloßen Wandlung kommt bei der Ver-wandlung eine Daseinsweise des Lebens zu ihrem Ende, und eine neue Daseinsweise des Lebens nimmt ihren Anfang. Wie aus dem Saatkorn, das in die Erde gesenkt wird und »stirbt«, ein Halm mit einer Ähre hervorwächst, so geht aus der vergehenden Gestalt des Lebens eine neue, unvergängliche hervor (vgl. 1. Korinther 15,35 ff.). Diese Verwandlung nennt das Neue Testament »Auferstehung«. Der Mensch nach dem Urbild Adams »stirbt« im Wasser der Taufe; aus seinem Tode aber ersteht der Mensch nach dem Urbild Christi, des zweiten Adam.

Die evangelische Theologie stellt diesen Akt der Neuschöpfung in der Begrifflichkeit des Apostels Paulus als »Rechtfertigung des Sünders«, die orthodoxe Theologie als »Vergöttlichung« (Theosis), dar. Daß es sich dabei nicht um inhaltliche Gegensätze handelt, ist in dem jüngsten Gespräch zwischen der Evangelischen Kirche in Deutschland und dem ökumenischen Patriarchat von Konstantinopel 1987 ausdrücklich festgestellt worden.

Die Sintflut

Auf die Lesung der Schöpfungsgeschichte folgt in der Osternacht die der Sintflutgeschichte. Sie bringt den negativen Aspekt der Urflut als Todeswasser zum Ausdruck. Wir hatten gesehen, daß die »große Flut« ein Zusammenfließen der »oberen« und der »unteren« Wasser darstellt, die Gott am zweiten Schöpfungstag durch die Himmelsfeste voneinander geschieden hatte. Die Sintflut bedeutet also Rückkehr in das uranfängliche Chaos, als die Urflut die ganze Erde bedeckte. Aber die Sintflutgeschichte macht auch deutlich, daß die Rückkehr ins Urchaos zugleich der Anfang einer neuen Schöpfung ist, deren Bestand und Ordnung Gott garantiert.

In der Zusammenfassung lautet die Sintflutgeschichte folgendermaßen:

»Als aber der Herr sah, daß der Menschen Bosheit groß war auf Erden und alles Dichten und Trachten ihres Herzens nur böse war immerdar, da reute es ihn, daß er die Menschen gemacht hatte auf Erden, und es bekümmerte ihn in seinem Herzen, und er sprach: Ich will die Menschen, die ich geschaffen habe, vertilgen von der Erde, vom Menschen an bis hin zum Vieh, denn es reut mich, daß ich sie gemacht habe. Aber Noah fand Gnade vor dem Herrn.

Da sprach Gott zu Noah: Mache dir einen Kasten von Tannenholz und mache Kammern darin. Und du sollst in die Arche gehen mit den Deinen und sollst in die Arche bringen von allen Tieren, von allen je ein Paar, daß sie leben bleiben. Und Noah tat alles, was ihm Gott gebot.

Und die Sintflut war vierzig Tage auf Erden, und die Wasser wuchsen und hoben die Arche auf und trugen sie empor über die Erde. Da ging alles Fleisch unter, das sich auf Erden regte, an Vögeln, an Vieh, an wildem Getier und an allem, was da wimmelt auf Erden, und alle Menschen. Allein Noah blieb übrig und was mit ihm in der Arche war. Und die Wasser wuchsen gewaltig auf Erden hundertundfünfzig Tage.

Da gedachte Gott an Noah und an alles wilde Getier und an alles Vieh, das mit ihm in der Arche war, und ließ Wind auf Erden kommen, und die Wasser fielen.

Da ließ Noah eine Taube ausfliegen. Die kam zu ihm um die Abendzeit, und siehe, ein Ölblatt hatte sie abgebrochen und trug's in ihrem Schnabel. Da merkte Noah, daß die Wasser sich verlaufen hätten auf Erden. Aber er harrte noch weitere sieben Tage und ließ eine Taube ausfliegen; die kam nicht wieder zu ihm. So wurde die Erde ganz trocken. Da ging Noah heraus und alles, was in der Arche war.

Noah aber baute dem Herrn einen Altar und opferte Brandopfer auf dem Altar. Und der Herr roch den lieblichen Geruch und sprach in seinem Herzen: Ich will hinfort nicht

Die Arche Noah,
Taufbecken in der Heiligkreuzkirche zu Hildesheim, 1592

mehr die Erde verfluchen um der Menschen willen; denn das
Dichten und Trachten des menschlichen Herzens ist böse von
Jugend auf. Und ich will hinfort nicht mehr schlagen alles, was
da lebt, wie ich getan habe. Solange die Erde steht, soll nicht
aufhören Saat und Ernte, Frost und Hitze, Sommer und
Winter, Tag und Nacht« (1. Mose 6, 7 und 8).

In einer Homilie, die an Stelle der umfangreichen Prophetien gelesen werden kann, wird die Beziehung der Sintflutgeschichte zur Taufe folgendermaßen gedeutet: »Da der Mensch
sein wollte wie Gott, ward er trunken von seinem Ruhm und
verlor sein Herz an die Dinge der Welt, die seine Seele nicht
sättigen. Da tat Gott auf die Schleusen der Tiefe und gab den
Wasserfluten Gewalt, die verderbte Art zu ersäufen, und der

Geruch der Verwesung ist über den Weiten der Welt. – Aber Er, der alles erschaffen, liebt das Lebendige. Darum sinnt Er zu heilen, was Sünde und Tod verdorben haben. Gleichwie die Arche die Auserwählten Gottes birgt und über die Wasser der Sintflut trägt, also stiftet der Herr seine heilige Kirche, darin Menschen sich bergen vor den Wettern des Gerichtes. Er hat seiner Kirche gegeben das Bad der neuen Geburt, daß wir nicht versinken in den Fluten des Todes, sondern auferstehen zum Leben.«[8]

Schon im Neuen Testament wird die Sintflut typologisch zur Taufe in Beziehung gesetzt. Im 1. Petrusbrief heißt es: Zur Zeit Noahs wurden nur wenige, nämlich acht Menschen, durch die Wasserflut hindurch gerettet. »Ihr Gegenbild (antitypos) ist die Taufe, die jetzt euch rettet. Sie dient nicht dazu, den Körper von Schmutz zu reinigen, sondern sie ist eine Bitte an Gott um ein reines Gewissen aufgrund der Auferstehung Jesu Christi ...« (3,20 f.). Also: Wie im Wasser der Sintflut die sündige Menschheit unterging und zugleich aus ihr der Gerechte mit den Seinen gerettet wurde, so geht im Wasser der Taufe der alte Mensch unter, und es wird aus der Taufe gehoben der neue Mensch, der als Christ in der Nachfolge Christi lebt.

In diesen Sätzen aus dem 1. Petrusbrief sind alle Elemente der Sintflut-Typologie enthalten, die dann von den Kirchenvätern entfaltet wird. Der Apologetiker Justin hat um die Mitte des 2. Jahrhunderts die frühchristliche Erlösungs- und Tauflehre folgendermaßen formuliert:

»Zur Zeit der Sintflut wurde geheimnisvoll auf die Erlösung der Menschen hingewiesen. Denn der gerechte Noah und die anderen Personen der Sintflut, nämlich Noahs Frau, seine drei Söhne und deren Frauen, versinnbildlichen, da sie acht an der Zahl waren, den Tag, an welchem unser Christus von den Toten auferstanden ist; seiner Bedeutung nach ist er jedoch immer der erste Tag. Christus, obwohl der Erstgeborene der ganzen Schöpfung (Kolosser 1,15), ist doch der Anfang eines anderen (neuen) Geschlechtes geworden, das durch ihn wiedergeboren wird aus Wasser, Glauben und Holz, welches in sich das Mysterium des Kreuzes birgt, so wie einst Noah im Holz gerettet wurde, als er mit den Seinen auf dem Wasser schwamm ... Durch Wasser, Glaube, Holz werden die, welche rechtzeitig vorsorgen und sich von ihren Sünden bekehren, dem kommenden Gericht Gottes entrinnen.« (Man muß dazu wissen, daß im Griechischen alles aus Holz Verfertigte als »Holz« bezeichnet wird.)

Die einzelnen Symbole werden bei den Kirchenvätern ausführlich erläutert: *Christus* ist *der neue Noah: Der neue Noah,* siegreich den Wassern (des Jordan) entstiegen – Christus – ist zum Herrn über ein neues Menschengeschlecht geworden« (Justin).

Die *Achtzahl der geretteten Personen* in der Arche wird zu dem »achten Tag« in Beziehung gesetzt, mit dem eine neue Schöpfung beginnt. Die Acht ist Symbol der Auferstehung.

Das *Holz der Arche* ist zunächst ein Symbol für das Kreuzesholz, dann ein Symbol für die Kirche: »So wie die Arche inmitten der Flut jene beschützte, die sie in sich barg, so wird die Kirche jene retten, die sich verirrt haben« (Chrysostomos).

Die Tiere in der Arche werden allegorisch auf die verschiedenen Menschen und Völker gedeutet, die in Eintracht eine gemeinsame Heimat in der Arche-Kirche gefunden haben: »Die Arche hat vernunftlose Geschöpfe aufgenommen und gerettet, und diese blieben, was sie waren. Wenn aber die Kirche Menschen aufnimmt, deren Vernunft in den Leidenschaften untergegangen ist, dann werden diese von ihr nicht nur gerettet, sondern auch umgewandelt« (Chrysostomos).

Die Taube, die Noah aussandte, ist ein Symbol des Heiligen Geistes, der Ölzweig, den sie im Schnabel hatte, Symbol der Menschenfreundlichkeit Gottes. Dieses Symbol wird zunächst auf die Taufe Christi angewandt: »Wie zu Noahs Zeiten das Heil durch Holz und Wasser kam, ein neues Geschlecht seinen Anfang nahm und am Abend die Taube mit einem Ölbaumzweig zu ihm zurückkehrte, kam der Heilige Geist auf den wahren Noah herab, den Urheber einer neuen Schöpfung, als die Geisttaube, die bei der Taufe über ihm schwebte, um zu bekunden, daß er es ist, der durch das Kreuzesholz den Gläubigen das Heil verleiht und der am Abend der Welt durch seinen Tod die Gnade des Heiles bringt« (Cyrill). Sodann wird das Bild von der Taube aber auch auf die Taufe des Christen übertragen: »Nach der Sintflut, die gleichsam als eine Taufe der Welt alle Bosheit abwusch, kehrte die von der Arche entsandte Taube mit einem Ölzweig, der noch jetzt unter den Völkern als Friedenszeichen gilt, zur Arche zurück und verkündete der Welt Frieden; in gleicher Weise ist nach der nämlichen Anordnung auf geistiger Ebene die Taube des Heiligen Geistes auf die Erde, das heißt auf unser Fleisch, als es nach der Tilgung der alten Sünde aus dem Taufbrunnen auftauchte, herabgestiegen, entsandt aus Himmelshöhen, wo die durch die Arche vorgebildete Kirche ist, um uns den Frieden zu bringen« (Tertullian).

Die theologischen Gedanken finden ihren Niederschlag in der Taufliturgie. In der Feier der Osternacht betet der Pastor: »Der du den Frevel der sündigen Welt durch die Wasser der Sintflut getilgt und in der Errettung Noahs unsere Wiedergeburt vorgebildet hast, auf daß durch das heilige Geheimnis der Taufe die Sünde ihren Untergang und das wahre Leben seinen Ursprung finde, schaue hernieder auf deine Kirche und mehre in ihr die Zahl deiner wiedergeborenen Kinder ...«

Martin Luther hat in seinem Taufbüchlein von 1523 nach einem alten, zu seiner Zeit gebräuchlichen lateinischen Text sein »Sintflutgebet« formuliert: »Der du hast durch die Sintflut nach deinem gestrengen Gericht die ungläubige Welt verdammt und den gläubigen Noah selbacht nach deiner großen Barmherzigkeit erhalten ... damit dies Bad deine heilige Taufe zukünftig bezeichnet und durch die Taufe deines lieben Kindes, unsers Herren Jesu Christi, den Jordan und alle Wasser zur seligen Sintflut und reichlicher Abwaschung der Sünden geheiligt und eingesetzt: Wir bitten durch dieselbe deine grundlose Barmherzigkeit, du wollest diesen N. gnädiglich ansehen und mit rechtem Glauben im Geist beseligen, daß durch diese heilsame Sintflut an ihm ersaufe und untergehe alles, was ihm von Adam angeboren ist und er selbst dazu getan hat, und er, aus der Ungläubigen Zahl gesondert, in der heiligen *Arche der Christenheit* trocken und sicher behalten, allzeit brünstig im Geist, fröhlich in Hoffnung, deinem Namen diene, auf daß er mit allen Gläubigen deiner Verheißung ewigs Leben zu erlangen würdig werde durch Jesum Christum, unsern Herrn. Amen.«

Die Ambivalenz des Taufwassers wird hier ganz deutlich, wie Cyrill es zum Ausdruck gebracht hat: »In demselben Vorgang starbt ihr und seid geboren worden, und jenes heilsame Wasser wurde euch Grab und Mutterschoß zugleich.« In der Taufliturgie der römisch-katholischen Kirche heißt es dementsprechend: »Gott, durch Wasser hast du die Laster der sündigen Welt abgewaschen, und in den Wogen der Sintflut hast du unsere Wiedergeburt vorgebildet, daß in dem heiligen Mysterium ein und desselben Elementes die Sünde ihren Untergang und die Tugend ihren Ursprung fände ...«

Der Durchzug durch das Rote Meer

Die dritte »Prophetie«, die sowohl auf die jüdische Proselyten-Taufe als auch auf die christliche Taufe bezogen wird, ist die Geschichte vom Durchzug des Volkes Israel durch das Rote Meer.

Für das Volk des Alten Bundes war dieses Ereignis Kern und Höhepunkt des Auszugs aus Ägypten, die entscheidende Errettung Israels aus der Gewalt der Ägypter, *das* Wunder, das am Anfang des Weges Gottes mit seinem Volk steht. Für uns heute ist diese Geschichte wegen ihrer Symbolhaftigkeit, die sie ins zeitlos Gültige erhebt, von bleibender Bedeutung.

Dieser Weg ist durch drei Stadien gekennzeichnet: Auszug aus Ägypten – Wüstenwanderung mit Gesetzgebung – Einzug ins Gelobte Land. Wir erkennen darin das archetypische Grundmuster des Einweihungsweges (Initiation), die drei Stadien bei jedem Übergang von einer Daseinsweise in eine andere: Zunächst wird der Mensch aus seiner bisherigen Daseinsweise herausgerissen, durchlebt dann eine Zeit der Orientierungslosigkeit und der Neuorientierung und erreicht schließlich eine neue Lebensstufe. In der Symbolsprache ausgedrückt: Der Mensch stirbt der bisherigen Daseinsweise ab, wird in eine neue Daseinsweise eingeweiht und wird zu einer neuen Daseinsweise wiedergeboren.

Im Alten Testament steht Ägypten für das alte Leben, das das Volk Israel hinter sich lassen mußte, die Wüstenwanderung für die lange Durststrecke, auf der es ganz auf die Führung Gottes und auf die Wunder angewiesen war, durch die er es von Tag zu Tag erhielt, und das Gelobte Land, das diejenigen erreichten, die der Treue und Hilfe Gottes vertrauten, für das neue Dasein.

Sowohl beim Übergang vom ersten zum zweiten Stadium (Ägypten – Wüste) als auch beim Übergang vom zweiten zum dritten Stadium (Wüste – Gelobtes Land) gilt es, ein Gewässer zu überschreiten: das Schilfmeer beziehungsweise Rote Meer und den Jordan.

Dies ist die Geschichte vom Durchzug durch das Rote Meer:

»Beim Auszug aus Ägypten sprach Mose am Roten Meer zum Volk Israel: Fürchtet euch nicht, stehet fest und sehet zu, was für ein Heil der Herr heute an euch tun wird. Denn wie ihr die Ägypter heute seht, werdet ihr sie niemals wiedersehen. Der Herr wird für euch streiten, und ihr werdet stille sein.

Als nun Mose seine Hand über das Meer reckte, ließ es der

Mose führt durch das Rote Meer, Taufbecken im Dom zu Hildesheim, 1220

Herr zurückweichen durch einen starken Ostwind die ganze Nacht und machte das Meer trocken, und die Wasser teilten sich. Und die Israeliten gingen hinein mitten ins Meer auf dem Trockenen, und das Waser war ihnen eine Mauer zur Rechten und zur Linken. Und die Ägypter folgten und zogen hinein ihnen nach, alle Rosse des Pharao, seine Wagen und Männer, mitten ins Meer.

Da reckte Mose seine Hand aus über das Meer, und das Meer kam gegen Morgen wieder in sein Bett, und die Ägypter flohen ihm entgegen. So stürzte der Herr sie mitten ins Meer. Und das Wasser kam wieder und bedeckte Wagen und Männer, das ganze Heer des Pharao, das ihnen nachgefolgt war ins Meer, so daß nicht einer von ihnen übrigblieb.

Durchzug durch den Jordan, Taufbecken im Dom zu Hildesheim

107

So errettete der Herr an jenem Tage Israel aus der Ägypter Hand. Damals sangen Mose und die Israeliten dies Lied dem Herrn: Ich will dem Herrn singen, denn er hat eine herrliche Tat getan, Roß und Mann hat er ins Meer gestürzt. Der Herr ist meine Stärke und mein Lobgesang und ist mein Heil. Das ist mein Gott, ich will ihn preisen, er ist meines Vaters Gott, ich will ihn erheben« (2. Mose 14 und 15).

Und dies ist die Geschichte vom Durchzug durch den Jordan:

»Und der Herr sprach zu Josua: Heute will ich anfangen, dich groß zu machen vor ganz Israel, damit sie wissen: wie ich mit Mose gewesen bin, so werde ich auch mit dir sein. Und du gebiete den Priestern, die die Bundeslade tragen, und sprich: Wenn ihr an das Wasser des Jordans herankommt, so bleibt im Jordan stehen.

Als nun die Priester die Bundeslade vor dem Volk hertrugen und an den Jordan kamen und ihre Füße vorn ins Wasser tauchten, da stand das Wasser, das von oben herniederkam, aufgerichtet wie ein einziger Wall, sehr fern; aber das Wasser, das zum Meer hinunterlief, zum Salzmeer, das nahm ab und floß ganz weg. Und die Priester, die die Lade des Bundes des Herrn trugen, standen still im Trockenen mitten im Jordan. Und ganz Israel ging auf trockenem Boden hindurch, bis das ganze Volk über den Jordan gekommen war.

Und die Israeliten trugen zwölf Steine mitten aus dem Jordan, wie der Herr zu Josua gesagt hatte, nach der Zahl der Stämme Israels, zum ewigen Andenken« (Josua 3).

Beide Ereignisse, der Durchzug durch das Rote Meer und der Durchzug durch den Jordan, sind in der Erinnerung des Volkes Israel lebendig geblieben. In seinem Gesang- und Gebetbuch heißt es: »Als Israel aus Ägypten zog . . . aus dem fremden Volk, da wurde . . . Israel sein (Gottes) Königreich. Das (Rote) Meer sah es und floh, der Jordan wandte sich zurück« (Psalm 114,1–3). Die sprachliche Stilisierung macht deutlich, daß hier das geschichtliche Geschehen zum Symbol erhoben worden ist. In der Symbolsprache, in der sich immer wiederkehrende, grundlegende Erfahrungen zum Sinnbild verdichtet haben, sind große Wasser (Meer, Seen, Flüsse) Grenzen und das Überqueren der Wasser Grenzüberschreitungen im Sinne des transcedere.

Das *Durchschreiten oder Überqueren eines großen Wassers* ist ein archetypisches Bild, das wir in Mythen, Märchen und Legenden auf der ganzen Erde finden. Zum Beispiel gibt es eine Reihe afrikanischer Mythen und Märchen, die mit diesem Bild den Ursprung, die Geburt eines Stammes erzählen. Es handelt sich wohl ursprünglich um einen Initiationsritus, der regelmäßig im Frühjahr (Geburt der Vegetation und des animalischen Lebens) ausgeführt wurde, also um ein »Ritual von Tod und Wiedergeburt« (Roheim).

In dem chinesischen »Buch der Wandlungen« (I Ging) spielen die Wendungen »das große Wasser zu durchqueren« oder »entschlossen den Fluß zu durchschreiten« eine große Rolle[9]. Es bedeutet, daß der Mensch, gerade in Blütezeiten, stets bereit sein soll, das Erreichte hinter sich zu lassen und den gefährlichen Übergang zu neuen Ufern zu wagen; in biblischer Sprache ausgedrückt: aufzubrechen, wohin Gott will.

Die Wasser zu durchschreiten bedeutet, den Übergang von einer Daseinsweise in die andere zu vollziehen, vom profanen zum magischen Reich oder umgekehrt. Im Märchen, dessen Haupthandlung sich in einem zeitlosen magischen Reich, das heißt im Allgemein-Menschlichen, abspielt, kommt dieses Motiv häufig vor. Zum Beispiel müssen Hänsel und Gretel in dem gleichnamigen Grimmschen Märchen nach ihren Erlebnissen im Hexenwald ein »großes Wasser« überqueren, ehe sie mit den Schätzen, die sie bei der Hexe gefunden haben, nach Hause gelangen. »Wir können nicht hinüber, sprach Hänsel, ich seh keinen Steg und keine Brücke. – Hier fährt auch kein Schiffchen, antwortete Gretel, aber da schwimmt eine weiße Ente, wenn ich die bitte, so hilft sie uns hinüber ...« Und so geschieht es. Doch können sie den Übergang nicht – wie Hänsel es will – gemeinsam, sondern nur einzeln vollziehen. Das heißt: Jeder kann nur für sich selbst den gefahrvollen Weg aus der Welt des Unbewußten (Wald) in die Welt des Bewußtseins (Haus des Vaters) gehen. Vielleicht kann man sogar in der »weißen Ente« einen Anklang an das spirituelle Symbol des Geistes Gottes finden, der über den Chaoswassern schwebte. Jedenfalls ist der schwierige Weg zurück für die Kinder ein Weg geistiger Reife, der nur mit Hilfe schöpferischer Kräfte gemeistert wird.

Das »große Wasser« ist eine deutliche Trennungslinie zwischen zwei Lebensabschnitten. Es ist ein Todeswasser, insofern es unwiderruflich von dem durchschrittenen Lebensabschnitt trennt. Wer sich davon nicht lösen kann, wird von den Wassern verschlungen. Es ist zugleich ein Lebenswasser, insofern es – wenn es mit Hilfe schöpferischer Geisteskräfte überwunden wird – ans andere Ufer, zu einem Neubeginn auf einer anderen Lebensstufe führt.

Hier ist die auf uralte mythische Überlieferung zurückgehende Geschichte des Alten Testaments zu erwähnen, die erzählt, wie *Jakob* mit seiner ganzen Habe die Furt des Jabbok überschreitet (1. Mose 32,23–33). Sie symbolisiert die innere Läuterung (Katharsis) Jakobs, der seinen Bruder um den Segen betrogen hatte und nun die Begegnung mit ihm fürchtet. Nachdem er Gott um Errettung aus der Hand seines Bruders angerufen und das Letzte zur Sühne getan hat, geht er ihm entgegen, um eine Entscheidung herbeizuführen. Der nächtliche Kampf mit dem dunklen, geheimnisvollen Wesen am Jabbok macht deutlich, daß es hier um Gnade und Ungnade, ja um Leben und Tod geht. Als er im Kampf Sieger bleibt, erhält er einen neuen Namen, denn er ist aus einem Betrüger (Jakob) zum gesegneten Stammvater des auserwählten Volkes Gottes (Israel) geworden.

Das »große Wasser« kann auch die Grenzlinie zwischen Leben und Tod sein. Es muß überquert werden, damit der Verstorbene in das Land ohne Wiederkehr gelangen kann. In einer Version der Totenfahrtsvorstellung auf Malekula (Melanesischer Archipel der Neuen Hebriden) berührt der Verstorbene mit einem Zauberstabe die Todeswasser, worauf sich diese teilen und nach zwei Seiten auseinanderweichen, so daß er unversehrt hindurchgehen kann[10]. – Sowohl in Mythen als auch in den Sterbeerfahrungen von Menschen, die wieder ins Leben zurückgeholt wurden, spielt ein Gewässer als Scheidelinie zwischen der Welt der Lebenden und der der Toten eine wichtige Rolle. Der Fährmann über den Totenfluß kommt in den verschiedensten Mythologien vor. Der Name des Fährmanns, Acharantos, Acherantos, Acheron, ist vermutlich eine Vermischung des ägyptischen Gottes Aker, des Hüters des Auferstehungsmysteriums, mit Acheron, dem griechischen Unterweltfluß, der auch der Unterwelt den Namen gab.

In diesen Gedankenzusammenhang gehört auch die Geschichte des Propheten *Elia* aus dem Alten Testament, in der es heißt: »Elia nahm seinen Mantel, wickelte ihn zusammen und schlug ins Wasser; das teilte sich nach beiden Seiten, so daß sie beide (Elia und Elisa) auf trockenem Boden hinübergingen.« Darauf fuhr Elia im Wetter gen Himmel. Elisa aber »kehrte um und trat wieder an das Ufer des Jordans. Und er nahm den Mantel, der Elia entfallen war, und schlug ins Wasser. Da teilte es sich nach beiden Seiten, und Elisa ging hindurch« (2. Könige 2).

Noch ein letzter Aspekt des Überquerens des »großen Wassers«: Es kann auch bedeuten, einen Schritt zu tun, der nicht wieder rückgängig gemacht werden kann. Das klassische Beispiel dafür ist das Überschreiten des Rubikon durch Cäsar. Der kleine oberitalienische Fluß (südlich von Ravenna) bildete die Grenze zwischen seiner Provinz (Gallia cisalpina) und Italien. Cäsar, im Begriff, den Grenzfluß zu überschreiten und damit den Bürgerkrieg zu eröffnen, überdenkt noch einmal sein Vorhaben: »Jetzt können wir noch umkehren. Haben wir aber diese kleine Brücke überschritten, dann müssen alles die Waffen entscheiden.« Eine numinose Erscheinung bringt ihn dazu, den Fluß zu überschreiten und dahin zu gehen, »wohin die Zeichen der Götter und die Ungerechtigkeit der Gegner« ihn rufen. »Der Würfel ist gefallen« (Sueton).

Kehren wir zur Geschichte vom Durchzug durch das Rote Meer zurück. Er wird im Alten Testament im mythisch-heroischen Stil als *Sieg über den Chaosdrachen* geschildert[11]; denn jedes Gewässer ist Abbild und Gleichnis der Urwasser (tehom). Die Bezeichnung »Rotes Meer« ist eine symbolhafte Wesensbeschreibung des Wasserdrachen[12]. Sie entspricht dem »roten Drachen« in der Offenbarung des Johannes (Kap. 12). – Mose wird im Stil der mythischen Biographie als Heilbringer und Erlöser dargestellt. Als das Volk Israel in seiner Ausweglosigkeit zu Gott schreit, gebietet dieser dem Mose: »Du aber erhebe deinen (Zauber-)Stab und strecke deine Hand aus über das Meer und spalte es . . .« (2. Mose 14,16). Die Spaltung des Meeres entspricht der Drachenspaltung im babylonischen Schöpfungsmythos. Was »im Anfang« geschah, wiederholt sich in diesem geschichtlichen Geschehen: Aus dem überwundenen Chaos entsteht die Schöpfung.

Wie Mose wird auch Josua im mythisch-heroischen Stil als Drachenkämpfer, Sintflutheld und Erbauer einer neuen Welt geschildert[13]. Hier ist es die Bundeslade, der Thron Jahwes, die die strömenden Wasser des Jordan zum Stehen bringt, so daß das Volk Gottes trockenen Fußes hindurchziehen kann. Die Errichtung der zwölf Steine am anderen Ufer symbolisiert den Bau einer neuen Welt jenseits des Todeswassers.

Die Erinnerung an diese grundlegenden Ereignisse der Geschichte Israels gibt dem Volk Gottes in aussichtslosen Lagen die Zuversicht, daß der Gott, der in den Tagen der Vorzeit ein solches Wunder getan hat, es auch wiederholen kann. Ein eindrückliches Beispiel dafür ist eine Stelle aus einem Klagelied des Zweiten Jesaja, der im babylonischen Exil lebte. Er ruft Gott an: Wach auf, reg dich, rüste dich zum Kampf, wie im Anfang, als du die Chaosungeheuer besiegtest. »Warst du es nicht, der das Meer austrocknete, die Wasser der großen Tiefe, der den Grund des Meeres zum Wege machte, daß die Erlösten hindurchgingen? So werden die Erlösten des Herrn heimkehren und nach Zion (= Jerusalem) kommen mit Jauchzen ...« (Jesaja 51,9–11).

Dieses Bild wird schließlich – losgelöst von dem ursprünglichen geschichtlichen Ereignis – zum *Symbol des Einweihungsweges durch Wasser und Feuer* (beides spielt als Mittel der Reinigung und Verwandlung sowohl in den Initiationsriten, in den griechischen Mysterien, in dem Wandlungsprozeß der Alchemisten und in den Träumen heute lebender Menschen eine große Rolle). Im 66. Psalm heißt es: »Wir sind durch Feuer und Wasser gegangen; aber du hast uns herausgeführt ins Weite« (12). Eine Verheißung des Zweiten Jesaja lautet: »Wenn du durch Wasser gehst, will ich bei dir sein, daß dich die Ströme nicht ersäufen sollen; und wenn du ins Feuer gehst, sollst du nicht brennen, und die Flamme soll dich nicht versengen« (Jesaja 43,2).

Wenn sich ein gläubiger Mensch in einer ausweglosen Lage befindet, kann sich dieses Symbol bei ihm einstellen. Als Helmuth James Graf von Moltke auf seine Verhaftung und Inhaftierung, auf den demütigenden Prozeß vor dem Volksgerichtshof und die Verkündung des Todesurteils zurückblickte, stellte sich bei ihm dieses Wort von dem Mysterienweg durch Wasser und Feuer ein. Wenige Tage vor seiner Hinrichtung schrieb er an seine Frau: »Es war wahrlich so, wie es in Jes. 43,2 heißt: Denn so du durch Wasser gehst, will ich bei dir sein, daß dich die Ströme nicht sollen ersäufen; und so du ins Feuer gehst, sollst du nicht brennen, und die Flamme soll dich nicht versengen. – Nämlich deine Seele.«[14] Der Zusatz macht deutlich, was diese bildhafte Redeweise ausdrückt: die Bewahrung der Seele *in* Anfechtung, Leiden und Sterben.

Hier liegt auch die Antwort auf einen Einwand, der gelegentlich gegen die Analogie von Durchzug durch das Rote Meer und Taufe erhoben worden ist: die Kinder Israel seien in diesem Wasser ja nicht einmal naß geworden. Daß die Israeliten »auf trockenem Boden mitten durch das Meer« hindurchzogen und daß die drei Männer im Feuerofen unversehrt blieben, das Feuer nicht ein einziges Haar auf ihrem Haupte versengte (Daniel 3,25.27), ist bildhafter Ausdruck für die Unversehrtheit der Seele im Leiden und Sterben, und zwar in demselben Sinn, wie der Apostel Paulus die paradoxe christliche Existenz beschreibt: »... als die Sterbenden, und siehe, wir leben; als die Gezüchtigten (Mißhandelten), und doch nicht getötet; als die Traurigen, aber allezeit fröhlich; als die Armen, aber die doch viele reich machen; als die nichts haben, und doch alles haben« (2. Korinther 6,9 f.).

Der Durchzug durchs Rote Meer ist schon im Neuen Testament selbst typologisch als *Vorbild der Taufe* gedeutet worden. Um das zu verstehen, müssen wir weiter ausholen: Die Evangelien berichten, daß Jesus beim festlichen Passamahl, das zum Gedächtnis an den Auszug aus Ägypten gefeiert wurde, das heilige Abendmahl einsetzte. Er deutete die alten Elemente des Passahmahles neu: Brot und Becher vergegenwärtigen nun ihn selbst als den, der sein Leben zum Opfer gab für die Sünden der Welt. An die Stelle des Alten Bundes, den Gott durch Mose mit dem Volk Israel am Sinai schloß, tritt der Neue Bund, den Gott durch Jesus mit allen Menschen auf Golgatha geschlossen hat. An die Stelle des Passahlammes tritt er selbst als das »Lamm Gottes, das der Welt Sünde trägt«. An die Stelle des Blutes vom Passahlamm, das das schonende Vorübergehen (Passah) Gottes bewirkte, tritt das Blut Christi, »das vergossen wird für viele zur Vergebung der Sünden«.

An die Stelle des jüdischen Passahfestes tritt das christliche Osterfest. In der Osternacht feiern die Christen den Übergang (transitus) vom Kreuz zur Auferstehung, vom Tod zum Leben, von dieser Welt in die verklärte Welt Gottes. Das zentrale Ereignis der jüdischen Geschichte wird nicht abgetan, sondern auf einer anderen Ebene gedeutet. Es ist nun das Fest der Erlösung aus der Knechtschaft der Sünde und des Todes, das Fest der Befreiung. Und wie der Auszug des Volkes Israel aus Ägypten mit dem Wunder des Durchzugs durch das Rote Meer zusammenfiel, so fällt das Osterfest mit der Taufe der neuen Gemeindeglieder zusammen. Sie wird von der Symbolik des Durchzugs durch das Rote Meer her gedeutet. Die Lesung dieser Geschichte in der Osternacht wird eingeleitet mit den Worten: »Vernehmet, wie der gnädige Gott sein Volk durch die Fluten des Roten Meeres errettet und also ein Vorbild gegeben hat für unsere Errettung durch das Sakrament der heiligen Taufe.«

Der Durchzug durchs Rote Meer gehört neben der Sintflut zu den meist genannten Vorbildern der Taufe[15]; geht es doch bei beiden um Wasser, durch das Gott richtet und rettet, tötet und lebendig macht. Auch diese typologische Deutung findet sich bereits im Neuen Testament. Der Apostel Paulus schreibt: »Ich will euch nicht in Unwissenheit darüber lassen, daß unsere Väter alle unter der Wolke gewesen und alle durchs Meer gegangen sind; und alle sind auf Mose getauft worden durch die Wolke und durch das Meer ...« (1. Korinther 10,1 f.).

Mit der Wolke ist die Wolkensäule gemeint, in der verhüllt Gott am Tage vor seinem Volk herzog und die sich bei Nacht in eine Feuersäule verwandelte, die ihm leuchtete, damit es auch bei Nacht wandern konnte (2. Mose 13,17–22). Mit dem Meer ist das Rote Meer gemeint (auch im Alten Testament ist nur vom »Meer« oder vom »Schilfmeer« die Rede; die Bezeichnung »Rotes Meer« taucht erst in der griechischen Übersetzung des Alten Testaments und in den alttestamentlichen Apokryphen auf). Der Grundgedanke dieses Textes ist der: Wie der Auszug aus Ägypten und der Durchzug durchs Rote Meer das Ende der Knechtschaft und die Befreiung zu einer neuen Existenzweise bedeutet, so bedeutet die Taufe das Ende der Sündenknechtschaft und die Befreiung zu der Freiheit der Kinder Gottes. Das wird von den Kirchenvätern breit ausgeführt: »Die Juden entkamen am Pascha Pharaos

Gewaltherrschaft, wir wurden am Tage der Kreuzigung aus der Knechtschaft Satans befreit ... Ihr Führer war Mose; wir haben Jesus zum Haupt und Erretter. Mose teilte für sie das Meer und machte es ihnen durchschreitbar; unser Retter öffnete die Unterwelt, zerschmetterte ihre Tore, als er, in ihre Tiefe hinabsteigend, sie öffnete und den Weg bahnte vor all denen, die an ihn glauben sollten« (Afrahat).

»*Meer und Wolke*« entsprechen bei der Schöpfung dem Urwasser und dem Geist Gottes, der über den Wassern schwebte, in der Sintflutgeschichte dem Wasser und der Taube, die anzeigt, daß das Gericht vorüber ist. »Wasser und Geist« symbolisieren für die Kirchenväter die beiden Elemente der Taufe: »Was für die Juden Durchzug durch das Meer ist, nennt Paulus Taufe. Was sie für eine Wolke halten, bezeichnet Paulus als den Heiligen Geist, und er will diese Stelle auf die Vorschrift des Herrn hin ausgelegt wissen, der sprach: Wer nicht wiedergeboren wird aus Wasser und Heiligem Geist, kann in das Reich Gottes nicht eingehen« (Origenes).

Die Personen und Einzelheiten der Geschichte werden von den Kirchenvätern typologisch gedeutet: Mose ist das Vorbild Christi. Der Stab, mit dem Mose die Wasser teilt, deutet auf das Kreuz, dessen Zeichen über dem Taufwasser geschlagen wird. Das Rote Meer ist die Vorausdeutung auf das Taufwasser, das durch das Blut Christi reinigende und rettende Kraft erhält. Der Pharao, der im Meer untergeht, symbolisiert den Teufel, der im Taufwasser ertränkt zurückbleibt, und die Ägypter alle Geister der Bosheit beziehungsweise die Sünden, die den Menschen bis zur Taufe verfolgen. Das Volk Israel ist Typus für das »neue Israel«, die Gemeinde des Neuen Bundes. Mose und Aaron versinnbildlichen durch ihr Amt das Priestertum und durch die Zweizahl das Geheimnis der beiden Testamente. Mirjam, die Schwester des Mose und des Aaron, ist ein Sinnbild der Kirche, ihr Lied das Gotteslob der Kirche, wie das Lied des Mose der Typus für das Gotteslob der Vollendeten ist (Offenbarung 15,3).

Da aber der Durchzug durch das Rote Meer, der das Volk in die Wüste hineinführte, das Taufgeschehen nur nach seiner negativen Seite beschrieb, nämlich als Befreiung aus der Knechtschaft der Sünde und des Todes und als Errettung aus der Gewalt des Teufels, bedurfte die Symbolik einer positiven

Ergänzung. Diese wurde gefunden in der Geschichte vom *Durchzug durch den Jordan in das Gelobte Land*[16]: »Von denen, die durch den Jordan zogen, können wir in ähnlicher Weise (wie es der Apostel Paulus von denen sagt, die durchs Rote Meer gezogen sind) sagen, daß alle auf Jesus getauft wurden im Jordan, so daß das, was berichtet wird als geschehen im Jordan, ein Sinnbild des Mysteriums darstellt, das durch die Taufe gefeiert wird« (Origines).

Auch diese Geschichte wird typologisch gedeutet: Josua ist das Vorbild Christi, die Bundeslade ein Vorbild des Evangeliums, die Durchquerung des Jordans ein Vorbild der Taufe, die Errichtung der zwölf Steine ein Vorbild der zwölf Apostel Jesu, die zusammen mit den zwölf Propheten das Fundament bilden, auf das der Bau der Kirche gegründet ist. Das Gelobte Land ist ein Vorbild des Reiches Gottes, das Christus verheißen und herbeigeführt hat.

Von daher wird die Anrede an den Taufbewerber verständlich: »Ahme Josua nach, den Sohn Nuns. Trage das Evangelium, wie er die Bundeslade trug. Laß die Wüste hinter dir, die Sünde, und durchschreite den Jordan. Mühe dich um eine Lebensweise, die sich an Christus orientiert, und ziehe ein in das Land, das Früchte der Freude hervorbringt« (Gregor von Nyssa).

»*Früchte der Freude*« ist das Stichwort für ein Motiv, das häufig auf Taufschalen dargestellt ist: zwei Kundschafter mit einer riesigen Weintraube, dem Symbol für die paradiesische Fruchtbarkeit des verheißenen Landes. Dieses ist wiederum ein Symbol für das von Christus verkündete und heraufgeführte Reich Gottes.

Die Bibel berichtet: Als das Volk an der Schwelle zum Gelobten Land lagerte, sandte Mose zwölf *Kundschafter* aus, die das Land erkunden sollten. Als sie nach vierzig Tagen wieder zurückkamen, berichteten sie, es sei ein überaus fruchtbares Land; aber es wohnten dort Menschen, die groß und stark seien wie Riesen. Zehn der Kundschafter sagten: »Wir können nichts gegen dieses Volk ausrichten; es ist stärker als wir. Das Land ist ein Land, das seine Bewohner auffrißt.« Da erhob das ganze Volk ein lautes Geschrei und weinte. Resigniert und verzweifelt klagte es: »Ach, daß wir in Ägypten oder in der Wüste gestorben wären! Warum nur will uns der

Herr in jenes Land führen? Daß wir durchs Schwert umkommen und unsere Frauen und Kinder eine Beute der Feinde werden?« Und schon waren sie drauf und dran, einen neuen Führer zu bestimmen, der sie nach Ägypten zurückführen sollte. Sie hörten nicht auf die zwei Kundschafter, die sie zu beschwichtigen versuchten: »Wir können das Land gewiß bezwingen!« Gott aber war auf der Seite der beiden Kundschafter, die dem Volk Mut machten, gegen die Mehrheit der Kundschafter, die dem Volk Angst machte. Und das Volk, das Gottes Verheißung nicht traute, kam in der Wüste um (4. Mose 13).

Wenn ein Mensch sich entscheidet, sein bisheriges Leben aufzugeben, um ein neues Leben in der Nachfolge Christi zu beginnen, dann muß er »den Jordan überschreiten«. Was immer er über das Neuland, das er betritt, von anderen Gutes und Verheißungsvolles gehört hat, die Stimmen, die ihm wegen der »riesengroßen« Widerstände Angst machen, werden überwiegen. Was ist und was war, scheint erträglicher als die ungewisse Zukunft. Darum beharren wir so gern im Erreichten und kehren lieber wieder zum Gewohnten zurück, mag es auch noch so dürftig gewesen sein, als alles daranzusetzen, das neue Sein zu erreichen. Die Kundschafter mit der Riesentraube als dem Beweis für die Fruchtbarkeit des verheißenen Landes wollen den, der sich taufen läßt, dazu ermuntern, gegen die Stimmen, die ihm Angst machen, auf die Stimmen der wenigen zu hören, die ihm Mut machen, im Vertrauen auf die Verheißung Gottes den Jordan zu durchschreiten.

Die symbolische Auslegung der Geschichte vom Durchzug durch das Rote Meer findet ihren Niederschlag in der Gestaltung der Tauffeier. Nach dem typologischen Denken vollzieht sich im Auszug aus Ägypten, in Tod und Auferstehung Christi und in der Taufe ein und dasselbe Erlösungswirken in verschiedenen geschichtlichen Phasen: als Vorausdarstellung, als Erfüllung in Christus und als sakramentale Wirklichkeit. Daß es sich nicht nur um verschiedene geschichtliche Phasen, sondern um verschiedene Ebenen der Wirklichkeit handelt, ist offensichtlich: Beim Durchzug durch das Rote Meer befreite Gott durch das Geheimnis des Wassers ein »fleischliches« Volk von einem »fleischlichen« Tyrannen; in der Taufe befreit er durch das sakramentale Zeichen des Wassers ein Volk geistig von

117

Niederländischer Holzschnitt, 1484. Der sündige Mensch wird durch die Taufe in die Arche der Kirche aufgenommen und vor der Sintflut gerettet, ebenso wie die Kinder Israels vor den Fluten des Roten Meeres gerettet worden sind.

einem geistigen Tyrannen. Die geschichtliche Erfahrung des Volkes Israel wurde zum Symbol geistlicher Erfahrung des christlichen Gottesvolkes am Beginn seines Weges in der Taufe.

Die *drei Stadien des Einweihungsweges* des Gottesvolkes – Auszug aus Ägypten und Durchzug durch das Rote Meer, Wüstenwanderung und Gesetzgebung, Jordanüberquerung und Einzug in das Gelobte Land – werden auf den Einweihungsweg des Taufbewerbers übertragen: »Wenn du gerade die Finsternis des Götzendienstes verlassen hast und das göttliche Gesetz zu hören begehrst, dann erst beginnt dein Auszug aus Ägypten. Bist du in die Gruppe der Katechumenen aufgenommen und hast begonnen, den Gesetzen der Kirche zu gehorchen, dann hast du das Rote Meer durchschritten und, an den Lagerplätzen in der Wüste angelangt, hast du täglich Muße zum Anhören des Gesetzes Gottes … Wenn du dann zur geheimnisvollen Quelle der Taufe gelangst und … eingeweiht wirst in die verehrungswürdigen und großartigen Mysterien, die nur jene kennen, die dazu berufen sind, dann wirst du, nachdem du mit Hilfe der Priester den Jordan durchschritten hast, in das Land der Verheißung einziehen, in dem dich nach Mose Jesus aufnimmt; er wird dir Führer sein auf dem neuen Weg« (Origenes).

Die Symbolik des Durchzugs wurde bei der Taufe dadurch besonders augenfällig, daß die Täuflinge in langer Reihe auf der einen Seite in das Taufbecken hinabstiegen und auf der anderen Seite wieder heraufstiegen, also buchstäblich durch das Wasser hindurchzogen. Aber auch hier wird immer wieder betont, daß es nicht mit dem Durchzug durchs Wasser getan ist, sondern daß der Getaufte den Kampf gegen die Sünde aufnehmen muß, wie vor allem Origenes den Getauften immer wieder einschärft: »Nach dem Durchschreiten des Roten Meeres, das heißt nach der Gnade der Taufe, müssen wir auch die fleischlichen Laster unserer früheren Lebensgewohnheiten aufgeben durch unseren Herrn Jesus, so daß wir völlig von der ägyptischen Schande frei sind.«

In der Liturgie wird auf den Durchzug durch das Rote Meer bei der Taufwasserweihe Bezug genommen. In der orthodoxen Kirche wird das Wasser für die Taufe, für andere Weihehandlungen und auch zum Trinken am 6. Januar, dem Fest der

Taufe Christi (Theophanie), geweiht. Zu den Lesungen dieses Tages gehören sowohl die Geschichte vom Durchzug durch das Rote Meer als auch die vom Durchzug durch den Jordan – beide zunächst als Vorbild der Taufe Christi, dann aber auch als Vorbild der christlichen Taufe.

In der katholischen Kirche wird außerhalb der österlichen Zeit das Taufwasser während der Tauffeier geweiht und in dem Weihegebet auf das Heilsmysterium Bezug genommen. Nach Erwähnung der Schöpfung und der Sintflut heißt es: »Die Söhne Abrahams hast du trockenen Fußes durch das Rote Meer geführt. Darin schenkst du uns ein Bild des österlichen Sakramentes, das uns aus der Knechtschaft befreit und hinführt in das Land der Verheißung.«

In der evangelischen Kirche heißt es in Luthers Sintflutgebet, das wohl auf ein altes Taufwasserweihgebet zurückgeht: »Allmächtiger, ewiger Gott, ... der du den verstockten Pharao mit allen Seinen im Roten Meer ersäuft und dein Volk Israel trocken hindurchgeführt, damit dies Bad deine heilige Taufe zukünftig bezeichnet ... Wir bitten dich ...« – In dem neuen Entwurf der evangelischen Taufordnung wird der Durchzug durch das Rote Meer in einer Betrachtung zum Taufwasser erwähnt: »Das Schilf-Meer brachte dem Volk Gottes die Rettung, den Feinden aber den Untergang. So soll im Wasser der Taufe alles mit Christus sterben, was uns an Sünde und Gottesfeindschaft von Natur aus anhaftet, und es soll durch die Kraft des Heiligen Geistes aus dem Wasser der Taufe mit Christus der neue Mensch auferstehen, der Gott wohlgefällt und das ewige Leben erlangt.«

In den Gebeten zur Taufwasserweihe werden noch zwei Ereignisse der Wüstenwanderung, die den christlichen Initiationsweg vorbilden, genannt: das Bitterwasser zu Mara und das Quellwunder. So spricht zum Beispiel der katholische Priester bei der Taufwasserweihe in der Osternacht das Wasser an: »... der in der Wüste, da du bitter warst, dir süßen Geschmack verlieh und dich trinkbar machte; der dich dem dürstenden Volk zur Labung aus dem Felsen lockte ...«

Dies ist die Geschichte vom *Bitterwasser zu Mara:* Nach drei Tagen Wanderung durch die Wüste fanden die Israeliten eine Quelle und machten zum erstenmal Station. Aber sie konnten das Wasser nicht trinken, denn es war sehr bitter. Als

120

das Volk gegen Mose und gegen Gott murrte, schrie Mose zu Gott. Der zeigte ihm ein Holz, wohl ein Stück von einem Wüstengewächs. Auf das Geheiß Gottes tauchte er es ins Wasser, da wurde es süß (2. Mose 15,22–16,1). – Das Holz ist ein Vorbild für das Kreuz Christi (es wird im Neuen Testament selbst als »Holz« bezeichnet), das in der Taufe das bittere Wasser des Todes in Wasser des Lebens verwandelt. Denn als Christus ins Wasser des Jordan hinabstieg, hat er das natürliche Wasser geheiligt.

Und dies ist die Geschichte vom *Quellwunder:* Als das Volk Israel in der Wüste zu verdursten drohte, haderte es mit Mose und Aaron: »Warum habt ihr die Gemeinde des Herrn in diese Wüste gebracht, daß wir hier sterben mit unserem Vieh?« Da nahm Mose den Stab, der vor dem Herrn lag, wie er ihm geboten hatte, und schlug damit zweimal gegen den Felsen. Da kam viel Wasser heraus, so daß die Gemeinde trinken konnte und ihr Vieh (4. Mose 20,1–13). – Diese Geschichte ist schon von Paulus typologisch gedeutet worden. Er spricht von dem Quellwasser als dem »geistlichen Trank«, der nicht nur auf Christus hinweist, sondern ihn schon geistlich enthielt: ». . . sie tranken nämlich von dem geistlichen Felsen, der ihnen folgte; der Fels aber war Christus« (1. Korinther 10,4). Die Darstellung dieser Geschichte gehört zu den ältesten Motiven der christlichen Kunst. Sie ist in den Katakomben Roms oft abgebildet und hat offensichtlich einen sakramentalen Bezug. Dabei ist an die Gnadenquelle des Neuen Bundes, vornehmlich an die Taufe gedacht. Zuweilen ist auf frühchristlichen Bildern das Quellwasser so eng mit der Darstellung der Taufe Christi verbunden, daß das Wasser, das aus dem Felsen fließt, zugleich das Wasser ist, in dem Christus getauft wird. Die Verbindung von Taufe Christi und christlicher Taufe wird darin sichtbar.

Die Geschichte von Jona

Zu den zwölf Prophetien, die in der Osternacht der Alten Kirche als Vor-Bilder und Hinweise auf das Ostergeschehen und auf das Taufgeschehen gelesen wurden, gehört auch die Geschichte von Jona. Sie ist schon im Evangelium auf Tod und Auferstehung Jesu bezogen worden. Jesus selbst hat gesagt: »So wie Jona drei Tage und drei Nächte im Bauch des Fisches war, so wird der Menschensohn drei Tage und drei Nächte im Schoß der Erde sein« (Matthäus 12,40). Darum finden wir unter den ersten christlichen Darstellungen die Verschlingung und Ausspeiung des Jona als Vorbild und Hinweis auf Tod und Auferstehung Jesu[17].

Die Verschlingung, der Aufenthalt im Bauch des Fisches und die Ausspeiung entsprechen den *drei Stadien des archetypischen Einweihungsweges*. Das rituelle Sterben wird oft als ein Verschlungenwerden des Initianden dargestellt, nicht nur in Worten, sondern auch in Handlungen, bei denen er mehrere Tage und Nächte im Innern eines aus Weidenruten geflochtenen Ungeheuers verbringen mußte, ehe er als Wiedergeborener daraus hervorging (so zum Beispiel in Westafrika, Melanesien und Nordamerika)[18]. Das Ungeheuer ist oft ein Fisch oder ein Seedrache, der die verschlingende und gebärende Macht des Wassers verkörpert.

Jona betete zu dem Herrn, seinem Gott, im Bauch des Fisches: »Du warfest mich in die Tiefe, mitten ins Meer . . .« Schon Luther hat auf den sprachlichen Zusammenhang von »Tiefe« und »Taufe« hingewiesen: »Ohne Zweifel in deutschen Zungen das Wörtlein ›Tauf‹ herkommt von dem Wort ›Tiefe‹, da man tief ins Wasser senket, was man taufet« (Sermon von dem heiligen, hochwürdigen Sakrament der Taufe, 1519). Zum andern heißt es im Gebet des Jona: »Du hast mein Leben aus dem Verderben geführt, Herr, mein Gott!« Indem Jona in die Tiefe geworfen wird, stirbt er dem Dasein ab, in dem er Gott ungehorsam war, und indem er aus der Tiefe gerettet wird, wird er wiedergeboren zu einem neuen Leben, in dem er seiner Berufung gehorcht. Man könnte geradezu Luthers Worte so abwandeln: Der alte Jona wird im Wasser ersäuft und muß sterben mit seinen Sünden und bösen Lüsten, und aus seinem Tod aufersteht ein neuer Mensch, der seine göttliche Bestimmung erfüllt. So ist Jona nicht nur der Typus des gekreuzigten und auferstandenen Christus, sondern auch der Typus des Getauften.

Die Geschichte des ins Wasser geworfenen und aus dem Wasser geretteten Jona stellt in den Katakomben symbolhaft die sakramentale Errettung des Glaubenden in der Taufe dar.

Jona-Darstellung auf einem Taufstein von Fritz Sleer in der Nikolaikirche auf Helgoland

Auch in der Kunst der Gegenwart finden wir Jona auffallend häufig im Zusammenhang mit der Taufe dargestellt: auf dem Taufstein oder dem Taufkessel, auf der Taufschale oder auf dem Taufdeckel, auf einem Reliefbild oder auf einem Glasfenster in der Taufkapelle.

Wenn in der Feier der Osternacht aus dem Jonabuch nur ein Abschnitt aus dem 3. Kapitel gelesen wird, so wird damit ein besonderer Akzent gesetzt. Der Abschnitt lautet:

»Und es geschah das Wort des Herrn zum zweitenmal zu Jona: Mach dich auf, geh in die große Stadt Ninive und predige ihr, was ich dir sage!

Da machte sich Jona auf und ging hin nach Ninive, wie der Herr gesagt hatte. Ninive aber war eine große Stadt vor Gott, drei Tagereisen groß. Und als Jona anfing, in die Stadt hineinzugehen und eine Tagereise weit gekommen war, predigte er und sprach: Es sind noch vierzig Tage, so wird Ninive untergehen.

Da glaubten die Leute von Ninive an Gott und ließen ein Fasten ausrufen und zogen alle, groß und klein, den Sack zur Buße an. Und als das vor den König von Ninive kam, stand er auf von seinem Thron und legte seinen Purpur ab und hüllte sich in den Sack und setzte sich in die Asche und ließ ausrufen

123

und sagen in Ninive als Befehl des Königs und seiner Gewaltigen: Es sollen weder Mensch noch Vieh, weder Rinder noch
Schafe Nahrung zu sich nehmen, und man soll sie nicht weiden
noch Wasser trinken lassen; und sie sollen sich in den Sack
hüllen, Menschen und Vieh, und zu Gott rufen mit Macht.
Und ein jeder bekehre sich von seinem bösen Wege und vom
Frevel seiner Hände! Wer weiß? Vielleicht läßt Gott es sich
gereuen und wendet sich ab von seinem grimmen Zorn, daß
wir nicht verderben.

Als aber Gott ihr Tun sah, wie sie sich bekehrten von ihrem
bösen Wege, reute ihn das Übel, das er ihnen angekündigt
hatte, und tat's nicht« (3,1–10).

Das Thema dieses Abschnitts heißt: *Buße und Umkehr*. Die
Ankündigung des Untergangs der Stadt: »Noch vierzig Tage,
und Ninive ist zerstört!« ist eine Bußpredigt, denn sie ist nur
sinnvoll, wenn sie eine letzte Frist zur Umkehr gewährt. 40
Tage beträgt die Fastenzeit in fast allen Kulturen, 40 Tage
fastete Jesus in der Wüste, ehe er seine öffentliche Wirksam-
keit begann, 40 Tage dauert die Fastenzeit vor Ostern, in der
die Taufbewerber ihre letzte Vorbereitung auf die Taufe erhielten. Vielleicht ist die Doppeldeutigkeit des Wortes »zerstören« gewollt: es heißt im Hebräischen sowohl »umstürzen« als
auch »verändern«[19]. Dann würde die Predigt des Jona orakel-
haft offenlassen, in welcher Weise Ninive umgewandelt wird:
zerstört oder verändert.

Ninive, die Hauptstadt des assyrischen Reiches, Inbegriff
der Gewalttätigkeit und Gottlosigkeit, ist das klassische Beispiel der Bibel für vollkommene Buße: Es wird ein Fasten
ausgerufen, vom König bis zum Vieh legen alle Bußkleider an
und wenden sich ab vom Bösen. Die Leute von Ninive glaubten an Gott, und das heißt: sie glaubten nicht an ein unent-
rinnbares, blindes Schicksal oder an eine kalte Zwangsläufig-
keit der Ereignisse. Und in der Tat bewirkte ihre Umkehr die
Umkehr Gottes: Wie das Volk sich von der Bosheit, die es
getan hatte, abwandte, so wandte sich Gott von dem Unheil
ab, das er ihm tun wollte[20].

Das ist die Quintessenz, die im Jonabuch zum Ausdruck
kommt: Zwar kann man die Vergangenheit nicht mehr ändern;
aber durch die Umkehr in der Gegenwart kann die Zukunft
beeinflußt werden. Der Gang des Schicksals kann aufgehal-

ten, der Kreislauf von Schuld und Vergeltung durchbrochen werden. Nichts ist festgeschrieben, selbst der Wille Gottes kann sich ändern.

Die Bußfertigkeit Ninives ist das Gegenbild zum Starrsinn des damaligen Israel, das Gottes Erwählung für sich allein reklamierte, ohne Hoffnung für die Welt. Jesus griff das Beispiel Ninives auf und hielt es seinem unbußfertigen Volk vor: »Die Leute von Ninive werden auftreten beim Jüngsten Gericht mit diesem Geschlecht (das ist die Generation zur Zeit Jesu) und werden es verdammen; denn sie taten Buße nach der Predigt des Jona. Und siehe, hier ist mehr als Jona« (Matthäus 12,41).

Natürlich ist Ninives Umkehr, wie die grotesken Überzeichnungen der Schilderung zeigen, eine Utopie (Ninive war bereits vier Jahrhunderte vor Abfassung des Jonabuches unbekehrt untergegangen). Aber das, was noch keinen Ort hat (u-topos = »kein Ort«), sucht einen Ort in der Welt, wo es Wirklichkeit werden kann. So wird die Umkehr Ninives in der Verkündigung Jesu zu einem Vorbild der Umkehr, zu der er ruft: »Die Zeit ist erfüllt, und das Reich Gottes ist herbeigekommen. Kehrt um und glaubt an das Evangelium!« (Markus 1,15). Der Bußruf ergeht hier nicht angesichts des verkündeten Gerichts, sondern angesichts des in Jesus herbeigekommenen Reiches Gottes.

Die urchristliche Bekehrungspredigt fordert von Christen, Juden und Heiden einen radikalen Bruch mit der Sünde und ein neues Leben »in Christus«. Jona, der als einer, der selber umgekehrt war, der heidnischen Weltstadt Umkehr predigte, wird dabei als Zeuge für den universalen Heilswillen Gottes angeführt.

Aufrichtige und vollständige Umkehr ist die unerläßliche Voraussetzung für den Empfang der christlichen Taufe. Wie die Taufe des Johannes ist auch sie die sakramentale Vorwegnahme des Endes und der Vollendung. Aber weit davon entfernt, das sakramentale Geschehen als magisch wirkenden Vorgang zu verstehen, hat das Frühchristentum die Taufwilligen lange Zeit vor der Taufe sorgfältig geprüft und vorbereitet. Und auch nach der Taufe ermahnen die Katecheten die Getauften immer wieder, angesichts der künftigen Herrlichkeit in ständiger Umkehr das erneuerte Leben heilig zu bewahren.

Zusammenfassung und Besinnung

Die Geschichten des Alten Testaments sind weder Mythen noch historische Berichte. Sie erzählen, was das Volk Israel in seiner Geschichte von Gott erfahren hat. Das heißt: Sie erzählen von geschichtlichen Ereignissen in symbolischer Sprache; denn von Gott und seinem Handeln kann man nicht anders als in symbolischer Sprache reden. Auch wo kein historisches Geschehen zugrunde liegt und der Symbolgehalt überwiegt (Schöpfungsgeschichte, Jonageschichte), ist eine biblische Geschichte Ausdruck der Gotteserfahrung, die das Volk in der Geschichte gemacht hat.

Die Symbolsprache, die in der Bibel konsequent auf das Heilshandeln Gottes in der Geschichte mit seinem Volk bezogen ist, bietet durch ihre formale Grundstruktur die Möglichkeit, Ereignisse und Personen verschiedener Zeiten und verschiedener Qualität miteinander in Beziehung zu setzen. Das tut das typologische Denken, indem es alttestamentliche Geschichten als Vor-bilder (Typen) des Christusgeschehens versteht, in dem sich Gottes Heilshandeln letztgültig erfüllt.

Das Christusgeschehen, das sich in Tod und Auferstehung Christi verdichtet, wird als Geschehen »für uns« in der Verkündigung und im sakramentalen Handeln wirksam.

So vollzieht sich das Heilshandeln Gottes auf drei verschiedenen Ebenen: als Vorausdarstellung (Typus) in der Geschichte des Volkes Israel, als Erfüllung im Christusgeschehen und als Teilhabe daran im sakramentalen Geschehen. Dasselbe Symbol, zum Beispiel der Auszug aus Ägypten und der Durchzug durch das Rote Meer, wird auf allen drei Ebenen jeweils auf andere Weise gedeutet: Das grundlegende Ereignis der Geschichte Gottes mit dem Volk Israel wird zum Symbol des grundlegenden Ereignisses der Geschichte Gottes mit dem »neuen Israel« (Erlösung aus der Knechtschaft der Sünde zur Freiheit der Kinder Gottes) und zum Symbol des grundlegenden Ereignisses der Geschichte Gottes mit dem einzelnen Christen (Taufe). Ursprünglich geographisch-geschichtliche Bezeichnungen wie Ägypten, Wüste, Jordan, Gelobtes Land werden zu Symbolen für geistliche Wirklichkeiten. Ursprünglich geschichtliches Geschehen wird zum sakramentalen Geschehen.

Es ist deutlich geworden, daß die symbolische Schriftauslegung mit einer anderen Fragestellung an die biblischen Texte herangeht als die historisch-kritische. Diese tritt dem Text in objektiver Distanz gegenüber, interessiert, aber innerlich unbeteiligt wie ein Beamter, der ein sachliches Protokoll über einen Tathergang studiert und fragt: Zu welcher Zeit und an welchem Ort hat sich die Geschichte ereignet, und wie ist das, was geschah, zu rekonstruieren und zu erklären? Also zum Beispiel: Unter welchem Pharao zogen die Israeliten aus Ägypten aus? Wo liegt das Schilfmeer, und an welcher Stelle haben es die Israeliten durchschritten? Wie ist dieser Vorgang zu erklären? – Oder: Wann hat der Prophet Jona gelebt? Was für ein großer Fisch war das, der ihn verschlang? Und wie ist es möglich, daß Jona drei Tage und Nächte im Inneren des Fisches überlebte?

Gerade das letztgenannte Beispiel macht deutlich, wie diese Fragestellung an dem eigentlichen Sinn der Geschichte vorbeigeht; denn es handelt sich hier um ein Geschehen, das sich in Zeit und Raum niemals zugetragen hat und sich doch zu jeder Zeit und an jedem Ort immer wieder ereignet. Es ist in einem anderen Sinne wahr – so wie auch Märchen wahr sind, weil sie in archetypischen Bildern von Vorgängen im zeit- und raumlosen Reich der Seele berichten. Aber selbst bei biblischen Geschichten, denen in der Regel ein historisches Ereignis zugrunde liegt, ist oft das historische Geschehen von archetypischen Bildern überlagert. Diese treten in der Auslegungsgeschichte meist noch deutlicher zutage. Es hat sich als unmöglich erwiesen, das objektive historische Geschehen aus dem subjektiven Glaubensbericht herauszudestillieren. Uns ist das historische Geschehen nur im Spiegel innerseelischer Wahrnehmung zugänglich. Das hat Konsequenzen für die Auslegung biblischer Texte: Sie muß das innerseelische ebenso wie das äußere Geschehen deuten. Die historisch-kritische Methode bedarf der Ergänzung durch die symbolische Auslegung.

Wer die biblischen Texte symbolisch versteht, tritt ihnen nicht distanziert gegenüber, sondern ist über Zeit und Raum hinweg mit dem berichteten Geschehen »gleichzeitig«. Er ist unmittelbar beteiligt, ist selbst ein Teil des Geschehens und nimmt an ihm teil – in Meditation, Spiel oder sakramentalem

Geschehen. Er fragt: Was ist das für ein Land, das ich verlassen muß? Welchen Lebensabschnitt muß ich hinter mir lassen? Wie heißt das Wasser, das ich überschreiten muß, der Einschnitt, der mich von meinem bisherigen Lebensabschnitt trennt und einen neuen beginnen läßt? Woher nehme ich den Mut und die Kraft, in der Ausweglosigkeit nicht zu verzagen? – Oder in bezug auf die Jona-Geschichte: Wovor bin ich auf der Flucht? Welche Ungeheuerlichkeit hat mich überwältigt und verschlungen? Welches ist meine Bestimmung, und wie werde ich ihr gerecht?

Die symbolische Auslegung versteht das äußere Geschehen als Bild für Vorgänge, die sich in unserem Innern abspielen. Das unbewußte innere Geschehen wurde auf das äußere Geschehen projiziert und darin wahrgenommen. Nun gilt es, die Projektionen von den äußeren Personen und Gegenständen abzulösen, nach innen zurückzunehmen und als Bilder innerpsychischer Gegebenheiten zu erkennen.

So wird zum Beispiel der verstockte Pharao nicht mehr als ein ägyptischer König verstanden, der vor dreitausend Jahren gelebt hat, auch nicht als Urbild eines Tyrannen oder Diktators, das auf einen gegenwärtigen Machthaber projiziert wird, sondern als Bild für den »Teufel«, das heißt für die Macht des Bösen, die in uns selber wirksam ist – nicht eines absoluten Bösen, sondern eines Komplexes im Unbewußten, der verstockt, erstarrt, unlebendig und darum bedrohlich und lebensfeindlich geworden ist. Entsprechend ist das verfolgende Heer der Ägypter zu verstehen als Bild für die Geister der Bosheit beziehungsweise der Sünde, also lebenszerstörende Kräfte (Angst, Resignation, Verzweiflung), die das gerade aus der Abhängigkeit befreite Ich überwältigen und wieder unter ihre Herrschaft zurückholen wollen. Die Konfrontation findet nach dieser Deutung im Inneren des Menschen statt.

C. G. Jung hat eine solche Auslegung als Deutung auf der Subjektstufe bezeichnet. Die Figuren eines Traumes oder einer symbolischen Geschichte werden als innere, personifizierte Teilaspekte der Psyche, das dramatische Geschehen als Bild innerpsychischer Vorgänge gedeutet. Anders ausgedrückt: Der nach außen projizierte unbewußte seelische Anteil wird in die eigene Seele zurückgenommen.

Unter diesen tiefenpsychologischen Aspekten gehen uns die

alten Geschichten der Bibel ganz unmittelbar an. In der Geschichte von der Entstehung der Welt spiegelt sich, wie wir gesehen haben, die Entstehung des psychischen Lebens im Menschen wider: Aus dem Kollektiven Unbewußten erhebt sich inselgleich das Ich-Bewußtsein, ständig von der Gefahr bedroht, überschwemmt und wieder vom Meer des Unbewußten verschlungen zu werden. Die Sintflut ist ein Bild für eine schwere Krise des Bewußtseins, genauer: für das Einbrechen des einseitig vernachlässigten Unbewußten, das die Staumauern des Bewußtseins fortspült, das erstarrte Ich unter seinen brodelnden Wildwassern begräbt und die gesamte mühselig konstruierte, aber gegen das eigene Leben gerichtete Scheinwelt hinwegschwemmt. Ein psychotischer Weltuntergang[21]. Das Unbewußte, das an sich eine das Bewußtsein ergänzende, kompensierende Funktion hat, nimmt, wenn das Bewußtsein seine Botschaften in Form von Träumen, Fehlleistungen und beginnenden Symptomen überhört, gefährliche, ja lebensbedrohliche Züge an. Dieselben Kräfte, die den Menschen erheben und erretten, können ihn auch vernichten und in die Tiefe reißen – wie es derselbe Gott ist, der die Menschen durch die Sintflut verschlingt und Noah mit den Seinen aus ihr errettet. Hier zeigt sich die Ambivalenz des Unbewußten, das – wie das Urwasser – schöpferisch und zerstörerisch sein kann.

Dementsprechend kann die Regression ins Unbewußte sowohl ein Rückfall ins uranfängliche Chaos, auf eine unbewußte, infantile Entwicklungsstufe sein als auch eine Rückkehr zum Ursprung und Urgrund, um sich von daher zu erneuern; denn ohne ein vorheriges Zu-Grunde-Gehen ist eine Erneuerung von Grund auf nicht möglich. Theologisch ausgedrückt: Die Gnade wird im Gericht, das Licht in der Finsternis, das Leben im Tode erfahren. Das Vertrauen in solche Erfahrung angesichts der hereinbrechenden Fluten des Unbewußten läßt sich aus der Alltagserfahrung nicht herleiten und läßt sich auch nicht psychologisch vermitteln. Nur das Vertrauen in den Grund alles Seins, nur der Glaube an den Gott, der jenseits von Bewußtsein und Unbewußtem steht, kann in einer Situation, in der es um Leben und Tod geht, unbedingtes Vertrauen schenken und absoluten Halt geben. Die Erinnerung an die Taufe, die an uns vollzogen worden ist, kann uns solches Vertrauen geben, denn sie ist das Zeichen dafür, daß aus dem

Tode des alten Menschen ein neuer Mensch entsteht. Taufe ist, theologisch ausgedrückt: Sündenvergebung und Wiedergeburt; psychologisch ausgedrückt: Untergang eines falschen Bewußtseinsstandpunktes und Integration eines bis dahin unbewußten Inhalts.

Der Auszug aus Ägypten und der Durchzug durch das Rote Meer ist in tiefenpsychologischer Sicht ein archetypisches Bild, in dem sich Erfahrungen verdichtet haben, die sich im Leben eines Menschen über Jahre erstrecken können[22]. Der Weg aus der Abhängigkeit ständiger Angst und Bedrückung führt ihn an einen Punkt, wo er weder vor noch zurück kann. Hinter ihm jagen die Verfolger heran, und vor ihm liegt das »große Wasser« – wir hatten gesehen, daß es Symbol für alle möglichen Inhalte des Unbewußten, Ängstigenden und Bedrohlichen sein kann. An der Grenze, an der alle bisherigen Erfahrungen zu Ende sind, an der man sich nicht mehr auf Bekanntes verlassen kann, ist der Mensch herausgefordert, entweder sich zu ergeben und sich wiederum unter das knechtische Joch zwingen zu lassen oder den Schritt ins Unbekannte zu wagen. Es ist aber weder leichtfertiger Optimismus (»Wir werden es schon schaffen«) noch die Macht der Verzweiflung (»Wir haben nichts zu verlieren«), die den Menschen dazu bringt, mitten durch das Meer hindurchzuziehen, sondern unbedingtes Vertrauen auf den Gott, der ihn aus der Abhängigkeit herausgeführt und zur Freiheit berufen hat (»Es kann mir nichts geschehen, als was er hat ersehen und was mir selig ist«).

Aber jeder Mensch braucht in seiner Angst und Not einen »Mose«, der ihn ermutigt, gegen alle Widerstände den Weg seiner inneren Bestimmung zu gehen, und der die Hand ausstreckt und bannt, was ihn bedroht und wegschwemmen will. Das Vertrauen auf den Gott, der ihn zur Freiheit berufen hat, öffnet ihm Wege in der Weglosigkeit und gibt ihm Kraft, durch die Mauern der Angst, die sich rechts und links neben ihm erheben, tapfer hindurchzuschreiten. Und wenn er hindurch ist, wird er nicht sagen: »Ich habe es geschafft«, sondern: »Gott hat mich auf wunderbare Weise hindurchgerettet.« Ans andere Ufer gelangt, hat er alles hinter sich gelassen, was ihn abhängig machte und ängstigte. Er fühlt sich frei, wie von neuem geboren. Ein neues Leben liegt vor ihm. Er glaubt sich am Ziel – doch nun beginnt erst der lange, mühselige Weg durch die Wüste. Das Gelobte Land liegt noch fern.

Ein konkretes Beispiel für die symbolische Auslegung der Geschichte vom Auszug aus Ägypten und vom Durchzug durch das Rote Meer ist die Bibelarbeit beim ersten Frauenforum auf dem Deutschen Evangelischen Kirchentag in Hamburg 1981[23]. Sie geht von der unmittelbaren Betroffenheit durch die Geschichte, von der Identifizierung mit den handelnden Personen (hier: Mirjam und die Frauen unter den Israeliten) und von ganz persönlichen Auszugssituationen aus: dem Auszug aus einer patriarchalisch geprägten Ehe, aus Fremdbestimmung, Unfreiheit und Unterdrückung, aus der traditionell festgelegten Frauenrolle, aus Selbstlosigkeit, Selbst-Vergessenheit und Sich-nicht-verändern-Dürfen. Diese Art der Auslegung wurde gegenüber der historischen, objektivierenden Art, wie Männer mit der Bibel umgehen, als weiblich empfunden. Wenn also das Männliche und das Weibliche einander ergänzen, dann bedarf die männliche Art der Auslegung, die historisch-kritische Methode, der weiblichen Art der Auslegung, der symbolischen Deutung.

Die symbolische Auslegung spricht nicht nur den Kopf, den Verstand, an, sondern den ganzen Menschen: Geist, Seele und Leib. Theologie und Psychologie fügen sich zusammen. Alle Sinne sind beteiligt. Auch der Körper wird miteinbezogen. Die in der Halle Versammelten werden »gleichzeitig« mit den Ausziehenden. Sie schlüpfen in die Rolle der Frauen im Volk und erfahren, was jene durchlebten, am eigenen Leib und an der eigenen Seele. In ihrer Ausweglosigkeit schreien sie ihre Angst, ihre Ohnmacht und Wut heraus, werden auf das Gebot des Mose hin still und öffnen sich aktiv der Stille. Sie halten miteinander der Angst stand. Sie atmen durch und spüren, wie sie durch den Atem verbunden sind mit dem Leben, das sie umgibt. Sie lassen sich, im Vertrauen auf den Gott, der sie aus der Knechtschaft herausrief, fallen, ganz tief, in den Urgrund des Daseins, in die Hände Gottes. Und sie erleben – nicht rational, sondern intuitiv – das Sich-Öffnen der Wasser als Spiegelbild eines Vorgangs, der sich in ihnen selber vollzieht: als ein ganzheitliches Sich-Öffnen, als ein Vonneuem-geboren-Werden:

»Als ich mir vorstellte, wie Wasser ist, das sich öffnet, durch das sie hindurchziehen, da kam mir das Wasser sehr weiblich vor, ja geradezu körperlich-weiblich. So ist es, wenn ich mich als Frau öffne, einem Mann; so ist es, wenn sich eine Frau öffnet in einer Geburt. Zunächst habe ich mich ein bißchen geschämt, daß mir diese Bilder kamen, weil Sexualität tabuisiert ist, besonders in Verbindung mit Religion. Da gibt es eine Scheu, die ich auch ernst nehme. Aber ich kam nicht los von diesen Bildern und habe mich dann damit befaßt, wie andere Kulturen das Wasser verstanden und geschildert haben, gerade auch Kulturen im Umfeld des Alten Testaments. Und siehe da, ... in anderen Kulturen wird der Geist als Gottheit gedacht, die sich mit der Erde verbindet, mit ihr zeugt. Symbolisch gesehen ist Schöpfung Zeugung. Auch im Neuen Testament klingt diese Vorstellung an, wenn es bei Johannes heißt: Wenn jemand nicht aus Wasser und Geist geboren wird, kann er nicht in das Reich Gottes kommen. Das klingt, als geschähe eine Zeugung zwischen Gottheit und Menschheit, und gleichzeitig ist es ein Geburtsvorgang. Und so ist es auch beim Durchzug durch das Schilfmeer: Es teilt sich, das Volk geht hindurch und wird durch die Kraft des Wassers verwandelt, als werde es neu geboren ...« (Heidemarie Langer)[24].

So ereignete sich die Geschichte vom Auszug des Volkes in der Kirchentagshalle noch einmal: »Da hat sich sehr viel geöffnet, in den Gedanken, im Herzen, in der Weise, wie sie (die Frauen) sich der Nachbarin geöffnet haben im Gespräch und in der Stille. Die Schwingung, die in der Halle war, war wie ein Durchzug, ein Durchbruch, ein Sich-Einlassen auf einen neuen Weg.«[25]

Wie der Sintflutgeschichte und der Geschichte vom Durchzug durch das Rote Meer, so liegt auch der Jona-Geschichte die Wiedergeburtssymbolik zugrunde; und zwar sowohl im Hinblick auf Jona, der vom großen Fisch verschlungen und wieder ausgespien wird, als auch im Hinblick auf die große Stadt Ninive, der der Untergang prophezeit wird und der, als sie Buße tut, Barmherzigkeit widerfährt. In Ninive spiegelt sich die Jona-Erfahrung und umgekehrt.

Es waren wiederum die Frauen, die in ihrer Bibelarbeit beim Frauenforum des Deutschen Evangelischen Kirchentages in Hannover 1983 das Schicksal Ninives durchspielten. Sie identifizierten sich mit den Menschen, insbesondere den Frauen in Ninive: »Wie mögen unsere Schwestern in Ninive erlebt und reflektiert haben, was da um sie und mit ihnen geschah? Haben sie ihren Wohlstand als von dem Leben und von den Göttern Verwöhnte einfach genossen? Fanden sie es in Ordnung, daß sie ihre Söhne zu tapferen Soldaten oder für die Kriegsindustrie aufzuziehen hatten, ihre Töchter dazu, Frauen von Kriegern zu werden und eine neue Generation für das Kriegshandwerk, für mehr Macht, mehr Einfluß, mehr Besitz, mehr Vernichtung zur Welt zu bringen? Waren sie stumpf und blind dafür, daß andere für ihren Reichtum bluten und verbluten mußten? Hielten sie es für selbstverständlich und gut, dienstbare Geister für eine Spirale von Abschreckung und Gewalt, von Rüstung und Nachrüstung zu sein? Oder kann und muß es bei ihnen, den am meisten Betroffenen, wenn es um Tod und Vernichtung geht, einen Anflug von Betroffenheit gegeben haben? Könnte sich die Angst geregt haben, eines Tages werde sich der andere Teil der Welt gegen die Starken kehren, wenn sie nicht umkehrten? Eine Ahnung auch davon, daß Leben anders sein könnte – nicht länger bestimmt von Konkurrenz, Ausbeutung, Abschreckung, sondern neu gestaltet im Teilen von Macht und Ohnmacht, von Reichtum und Armut, gelebt in gegenseitig zugesagter und geleisteter Sicherheitspartnerschaft, persönlich und politisch?«[26]

In solcher Identifizierung werden die Lebensbezüge des Menschen aufgedeckt, werden die verborgenen Seiten schriftloser Tradition aufgespürt. Der Mensch bleibt nicht passiv, betrachtend am Rande der Geschichte, sondern nimmt Anteil, teilt das Schicksal Ninives. Der Untergang der Leute von Ninive war von Gott beschlossen, aber sie taten Buße und glaubten an Gott. Wie Jona im Bauch der Hölle sich Gott geöffnet hatte und errettet wurde, so öffneten sie sich in dem über sie verhängten Untergang – und Gott ließ Gnade vor Recht ergehen.

Könnte Ninives Geschichte unser aller Geschichte sein?

Urbild und Einsetzung
der Taufe

Es begab sich zu der Zeit, daß Jesus
von Nazareth in Galiläa kam
und ließ sich taufen von Johannes im Jordan.
Und alsbald, als er aus dem Wasser stieg, sah er,
daß sich der Himmel auftat
und der Geist wie eine Taube herabkam auf ihn.
Und da geschah eine Stimme vom Himmel:
Du bist mein lieber Sohn, an dir habe ich Wohlgefallen.

Markus 1,9–11

135

In diesem Kapitel wenden wir uns drei Abschnitten aus dem Neuen Testament
zu, die von früher Zeit an im Zusammenhang mit der Taufe standen: die Geschichte von der Taufe Jesu, der Taufbefehl und die Taufverheißung des Auferstandenen sowie die Segnung der Kinder, das sogenannte Kinderevangelium.

Die Taufe Jesu

Die Taufe Jesu durch Johannes den Täufer ist als historisches Ereignis kaum zu bezweifeln. Sie wird von allen vier Evangelien berichtet. Das zeigt, welche entscheidende Bedeutung ihr in der urchristlichen Überlieferung beigemessen wurde.

Die Taufe Christi ist das Urbild der christlichen Taufe. Seit dem 3. Jahrhundert wird sie als Begründung und Einsetzung der christlichen Taufe verstanden[1]: »Alles ist bildlich an euch vorgenommen worden, weil ihr Bilder Christi seid« (Cyrill von Jerusalem). Wie die Erzählung von Jesu letztem Mahl die Kultlegende für die Feier des Herrenmahles ist, so die Taufe Jesu die Kultlegende der christlichen Taufe: »Christus wird uns allen Vorbild und prägendes Muster, damit er die Erstgabe jeder Handlung heilige und ihre Fortsetzung den Dienern und ihrem Eifer zuverlässig überlasse« (Gregor von Nyssa).

Die Taufe Christi. Griechische Ikone, um 1600.
Christus steht, vom Wasser völlig bedeckt, im Jordan. Die Gebärde seiner rechten Hand wurde ursprünglich als Beschwörungsgeste aufgefaßt, die sich auf die Gestalt links unter ihm bezieht. Sie ist die Personifizierung des Jordan und wird auch mit dem Unterweltgott oder dem Teufel gleichgesetzt. Später wurde die Gebärde der Rechten Christi auch als Segensgeste gedeutet: Er weiht das Wasser für die, die nach ihm getauft werden. – Auf dem linken Felsenufer steht Johannes der Täufer und legt Christus die rechte Hand aufs Haupt. Der Heilige Geist kommt in Gestalt einer Taube aus dem Himmel auf ihn herab. Auf dem rechten Ufer stehen vier Engel hintereinander, die sich ehrfürchtig vor ihm verneigen und zu seinem Dienst bereitstehen. Ihre demütige Haltung und die Verhüllung ihrer Hände entsprechen den liturgischen Anweisungen der Ostkirche für den zelebrierenden Priester und seinen Diakon.

Das älteste Evangelium beginnt mit der Taufe Jesu durch Johannes den Täufer:

»Und es begab sich zu der Zeit, daß Jesus von Nazareth in Galiläa kam und ließ sich taufen von Johannes im Jordan. Und alsbald, als er aus dem Wasser stieg, sah er, daß sich der Himmel auftat und der Geist wie eine Taube herabkam auf ihn. Und da geschah eine Stimme vom Himmel: Du bist mein lieber Sohn, an dir habe ich Wohlgefallen« (Markus 1,9–11).

Bis zu diesem Zeitpunkt – Jesus wird etwa dreißig Jahre alt gewesen sein – hatte er bei seinen Eltern in Nazareth gewohnt und gearbeitet. Nachdem er sich entschlossen hatte, als Wanderprediger öffentlich zu wirken, ging er – und das war eine weite Wanderung – zu Johannes dem Täufer in die Wüste, um sich von ihm taufen zu lassen.

Wie Johannes Jesus taufte, wird nicht berichtet. Das ganze Gewicht liegt hier auf dem, was Jesus, unmittelbar nachdem er getauft worden war, sah und hörte: Der *Himmel tat sich über ihm auf*, wörtlich: die Himmel spalteten sich, zerteilten sich, zerrissen – wie der Vorhang vor dem Allerheiligsten im Tempel zerriß (hier steht dasselbe Wort). Daß sich der verschlossene Himmel öffnet, ist der symbolische Ausdruck dafür, daß Gott etwas, was unsichtbar und verborgen ist, offenbart – was nur selten und nur auserwählten Menschen als Zeichen der Gnade widerfährt.

Aus dem geöffneten Himmel kommt die lebendige, schöpferische Kraft Gottes, sein *Geist »in leiblicher Gestalt wie eine Taube«* (Lukas 3,22) auf Jesus herab und verbindet sich mit ihm. »Aus Himmel und Erde wird ein Ding« (M. Luther). Nach den Evangelien des Markus und des Matthäus nimmt offenbar nur Jesus dieses Geschehen wahr, nach dem Johannesevangelium auch Johannes der Täufer: »Ich sah, daß der Geist herabfuhr wie eine Taube vom Himmel und blieb auf ihm. Und ich kannte ihn nicht. Aber der mich sandte, zu taufen mit Wasser, der sprach zu mir: Auf wen du siehst den Geist herabfahren und auf ihm bleiben, der ist's, der mit dem heiligen Geist tauft. Und ich habe es gesehen und bezeugt: Dieser ist Gottes Sohn« (Johannes 1,32 ff.). – Das »Herabsteigen« des Geistes korrespondiert im Urtext mit dem »Heraufsteigen« Jesu aus dem Wasser. Der Vogel, der hier den Geist Gottes symbolisiert, gehört als Vogel zum Reich der bewegten

Luft. Er ist ein uraltes Symbol des göttlichen Lebensodems (»pneuma« bedeutet einerseits »Luft«, »Hauch« und andererseits »Geist«). Außerdem erinnert die Taube an den Schöpfergeist Gottes, der im Anfang über den Chaoswassern schwebte, und an die Taube mit dem Ölblatt in der Sintflutgeschichte, in der sie das Ende des Zorngerichtes Gottes ankündigt. Die Taube läßt also an Errettung aus dem Tode und an »neue Schöpfung« denken.

Durch die Herabkunft des Geistes wird Jesus zum »Christus«. Christus, hebräisch Messias, bedeutet: »Gesalbter«. Christus ist der mit dem Heiligen Geist Gesalbte. Er vereinigt in sich die drei Ämter, zu denen man in Israel gesalbt wurde: König, Priester und Prophet.

Das Herabkommen des Geistes wird von einer *Stimme aus dem Himmel* begleitet. Es ist die Stimme Gottes, der Jesus als seinen »geliebten Sohn« offenbart. Nach Markus spricht Gott Jesus die Sohnschaft zu, nach Matthäus proklamiert er ihn vor den Menschen als seinen auserwählten Sohn. Die Worte sind Wendungen aus dem Alten Testament. Die erste Wendung »Du bist mein Sohn« ist Zitat aus Psalm 2,7, die zweite »mein Erwählter, an dem ich Wohlgefallen habe« Zitat aus Jesaja 42,1. Die ersten Worte gelten ursprünglich dem König, die zweiten dem leidenden Gottesknecht. So wird Jesus hier als messianischer König und als leidender Gottesknecht gekennzeichnet.

Die Worte »Du bist mein Sohn« können auch eine Annahme an Kindes Statt bedeuten. So hat es Lukas verstanden, wenn er den ganzen Satz aus Psalm 2,7 zitiert: »Du bist mein Sohn, heute habe ich dich gezeugt« (Adoptionsformel). Wie auch immer: »Sohn Gottes« ist hier nicht die Bezeichnung des geburtsmäßigen Wesens Jesu, sondern der ihm von Gott verliehenen Vollmacht. Zielpunkt dieser Geschichte ist die Einsetzung Jesu als eschatologischer Vollender, der den neuen Äon heraufführt. Damit kennzeichnet ihn das Evangelium von vornherein als den Bevollmächtigten Gottes.

Während im Markusevangelium der Akzent bei der Taufe Jesu ganz auf den wunderbaren Erscheinungen nach der Taufe liegt, setzt das Matthäusevangelium einen weiteren Akzent: das *Taufgespräch zwischen Johannes dem Täufer und Jesus* vor der Taufe:

»Als Jesus sich von Johannes taufen lassen wollte, wehrte dieser ab mit den Worten: Ich bedarf dessen, daß ich von dir getauft werde, und du kommst zu mir? – Jesus aber antwortete und sprach zu ihm: Laß es jetzt geschehen! Denn so gebührt es uns, alle Gerechtigkeit zu erfüllen. Da ließ er's geschehen« (Matthäus 3,14 f.).

Diesem Gespräch liegt die Frage zugrunde: Wieso unterzieht sich Jesus der Taufe zur Vergebung der Sünde, wo er doch sündlos ist und der Taufe nicht bedarf? Die Antwort auf diese Frage lautet: Es ist wahr, daß Jesus der Bußtaufe zur Vergebung der Sünden nicht bedarf; aber er nimmt sie freiwillig auf sich, um den Weg der Solidarität mit der sündigen und dem Tode verfallenen Menschheit zu gehen. Seine Menschwerdung vollendet sich darin, daß er – gehorsam bis zum Tode am Kreuz – die Sünden der Welt und den Tod als der Sünde Sold auf sich nimmt. Seine Taufe ist die sinnbildliche *Vorwegnahme seines Todes*. Das spricht Jesus selber aus, wenn er sagt:»Ich muß mich taufen lassen mit einer Taufe, und wie ist mir so bange, bis sie vollbracht ist!« (Lukas 12,50), und wenn er seine Jünger fragt:»Könnt ihr den Kelch trinken, den ich trinke, oder euch taufen lassen mit der Taufe, mit der ich getauft werde?« (Markus 10,38).

Von daher wird verständlich, daß die Kirchenväter die Taufe Jesu als symbolische Vorwegnahme seines Todes und seiner Auferstehung verstehen: Das Hinabsteigen ins Wasser entspricht seinem Tod, das Heraufsteigen aus dem Wasser seiner Auferstehung. Das Bekenntnis Gottes zu Jesus als seinem Sohn in der Taufe entspricht der Auferweckung Jesu und seiner Einsetzung als Herr der Welt.

Das *»Hinabsteigen«* (katabasis) ist ein festgeprägter Ausdruck, der das gesamte Heilswerk der gefallenen Schöpfung zusammenfaßt (Epheser 4,9 f.) – sei es in seiner Menschwerdung, in seinem Hinabsteigen in den Jordan oder in seinem Abstieg in das Totenreich. Mit dem Wort »hinabsteigen« verbindet sich die Vorstellung von der Unterwelts- oder Nachtmeerfahrt, bei der der Held (wie die Sonne) die Tiefe des nächtlichen Meeres durchmißt, um den Tod zu überwinden und als ein Erneuerter daraus hervorzugehen.

Diese Vorstellung verbindet sich auch mit dem Hinabsteigen Jesu in die Wasser des Jordan. In seiner nur bruchstück-

haft erhaltenen Schrift »Über das Taufbad« beschreibt Bischof
Melito von Sardes († um 190) den Abstieg Jesu ins Taufwasser
als das Eintauchen der Sonne im westlichen Meer. Nach einer
poetischen Schilderung des Unterganges der Sonne und ihres
erneuten Aufsteigens aus dem kräftigenden und reinigenden
Bade heißt es: »Sie hat das Dunkel der Nacht verscheucht und
den glänzenden Tag uns gebracht. Ihrem Laufe folgend, geht
der Reigen der Sterne, wirkt die Natur des Mondes. Sie baden
im Ozean, warum sollte da nicht Christus getauft werden im
Jordanfluß? Der König der Himmel, der Herzog der Schöpfung, die Sonne des Aufgangs, die auch den Toten im Hades
erschien und den Sterblichen auf Erden. Als allein wahrer
Helios ging er auf aus Himmelshöhen.«

Das Verständnis der *Taufe Jesu als Hadesfahrt* führte dazu,
daß der Jordan als Unterwelt und damit als Ort des Teufels
und seiner Dämonen angesehen wurde, gegen die Jesus kämpfen mußte (der Jordan wird hier zum Sinnbild des Teufels und
des Hades). »Rüste dich, Jordanfluß!« heißt es in einem der
ostkirchlichen Gesänge zum Fest der Taufe Jesu, »Siehe, Christus, Gott, kommt, um von Johannes getauft zu werden,
damit er der Drachen unsichtbare Häupter zermalme mit der
Gottheit in seinen eigenen Wassern.« In diesen Gesängen sind
die Gedanken der Kirchenväter zur Taufe Jesu und zur Erneuerung des Menschen in verdichteter Form wiedergegeben.
So hatte beispielsweise Cyrill gesagt: »Nach Hiob war in den
Wassern der Drache, der den Jordan mit seinem Rachen
aufnahm. Da die Häupter des Drachen zerschmettert werden
sollten, stieg Jesus in das Wasser und band den Gewaltigen.«
Und in der ostkirchlichen Liturgie zum Fest der Taufe Jesu
heißt es (anknüpfend an Psalm 74,18): »Du beugtest dein
Haupt dem Vorläufer, du zermalmtest die Häupter der Drachen, du tratest in die Gewässer, du erleuchtetest das All,
damit es preise dich, Erlöser, den Erleuchter unserer Seelen!«

In der ostkirchlichen Kunst ist der Jordan häufig als Höhle
dargestellt, ähnlich der Hadeshöhle, in die Christus eindringt,
um Satan und Tod zu entmachten und den gefallenen Adam
und alle Verstorbenen der Vorzeit aus ihrer Gewalt zu befrei-
en und ihnen das durch ihn erneuerte Leben zu bringen. (Die
Osterikone stellt die Hadesfahrt Christi dar.) In der Taufe
Jesu wird also seine Hadesfahrt vorgebildet. So heißt es in der

Kreuz über dem Wasser,
Grafik von Kurt Wolff

ostkirchlichen Liturgie am Fest der Taufe Jesu, daß der in die Fluten des Jordan niedersteigende Jesus Johannes dem Täufer zuruft: »Fürchte dich nicht, mich zu taufen, denn zu erlösen komme ich den Adam, den Erstgeschaffenen.« Und weiter: »Selbst der Reinigung als Gott nicht bedürfend, reinigt er den Gefallenen im Jordan, in welchem er, die Feindschaft vernichtend, einen über jeglichen Verstand gehenden Frieden gibt!«

Abstieg und Aufstieg sind Umschreibung des ganzen Heilsweges Christi. Zusammenfassend läßt sich sagen: »Hier in der Taufe vollzieht sich im Symbol, was dann am Kreuz Wirklichkeit wird und vom Kreuz aus im Taufmysterium auf die Menschen übergeht. Der im Jordan untertauchende Jesus ist Sinnbild jener göttlichen Demut, in der er dann in das Wasser des Todes untertauchen wird, um als verklärter Sohn Gottes aufzuerstehen. Taufe und Kreuz gehen in ein einziges Bild über. Taufe, Kreuz und Abstieg in das Dunkel der Unterwelt bilden das Mysterium der göttlichen Vernichtung, aus der das neue Leben quillt, gleichsam den Sonnenuntergang, aus dem der neue Tag aufsteigt.«[2]

Indem Jesus durch sein Hinabsteigen in den Jordan den Teufel besiegt, den Tod entmachtet und die Todgeweihten erlöst hat, hat er den Jordan gereinigt und geheiligt: »Wie er (Jesus) Geist und Fleisch war, so gab er durch den Geist dem Wasser die Weihe« (Gregor von Nazianz). Dadurch empfängt der Jordan die Befähigung, Taufwasser zu sein. Das gilt aber nicht nur für den Jordan. Er, der die »Erstgabe der Heiligung und Segnung« empfing, »hat der ganzen Welt die Gnade der Taufe zugeführt« (Gregor von Nyssa). Durch die Taufe Jesu wird jedes Wasser, auf das im Weihegebet (Epiklese) der Heilige Geist herabgerufen wird, zum Jordan; das heißt: Die Natur des Wassers wird geheiligt, ihm wird die Kraft zuteil, Wasser des Lebens zu werden, durch das Menschen die Wiedergeburt erlangen. (Nach einem außerordentlich weit verbreiteten Sprachgebrauch wurde jeder Taufbrunnen »Jordan« genannt.)

Schon das älteste überlieferte Gebet zur Taufwasserweihe bringt die mystische Verbindung von Jordan und Taufwasser zum Ausdruck: ».. . Wie dein eingeborenes Wort durch sein Hinabsteigen in das Wasser des Jordan dieses heilig gemacht hat, so möge es auch jetzt in dieses Wasser hinabsteigen, es heiligen und mit Geist erfüllen, damit die Getauften nicht mehr Fleisch und Blut seien, sondern geisterfüllte Menschen und fähig, dich, den unerschaffenen Vater, anzubeten durch Jesus Christus im Heiligen Geiste. – Dein unaussprechliches Wort sei in ihm (dem Wasser) gegenwärtig, verwandle seine Kraft und mache es zu zeugendem Wasser, erfüllt von deiner Gnade, damit das Mysterium (Sakrament), das nun vollzogen wird, nicht ohne Wirkung in denen bleibe, die wiedergeboren werden, sondern daß es alle, die (in das Wasser) hinabsteigen und darin getauft werden, mit der göttlichen Gnade erfülle . . .« (Bischof Serapion, † um 362).

Die Geschichte von der Taufe Jesu verdient noch in einer anderen Hinsicht Beachtung. In ihr werden deutlich unterschieden: Gottvater, dessen Stimme vom Himmel ertönt, Jesus, den er seinen »geliebten Sohn« nennt, und der Heilige Geist, der in leiblicher Gestalt wie eine Taube auf ihn herabfährt. Hier liegt der Ursprung der später entwickelten Lehre von dem dreieinigen Gott: Vater, Sohn und Heiliger Geist. Die Ostkirche bezeichnet das Fest der Taufe Jesu darum als

»Theophanie«, das heißt als Erscheinung Gottes, der sich als der Dreieinige (Trinität) offenbart.

In der christlichen Kunst wird vom 6. Jahrhundert an die aus dem Himmel auf Jesus weisende Hand Gottes, die herabfahrende Geist-Taube und der im Wasser stehende Jesus in einer senkrechten Achse dargestellt. Auf diese Weise wird das Geschehen als Offenbarung des dreieinigen Gottes gedeutet.

Weil die Taufe Christi das Urbild der christlichen Taufe ist, wurde sie beispielhaft und grundlegend für die Liturgie und Theologie der christlichen Taufe. Beide werden im sakramentalen Mysterium der Taufe miteinander verbunden. Die Christentaufe wird als Nachvollzug der Taufe Christi verstanden. Die Parallelen zwischen beiden sind unübersehbar:

Das »Hinabsteigen« in das Wasser der Taufe (in Apostelgeschichte 8,38 und bei den Apostolischen Vätern wird die Taufe als »Hinabsteigen ins Wasser« bezeichnet) bedeutet nicht nur abwaschen der Sünden, sondern mit Christus sterben und mit ihm auferstehen. Damit verbindet sich der Gedanke des Kampfes gegen den Teufel: Der Drache – Symbol des Teufels – kann dem Katechumenen gefährlich werden, darum wird dieser vor der Taufe durch Salbung für den Kampf gestärkt. Es heißt: »Wenn die Herabrufung der Gnade deine Seele gesiegelt hat, brauchst du dich nicht mehr von dem furchtbaren Drachen verschlingen zu lassen« (Cyrill).

Wie auf Christus, als er nach der Taufe aus dem Wasser heraufstieg, der Geist Gottes herabkam, so ist auch die Christentaufe mit dem Geistempfang verbunden, der durch die Salbung mit Myronöl nach der Taufe symbolisiert wird: »Auch euch wurde, als ihr aus dem heiligen Taufbrunnen entstiegen wart, die Salbung gegeben, das Abbild jener Salbung, welche Christus empfangen hatte ... Gesalbte seid ihr geworden, weil ihr das Abbild des Heiligen Geistes empfangen habt« (Cyrill).

Wie Jesus bei seiner Taufe durch die Stimme vom Himmel als Gottes Sohn bestätigt worden ist, so wird dem Christen bei seiner Taufe die Sohnschaft verliehen und seine Christuszugehörigkeit öffentlich bekanntgegeben. »Durch ihn (den Bischof) hat der Herr über jeden von euch seine heilige Stimme ertönen lassen: ›Mein Sohn bist du; heute habe ich dich gezeugt‹« (Apostolische Konstitutionen, 2. Buch). Der Gedanke klingt schon bei Paulus an, wenn er den Christen in Galatien schreibt: »Ihr seid alle durch den Glauben Söhne Gottes in Christus Jesus. Denn ihr alle, die ihr auf Christus getauft seid, habt Christus angezogen« (Galater 3,26 f.).

Vom 4. Jahrhundert an geschieht die christliche Taufe nicht mehr nur »auf den Namen Jesu Christi«, sondern »auf den Namen des Vaters und des Sohnes und des Heiligen Geistes«. Gregor von Nyssa sagt: »Wir unterwerfen uns (bei der Taufe) dem Vater, damit wir geheiligt werden; wir unterwerfen uns dem Sohn, damit gleiches geschehe; wir unterwerfen uns dem Heiligen Geist, damit wir werden, was er ist und wie er heißt. Es gibt keinen Unterschied der Heiligung, als ob der Vater mehr heiligte und der Sohn weniger und der Heilige Geist noch weniger als beide ... Ein und dieselbe Gnade empfängst du von allen.« Durch diese Gnade werden die Getauften fähig: »dich, den unerschaffenen Vater, anzubeten durch Jesus Christus im Heiligen Geist« (Serapion).

Taufbefehl und Taufverheißung des Auferstandenen

Nach evangelischem Verständnis gehört der Taufbefehl Jesu zum Kern jeder Taufhandlung. »Die Kirche tauft gehorsam dem Auftrag ihres auferstandenen Herrn (Matthäus 28,18–20) und im Glauben an seine Verheißung (Markus 16,16)« (Ordnung des kirchlichen Lebens).

Die als Grundlage der kirchlichen Taufpraxis angeführten Schriftstellen sollen im folgenden näher bedacht werden[3].

Der Taufbefehl steht im Zusammenhang der Sendungsworte, die der Auferstandene bei seiner letzten Erscheinung auf einem Berg in Galiläa als »letzte Worte« zu seinen elf Jüngern sprach:

»Mir ist gegeben alle Gewalt im Himmel und auf Erden.

Darum gehet hin und machet zu Jüngern alle Völker: Taufet sie auf den Namen des Vaters und des Sohnes und des heiligen Geistes und lehret sie halten alles, was ich euch befohlen habe.

Und siehe, ich bin bei euch alle Tage bis an der Welt Ende« (Matthäus 28,18–20).

Diese Worte stammen – wie die historisch-kritische Forschung gezeigt hat – aus späterer Zeit. Das älteste Evangelium nach Markus enthält in seinem Anhang (Kap. 16) wohl die Aussendungsworte, aber nicht den Taufbefehl (16,15). Der erste Evangelist (Matthäus) hat den überlieferten Sendungsbefehl durch den Taufbefehl erweitert; seine Theologie ist in seinen Formulierungen deutlich erkennbar. Die trinitarische Taufformel spiegelt die Taufpraxis der achtziger oder neunziger Jahre im syrischen Raum wider, wo man die Taufe auf den Namen des Vaters und des Sohnes und des Heiligen Geistes als von Jesus eingesetzt verstand und demgemäß vollzog.

Für einen Menschen, für den die Glaubwürdigkeit der Bibel von ihrer historischen Richtigkeit abhängt, ist diese Tatsache nur schwer zu verkraften. Aber es gilt, folgendes zu bedenken: Da es sich nicht um Worte des historischen, sondern des auferstandenen Jesus handelt, ist nur allzu verständlich, daß sie sich nicht bis zum historischen Jesus zurückverfolgen lassen. Historisch feststellbar aber ist, daß die Verbindung von der Erscheinung des Auferstandenen mit dem Sendungsauftrag an die Jünger in die Anfänge der Urgemeinde zurückreicht. Fest steht ebenfalls, daß die Urchristenheit nach Ostern offenbar problemlos und ausnahmslos zu taufen begann, und zwar in der Weise, daß sie dabei die wesentlichen Grundelemente der Johannestaufe aufnahm und fortführte. In allen uns bekannten Schichten und Bereichen des Frühchristentums war übereinstimmend die Taufe der Ritus, durch den ein Mensch in die christliche Gemeinde aufgenommen wurde.

Auch gilt es zu bedenken, daß es im Neuen Testament viele Worte Jesu gibt, die nicht Worte des historischen Jesus, sondern Worte des auferstandenen Christus im Zeugnis seiner Jünger und seiner Gemeinde sind.

Der Sendungsbefehl des Auferstandenen ist deutlich in drei Abschnitte gegliedert. Der erste Abschnitt enthält eine *Proklamation:* Gott hat Christus in seine Herrschaft eingesetzt. Das entspricht der Aussage, daß Gott den gekreuzigten Jesus »zum Herrn und Christus gemacht hat« (Apostelgeschichte 2,36), daß er »zur Rechten Gottes«, das heißt auf Gottes Thron sitzt und mitregiert (Markus 16,19), daß Gott ihn erhöht und ihm den Namen gegeben hat, der über alle Namen ist (Philipper 2,9).

Das Wort, das im griechischen Urtext für »Gewalt« steht, bezeichnet nicht irdische Gewalt, sondern himmlische »Vollmacht«, in der Recht und Macht miteinander verbunden sind. Diese Vollmacht zeigte sich schon in Jesu irdischem Wirken als die Vollmacht, Sünden zu vergeben, Dämonen auszutreiben und Kranke zu heilen. Wenn dem Auferstandenen von Gott »alle Macht im Himmel und auf Erden« übertragen ist, so handelt es sich um die Allmacht der Liebe, die er in seinem Leiden und Sterben offenbart hat und durch die Gott das All regiert.

Der zweite Abschnitt enthält einen *vierfachen Befehl*, den der Auferstandene in der Vollmacht, die ihm von Gott gegeben ist, seinen Jüngern erteilt:

Gehet hin – nicht: Ruft die Menschen zu euch. Geht hin zu ihnen, dort, wo sie sind. Gehet hin in die ganze Welt, zu allen Völkern! Das war angesichts der damaligen Verhältnisse eine unmögliche Zumutung – und doch war bereits dreißig Jahre nach dem Tod Christi der christliche Glaube im ganzen römischen Weltreich verbreitet.

Machet zu Jüngern alle Völker – Die Sendung des irdischen Jesus war auf das Volk Israel beschränkt (vgl. Matthäus

Ein norwegischer Baptistenmissionar tauft in einem offenen Fluß in Kamerun.

146

10,5 f.), die Sendung des auferstandenen Christus gilt allen Völkern (einschließlich des Volkes Israel). Diejenigen, die Jünger Jesu geworden sind, gehören zu dem neuen Volk. »Jünger« sind Schüler, Lernende, die – anders als im heutigen Schüler-Lehrer-Verhältnis – in einer sehr persönlichen Bindung an ihren Lehrer und Meister leben, weil es nicht nur um die sachliche Vermittlung von Wissen, sondern um »Nachfolge« geht. Bezeichnete das Wort »Jünger« anfangs nur die zwölf Jünger Jesu, so später (in der Apostelgeschichte des Lukas von Kapitel 6,1 an) ganz allgemein die »Christen«. Christen sind Menschen, deren ganzes Leben bis in die privatesten Bereiche hinein von Christus bestimmt wird. – Wenn in der revidierten Lutherübersetzung von 1984 nach »machet zu Jüngern alle Völker« ein Doppelpunkt steht, so soll damit ausgedrückt werden, das das Zu-Jüngern-Machen auf zweifache Weise geschehen soll: durch Taufe und Lehre.

Taufet sie auf den Namen des Vaters und des Sohnes und des heiligen Geistes – Die Taufe ist die Aufnahme in die Jüngerschaft Christi. Der Name Gottes steht für seine Person und sein Wesen. Es heißt nicht, taufet sie »im Namen« (so wie ein Richter seinen Spruch »im Namen des Volkes« verkündet), sondern »auf den Namen«, was besagt, daß der Getaufte durch die Taufe in den Zusammenhang mit dem dreieinigen Gott gestellt wird: mit der schöpferischen Macht des Vaters, der Vollmacht des Sohnes und der Kraft des Heiligen Geistes. Jeweils bei der Nennung eines der drei göttlichen Namen wird der Täufling ins Wasser hineingetaucht als Zeichen dafür, daß er Gott zugeeignet wird.

Lehret sie halten alles, was ich euch befohlen habe – Es heißt nicht einfach: Lehret sie, sondern: Lehret sie halten. Es geht also nicht nur um die Vermittlung einer Lehre, sondern um die praktische Einübung in ein christliches, das heißt von Christus bestimmtes Leben. Auch hier folgt die Einübung ins Christsein der Taufe. Es ist ein rationalistisches Mißverständnis, zu meinen, erst müsse ein Mensch begriffen haben, was im sakramentalen Handeln an ihm geschieht, ehe es an ihm vollzogen werden könne. In der Alten Kirche war es umgekehrt: Erst wurde nach einer Hinführung (nicht Erklärung) das Sakrament an ihm vollzogen; danach wurde der Getaufte in dem unterwiesen, was an ihm geschehen war. So bleibt auch

147

deutlich: An erster Stelle steht das, was Gott am Menschen tut. Was der Mensch tut, ist Antwort auf das, was Gott an ihm getan hat – Antwort nicht nur mit dem bekennenden Wort, sondern mit seinem ganzen Leben. Das geschieht, indem er sich an das hält, was Jesus gesagt hat – nicht nur an einige Worte Jesu, die ihm einleuchten, sondern an alles, was er geboten hat.

Der dritte Abschnitt des Sendungsbefehls Christi ist die *Verheißung seiner bleibenden Gegenwart.* Als der, der zum Himmel aufgefahren ist, kann er zu jeder Zeit und an jedem Ort gegenwärtig sein; denn »Himmel« ist kein Ort in Raum und Zeit, sondern der raum- und zeitlose »Ort« ewiger Gegenwart. Die leibliche Gegenwart Jesu unter seinen Jüngern ist mit seiner Himmelfahrt unwiederbringlich zu Ende; von da an bis zum Ende der Welt wird er durch seinen Geist bei ihnen sein, das heißt: Der Geist, in dem er gelebt und gelitten, in dem er gestorben und auferstanden ist, wird sie erfüllen und in alle Wahrheit leiten.

Das viermalige »alle« beziehungsweise »alles« in diesem Sendungsbefehl macht den universalen Anspruch des Auferstandenen deutlich, der alle Zeit und alle Welt umfaßt: »alle Gewalt«, »alle Völker«, »alles, was ich euch befohlen habe«, »alle Tage«.

Dem Taufbefehl des Auferstandenen wird in der Taufliturgie die *Taufverheißung* angefügt, die in der Fassung des Sendungsbefehls im Markusevangelium überliefert ist:

»Wer da glaubt und getauft wird, der wird selig werden; wer aber nicht glaubt, der wird verdammt werden« (Markus 16,16).

In diesen Worten aus dem Anhang des Markusevangeliums (16,9–20), der in späterer Zeit aus der katechetischen Überlieferung der Kirche angefügt wurde, geht es um den Zusammenhang von Glaube und Taufe. Hier – wie durchgängig im Neuen Testament – wird vorausgesetzt, daß der, der zum Glauben gekommen ist, sich taufen läßt. Wer glaubt und getauft worden ist, wird im Endgericht »gerettet werden«, »das Heil erlangen« (so wörtlich statt »selig werden«)[4]. Auffällig ist, daß bei der negativen Wendung des Satzes nur vom Glauben die Rede ist. Daran wird deutlich, daß das Heil am Glauben und nicht an der Taufe hängt.

Das hat Martin Luther im Anschluß an diese Worte Jesu besonders betont: »Der Glaube macht die Person allein würdig, das heilsame, göttliche Wasser nützlich zu empfangen ... Ohne Glauben ist es nichts nütz, ob es gleich an ihm selbst ein göttlicher überschwenglicher Schatz ist. Darum vermag das einige Wort: ›wer da glaubt‹, so viel, daß es auschließt und zurücktreibt alle Werke, die wir tun können der Meinung, als dadurch Seligkeit zu erlangen und verdienen; denn es ist beschlossen, was nicht Glaube ist, das tut nichts dazu, empfängt auch nichts ... Ohne ihn kann (der Nutzen der Taufe) nicht empfangen werden« (Großer Katechismus).

Die Aussage, daß der, der nicht glaubt, (im Endgericht) verdammt werden wird, entspricht der in der ganzen Bibel ausgesprochenen Überzeugung, daß in der Begegnung mit dem durch Christus sich offenbarenden Gott die Entscheidung über Heil und Unheil, Leben und Tod fällt. Aber die Schroffheit dieser Aussage hat dazu geführt, daß in der evangelisch-lutherischen Taufordnung zunächst die Worte »der wird verdammt werden« durch »der wird verlorengehen« ersetzt und dann (1988) der ganze Satz gegen einen anderen ausgetauscht wurde: »Also hat Gott die Welt geliebt, daß er seinen eingeborenen Sohn gab, damit alle, die an ihn glauben, nicht verloren werden, sondern das ewige Leben haben« (Johannes 3,16). Diese Worte beziehen sich zwar nicht ausdrücklich auf die Taufe, aber auf die Wiedergeburt aus dem Geist. Daß dabei an die Taufe gedacht ist, geht hervor aus den Worten: »Es sei denn, daß jemand geboren werde aus Wasser und Geist, so kann er nicht in das Reich Gottes kommen« (Johannes 3,5).

Taufbefehl und Taufverheißung machen den engen Zusammenhang von Taufe und Glaube deutlich.

Die Segnung der Kinder (Kinderevangelium)

Schon zu Beginn des 3. Jahrhunderts ist die Geschichte von der Segnung der Kinder durch Jesus, die in den drei ersten Evangelien überliefert wird, zur Begründung der Kindertaufe herangezogen worden (wie den Ausführungen Tertullians zu entnehmen ist, der selbst gegen die Taufe von kleinen Kindern war)⁵. Vom 4. Jahrhundert an findet sich dieses sogenannte Kinderevangelium in liturgischen Taufordnungen. Nachdem es aus der Taufliturgie des Mittelalters gestrichen worden war, hat Luther, ein leidenschaftlicher Verfechter der Kindertaufe, es wieder in die Taufordnung aufgenommen. Bis heute ist es fester Bestandteil fast aller reformatorischen Taufordnungen.

In jüngster Zeit hat das Kinderevangelium (in einigen Kirchen) seinen festen Platz auch bei der Segnung der Kinder, die als selbständige kirchliche Handlung dann vorgenommen wird, wenn Eltern nach gewissenhafter Prüfung die Taufe ihrer Kinder aufschieben, um sie zu einer selbständigen Taufentscheidung hinzuführen (so zum Beispiel in Gliedkirchen des Bundes der Evangelischen Kirchen in der DDR).

Im ältesten Evangelium hat das Kinderevangelium folgenden Wortlaut: »Sie brachten Kinder zu Jesus, damit er sie anrühre. Die Jünger aber fuhren sie an. Als es aber Jesus sah, wurde er unwillig und sprach zu ihnen: Laßt die Kinder zu mir kommen und wehret ihnen nicht; denn solchen gehört das Reich Gottes. Wahrlich, ich sage euch: Wer das Reich Gottes nicht empfängt wie ein Kind, der wird nicht hineinkommen. Und er herzte sie und legte die Hände auf sie und segnete sie« (Markus 10,13–16).

Die Kinder, die zu Jesus gebracht werden, sind »kleine Kinder« (so wörtlich), worunter Kinder bis zum Alter von zwölf Jahren verstanden werden können (nur im Lukasevangelium ist von »Säuglingen« die Rede). Wer die sind, die die Kinder zu Jesus bringen, wird nicht gesagt. Entweder waren es die Mütter (die Anwesenheit von Frauen wird aber in den Evangelien immer besonders hervorgehoben) oder die Väter oder ältere Kinder, die die jüngeren bringen. Es war jüdische Sitte, Kinder zu einem berühmten Rabbi zu bringen, um seinen Segen für sie zu erbitten. »Anrühren«, wie es im Markusevangelium heißt, meint genau dies: Durch die Berührung mit ihm gehen seine Segenskräfte auf die Kinder über. Im Matthäusevangelium heißt es dementsprechend: »damit er (Jesus) die Hände auf sie legte und betete«.

Lucas Cranach der Ältere, Lasset die Kindlein zu mir kommen, Altar der Stadtkirche in Wittenberg, um 1538

Die Jünger treten zwischen Jesus und diejenigen, die die Kinder zu ihm bringen wollen. Warum sie sie so barsch zurückweisen (das Wort bedeutet: anfahren, schelten, drohen, heftig auf jemanden einreden, um ihn von seinem Vorhaben abzuhalten), wird nicht gesagt. Vermutlich wollten sie nicht nur ihren Meister vor Belästigung schützen; vielmehr werden sie die Kinderfeindlichkeit des frommen Judentums geteilt haben, genauer: der jüdischen Männer- und Vätergesellschaft. Diese war als fromme Leistungsgesellschaft davon überzeugt, daß man nur durch Erfüllung genau festgelegter Gesetze und Regeln Zugang zu Gott und seinem Reich gewinnen könne. Darum werden die Jünger wohl gemeint haben, daß die Kinder noch nicht verständig genug seien, da sie Jesus weder verstehen noch folgen und darum auch nicht in das Reich Gottes kommen könnten.

Der Unwille Jesu, der die Jünger deswegen trifft, ist in der Ursprache des Neuen Testaments mit einem starken Wort ausgedrückt, das nur hier im Markusevangelium vorkommt. Es bedeutet »erregt, aufgebracht sein«, »zürnen«. Die heftige Reaktion Jesu läßt darauf schließen, daß die Jünger ihn an einem entscheidenden Punkt mißverstanden haben. Nicht die Kinder, sondern sie selbst, die Jünger, sind die Unverständigen. Sie haben nicht begriffen, daß er auch für die gekommen ist, die ihn noch nicht erkennen, ja daß gerade ihnen (wie den geistlich Armen, vgl. Matthäus 5,3) das Himmelreich gehört.

Verwehrt es den Kindern nicht, zu mir zu kommen, weist Jesus seine Jünger zurecht; wörtlich: *»Hindert sie nicht daran!«* Das Wort »hindern« begegnet uns im Neuen Testament verschiedentlich im Zusammenhang mit der Taufe[6]. Es gehörte zur urchristlichen Taufpraxis, daß vor der Taufe in aller Form festgestellt wurde, daß kein Hindernis vorliege, den Täufling zu taufen. Entweder stellte der Täufling selber die Frage, wie der Kämmerer aus Äthiopien den Apostel Philippus fragte: »Was hindert's, daß ich mich taufen lasse?« (Apostelgeschichte 8,36; vgl. Matthäus 3,14), oder ein Dritter, der eine Art Patenfunktion hatte, fragte: »Was hindert's, daß dieser N. getauft wird?« (vgl. Apostelgeschichte 10,47; 11,17). Dem Täufer oder dem, der der Taufzeremonie vorstand (Bischof), kam es zu, zu entscheiden, ob der Täufling zur Taufe zugelassen oder ob ihm die Taufe verweigert werden solle. Dieses förmliche Verfahren der Taufzulassung zeigt, daß in frühchristlicher Zeit keineswegs jeder getauft wurde, der die Taufe begehrte, sondern daß sorgfältig geprüft wurde, ob die Voraussetzungen dafür (Umkehr und Glaube und das Verlangen, getauft zu werden) gegeben seien. So gewiß die Gnade Gottes voraussetzungslos ist, wird doch die Taufe nicht voraussetzungslos gewährt.

Zurück zum Kinderevangelium: Man kann aus der Verwendung des Wortes »hindern« nicht schließen, daß »sie« die Kinder bringen, um sie taufen zu lassen (zumal hier nicht die Frage »Was hindert's?« gestellt wird, sondern Jesus zu seinen Jüngern sagt: Hindert sie nicht daran). Hier geht es eindeutig nicht um die Taufe, sondern um die Segnung von Kindern. Aber diese ist vielleicht in einer Zeit, in der die Frage der Kindertaufe akut wurde, durch die Formulierung, die an die frühchristliche Tauffrage anklingt, zur Kindertaufe in Parallele gesetzt worden, um sie von daher zu begründen.

Warum wird den Kindern das *Reich Gottes* zuteil? Jesus wendet sich mit seinen letzten, durch eine feierliche Einleitungsformel nachdrücklich betonten Worten an seine Jünger: »Wer das Reich Gottes nicht empfängt wie ein Kind, der wird nicht hineinkommen.« Nicht in ihrer Unschuld und Reinheit sind die Kinder Vorbilder der Kinder Gottes (das ist ein Gedanke, der dem Judentum ganz fremd ist), sondern in ihrer Unvollkommenheit und Bedürftigkeit, in der sie darauf vertrauen, daß sie bekommen, was sie brauchen. Wie ein kleines Kind nicht von dem lebt, was es tut, sondern von dem, was es empfängt, so lebt der Glaubende nicht von seinen Werken, sondern von der Gnade Gottes, die ihm »ohn' all sein Verdienst und Würdigkeit«[7] zuteil wird. »Glaube ist ... nicht das bewußte Verstehen, Antworten, Sichentscheiden, sondern das reine Empfangen des Heils, wie es uns in Christus als dem Worte Gottes offenbart ist« (Dietrich Bonhoeffer).

Aber so gewiß das Reich Gottes nicht verdient, sondern nur aus Gnade allein empfangen werden kann, so gewiß muß doch das Angebot der Gnade angenommen werden. Das Wort, das in der griechischen Ursprache des Neuen Testaments für »empfangen« steht, heißt wörtlich »annehmen«, »aufnehmen«, ursprünglich »gastlich beherbergen«. Es bezeichnet also die Bereitschaft, sich dem kommenden Reich zu öffnen.

Die Wendung »das Reich Gottes annehmen beziehungsweise aufnehmen« deutet auf den, der der Künder und König dieses Reiches ist. In ihm, Jesus, ist das Reich Gottes herbeigekommen (Matthäus 12,28), in ihm ist es mitten unter den Menschen (Lukas 17,21). Wer ihn aufnimmt, zu dem kommt das Reich Gottes. Und indem das Reich Gottes zu ihm kommt, kommt er in Gottes Reich.

Eine andere Nuance hat das Jesuswort im Matthäusevangelium, wo es in einem anderen Zusammenhang überliefert ist: »Wenn ihr nicht umkehrt und werdet wie die Kinder, so werdet ihr nicht in das Himmelreich kommen« (18,3). Die Umkehr besteht darin, daß die Jünger »wie die Kinder« werden, das heißt die Haltung aufgeben, die vor Gott auf eigene Entscheidung und Leistung pocht, und die Haltung einnehmen, die allezeit angewiesen bleibt auf das, was Gott gibt.

Eine weitere Abwandlung erfährt das Jesuswort im Johannesevangelium: »Es sei denn, daß jemand geboren werde aus Wasser und Geist, so kann er nicht in das Reich Gottes kommen« (3,5). Hier geht es nicht nur darum, »wie ein Kind«, sondern »wieder Kind« zu werden – das ist eine semitische Variante des Wiedergeburtsgedankens. Nur wer wiedergeboren ist, und zwar durch Wasser und Geist, das heißt durch die Taufe, kann in das Reich Gottes kommen. Wie ein Mensch sich nicht selbst gebären kann, sondern geboren wird, so kann er sich auch selbst nicht taufen, sondern er wird getauft. Die Wiedergeburt in der Taufe ist nicht sein, sondern Gottes Werk.

Was Jesus in seinen Worten verkündigt, veranschaulicht er durch das, was er tut: Er schließt die Kinder eins ums andere in die Arme und zeigt ihnen damit in einer ihnen verständlichen Weise, daß er sie in seine Liebe aufnimmt. Und das ist mehr, als was die, die die Kinder zu ihm brachten, von ihm erbaten. Dann legt er ihnen die Hände auf und segnet sie. In dem griechischen Wort »segnen« steckt das Wort »sagen«. Wesentlich beim Segnen ist also das (gute) Wort, das dem, der den Segen empfängt, zugesprochen wird.

Zusammenfassung und Besinnung

Die Taufe Christi im Jordan ist das Urbild der christlichen Taufe. Indem Christus sich der Taufe Johannes des Täufers unterzog, obgleich er ihrer nicht bedurfte, hat er sie als kultische Handlung anerkannt und eingesetzt. Die christliche Taufe ist Nachvollzug der Taufe Christi. Das Hinabsteigen ins Wasser ist symbolischer Ausdruck des Sterbens in der Nachfolge Christi, das Heraufsteigen aus dem Wasser symbolischer Ausdruck des Auferstehens mit Christus, der Neuschöpfung durch den Geist Gottes und der Verleihung der Kindschaft.

Der Taufbefehl des Auferstandenen ist die Begründung der christlichen Taufpraxis; darum wird er bei jeder Taufhandlung gesprochen. Erwachsene und Kinder werden getauft im Gehorsam gegenüber dem Befehl ihres Herrn und im Vertrauen auf seine Verheißung, daß der, der glaubt und getauft wird, von Gott angenommen und in seine Gemeinde aufgenommen wird. Ohne den Glauben bleibt die Taufe unwirksam.

Das Evangelium von der Segnung der Kinder durch Jesus kann zwar die Kindertaufe nicht begründen, aber es drückt unmißverständlich aus, daß die Liebe und Gnade Gottes auch denen gilt, die ihn noch nicht kennen, erkennen und bekennen, und daß das Reich Gottes nicht durch fromme Leistungen verdient, sondern nur »ohn' all unser Verdienst und Würdigkeit« als Geschenk empfangen werden kann. Die Liebe Gottes kennt keine Bedingungen, außer der einen: daß sie bereit und willig angenommen wird.

Wenn die Taufe Christi das Urbild der christlichen Taufe ist, dann muß es erlaubt sein, dieses Geschehen auf die Getauften zu übertragen[8].

Wenn Jesus in die Wüste hinausging, um sich von Johannes taufen zu lassen, dann dürfen auch wir uns nicht scheuen, in die Wüste, das heißt in die Einsamkeit, zu gehen und uns dem auszusetzen, was dort mit uns geschieht. Irgendwann tritt uns im Leben so ein rauher, haariger Geselle wie Johannes der Täufer entgegen, der uns herausfordert, uns von dem Alten zu lösen und uns dem Neuen zu stellen. Wir müssen unsere Kleider, unsere alten, liebgewordenen Gewohnheiten ablegen und stehen nackt da. Wir werden – obwohl wir uns lieber nicht naß machen lassen wollen – unsanft ins Wasser getaucht, bis uns die Luft wegbleibt. Wir müssen sterben, damit wir frei und offen werden für den Geist, der auf uns herabkommen, für das Leben, das an uns offenbar werden soll.

Als Jesus aus dem Wasser heraufstieg, blieb er nicht einfach nackt und allein da stehen, sondern der Himmel öffnete sich über ihm, der Geist kam auf ihn herab, und Gott bekannte sich zu ihm als zu seinem Sohn. Das gilt als Verheißung allen Getauften. Viele haben es erfahren: Wer sich gegen die Trennung von einem zu Ende gegangenen Lebensabschnitt, gegen die Trennung von einem lieben Menschen, kurz: gegen das »Sterben«, das ihm zugemutet wird, nicht wehrt, der wird verwandelt werden, dem wird so etwas wie eine Wiedergeburt zuteil. Das, was war, ist unwiederbringlich dahin, aber es wird ihm auf einer höheren Ebene, gewissermaßen in einer anderen Währung wiedergeschenkt. Er empfängt den Heiligen Geist und mit ihm etwas Neues, Anderes, das uns eine neue Dimension des Lebens erschließt.

Nur wer die Wassertaufe, die Wandlung durch Sterben hindurch, auf sich genommen hat, kann die Geisttaufe empfangen. Wir sollen durch sie zu ganz neuen Menschen werden, zu neuen Geschöpfen, zu Bürgern des Reiches Gottes, das im Kommen ist. Das heißt aber: Der Christ hält sich nicht aus dieser Welt heraus, um sich rein und unbefleckt zu bewahren, sondern nimmt handelnd und leidend an ihr teil. Erst in der vollen Diesseitigkeit des Lebens, so hat Dietrich Bonhoeffer erkannt, in der Fülle der Aufgaben, Fragen, Erfolge und Mißerfolge, Erfahrungen und Ratlosigkeiten, lernt der Mensch glauben. Nur wenn er den Herausforderungen und Schwierigkeiten nicht ausweicht, sondern das irdische Leben wie Christus (»Mein Gott, warum hast du mich verlassen?«) ganz auskostet, ist der Gekreuzigte und Auferstandene bei ihm, ist er mit Christus gekreuzigt und auferstanden. Christen sind nicht unangefochtene Menschen, die immer fröhlich und tapfer, glücklich und zufrieden sind, sondern sie sind Menschen, die immer wieder versagen und schuldig werden, aber die unter der Vergebung Gottes leben: gerechtfertigte Sünder.

Wenn wir uns die Taufe Jesu als Urbild unserer Taufe vor Augen halten, dann heißt das: Nimm dein Schicksal, das ist das, was Gott dir schickt, an als Gottes Weg mit dir. Weiche den Herausforderungen und Schwierigkeiten nicht aus, die das Leben mit sich bringt, auch nicht dem Leiden und Sterben. Klage nicht Gott und die Welt an, wenn etwas geschieht, was deine Pläne durchkreuzt, sondern nimm dein Kreuz gehorsam auf dich und vertraue darauf, daß denen, die ihr Schicksal aus Gottes Händen nehmen, alle Dinge zum Besten dienen müssen. Steige still und geduldig ins Wasser hinein, stelle dich der Herausforderung. Laß dich hineintauchen, gib deine Ängste, Vorurteile und Bedingungen auf, um frei zu werden für ein sinnvolles Leben. Das alles ist nur Vorbereitung für das, was kommen wird. Laß dich getrost fallen in der Gewißheit, daß du in Gottes Hand fällst und daß niemand und nichts dich aus seiner Hand reißen kann. Dann wirst du erfahren: Wenn die Finsternis in dir und um dich am größten ist, wird ein Licht über dir aufstrahlen, der Himmel wird sich öffnen, eine neue Dimension des Lebens wird sich dir erschließen, und eine Kraft wird dich erfüllen, die nicht aus dir selbst kommt. Eine Stimme vom Himmel, von innen, wird dir, dir ganz persönlich, die Gewißheit schenken, daß du Gottes Kind bist. Dir wird aufgehen, was Sinn und Aufgabe deines Lebens ist. Du wirst mit einem neuen Kleid angetan werden und einen neuen Namen erhalten, denn das Alte ist vergangen, du bist ein neuer Mensch geworden.

Viele Menschen, mehr als wir denken, haben solches erfahren in den schweren Krisen ihres Lebens, in Krankheit und im Angesicht des Todes. Als Getaufte dürfen wir uns darauf verlassen, daß uns Gott aus dem Tod zu neuem Leben rufen wird. Wir sind ein für allemal getauft, das heißt, wir können und sollen diese Tauferfahrung immer wieder neu machen: die Erfahrung des Todes in der Wassertaufe und die Erfahrung des Lebens in der Geisttaufe.

Die Taufe – heute

Taufe ist Teilhabe an Christi Tod und Auferstehung,
Reinwaschung von Sünde, eine neue Geburt,
Erleuchtung durch Christus, Anziehen Christi,
Erneuerung durch den Geist,
Die Erfahrung der Rettung aus dem Wasser,
Exodus aus der Knechtschaft
und Befreiung zu einer neuen Menschheit,
in der die trennenden Mauern der Geschlechter,
der Rassen und des sozialen Standes überwunden werden.
Der Bilder sind viele, aber die Wirklichkeit ist nur eine.

Aus dem Lima-Text

Bisher ist nur von der ursprünglichen Gestalt der christlichen Taufe die Rede gewesen: von der Taufe Erwachsener, die eine radikale Umkehr in ihrem Leben vollzogen und ihre Taufe als ein symbolisches Sterben und Begrabenwerden mit Christus bewußt erlebt haben. Die heutige Gestalt der Taufe ist die Kindertaufe: Säuglinge oder unmündige Kinder werden getauft, die noch nichts von Gott wissen und die Taufhandlung nicht bewußt erleben können. Diese Gestalt der Taufe ist von der ursprünglichen so verschieden, daß man sich fragt, wie es dazu gekommen ist und ob die Aussagen des Neuen Testaments über die Taufe ohne weiteres auf die Kindertaufe übertragen werden können.

Die Entwicklung von der Erwachsenentaufe zur Kindertaufe

Nachdem das Christentum zur Staatsreligion erhoben worden war (380 n. Chr.), trat die Erwachsenentaufe immer mehr hinter die Kindertaufe zurück. Es wurden nicht nur (wie seit etwa 125 n. Chr.) heranwachsende Kinder getauft, die im christlichen Glauben unterwiesen worden waren und getauft werden wollten, sondern (wie um 200 n. Chr. erstmals bezeugt) auch zunehmend Säuglinge, für die stellvertretend deren Eltern die Tauffragen beantworteten und den Glauben bekannten. Daß sich die Säuglingstaufe schließlich durchsetzte, hängt wesentlich mit der Erbsündenlehre Augustins zusammen, nach der alle Menschen von Adam her die verkehrte Grundeinstellung zu Gott, zum Mitmenschen und zu sich selbst geerbt haben.

Diese »folgenschwerste aller Entscheidungen der Kirchengeschichte« (H. U. von Balthasar) hatte eine Reihe von einschneidenden *Veränderungen der Taufpraxis* zur Folge:

Die Taufe war nicht mehr an die Osternacht, an Pfingsten oder Epiphanias (= Fest der Taufe Jesu) gebunden, sondern wurde jederzeit vorgenommen. Dadurch war ihr Bezug zu Tod und Auferstehung Jesu oder zur Ausgießung des Heiligen Geistes oder zur Taufe Jesu nicht mehr unmittelbar deutlich. Ostern wurden lediglich noch einige Taufen zur Erinnerung an die Katechumenentaufe vollzogen. Später trat an deren Stelle ein Taufgedächtnis.

Es wurde nicht mehr draußen in natürlichen Gewässern, sondern innerhalb der Städte in eigens dafür erbauten Taufkirchen (Baptisterien) getauft. Das einfache Übergießen des Täuflings mit Wasser (siehe die Darstellung Lucas Cranachs auf dem Altar der Stadtkirche zu Wittenberg) setzte sich gegenüber dem vollständigen Untertauchen allmählich durch und wurde im 15./16. Jahrhundert die im Westen übliche Taufpraxis. (In der Ostkirche werden Kinder und Erwachsene bis heute dreimal im Taufbecken völlig im Wasser untergetaucht.) Mit der Zeit wurde nicht mehr der ganze Körper, sondern nur noch der Kopf des Täuflings mit Wasser übergossen, schließlich nur noch die Stirn mit Wasser benetzt, indem der Priester mit den ins Wasser getauchten Fingern ein Kreuzzeichen machte. Mit dem Verfall der symbolischen Form ging auch der Sinn der Taufhandlung weitgehend verloren.

Die ursprünglich über lange Zeit sich hinstreckenden vorbereitenden Handlungen und Belehrungen wurden zusammengezogen und mit dem Taufakt verbunden. Dadurch verlor die Einweihung in den christlichen Glauben und in das christliche Leben an Bedeutung. Augustin hatte als Voraussetzung der Taufe noch eine eindringliche Unterweisung des Taufbewerbers gefordert. Auf dem Weg von ihm zum Mittelalter aber wurde nicht nur der mitzuteilende Lehrbestand erheblich reduziert, sondern auch die altkirchliche Einrichtung des Katechumenats mehr und mehr vernachlässigt. Die sich allmählich herausbildende Kirchenlehre, daß der Taufakt dem Menschen einen unverlierbaren »Charakter« verleihe, der den »Christen« vom »Heiden« unterscheide, führte schließlich dazu, daß die missionarischen Bemühungen nur noch auf den formalen Vollzug der Taufe gerichtet waren; denn selbst der widerstrebend oder gegen seinen Willen Getaufte galt als Christ.

Die – neben dem Verzicht auf die freie Entscheidung zur Taufe – wohl einschneidendste Veränderung der Taufpraxis bestand darin, daß die Geistmitteilung durch Handauflegung (später durch Salbung mit Öl) sowie der erste Empfang des Abendmahls (Erstkommunion) von der Taufe abgelöst wurde. Während in der Ostkirche bis heute unmittelbar auf die Säug-

lingstaufe die Myronsalbung und die Feier des heiligen
Abendmahls folgen, empfangen die getauften Kinder in der
katholischen Kirche heute erst um das zehnte Lebensjahr
herum die Erstkommunion und um das 14. Lebensjahr die
Firmung (= Festigung). Diese entwickelte sich zu einem selbständigen Sakrament und bleibt bis heute dem Bischof vorbehalten. Die Firmung gilt als Vollendung der Taufe, als Sakrament der Mündigkeit »zum vollen Maß der Fülle Christi«
(Epheser 4,13) und als Weihe zum Laienapostolat.

Die entsprechende Handlung in den reformatorischen Kirchen ist die Konfirmation, die aber nicht den Rang eines
Sakramentes hat, weil sie zum Sakrament der Taufe hinzugehört und weder von Christus selbst eingesetzt worden noch im
Evangelium begründet ist. Der Straßburger Reformator Martin Bucer führte im 16. Jahrhundert die evangelische Konfirmation – er nannte sie »Firmung und Handauflegung« – als
Ritus eines verbindlichen Taufgedächtnisses am Ende des
nachgeholten Taufunterrichts ein. Dazu gehörten: das öffentliche Bekenntnis des christlichen Glaubens, Fürbitte und Sendung sowie der erste Abendmahlsgang. In einige evangelische
Konfirmations-Ordnungen ist die Absage an den Satan und
die Zusage an den dreieinigen Gott aufgenommen worden,
wodurch der Rückbezug der Konfirmation auf die Taufe besonders deutlich wird. Der Zusammenhang von Konfirmation
und Taufe wird auch in der heute gültigen Ordnung der
Konfirmation für evangelisch-lutherische Gemeinden ausdrücklich betont, wenn es in der Aufforderung an die Konfirmanden zum Bekenntnis des Glaubens heißt:

»Ihr seid auf den Namen des dreieinigen Gottes getauft
worden. Durch die heilige Taufe seid ihr aus dem Reich der
Finsternis errettet und in die Nachfolge Jesu Christi, eures
Herrn, gerufen. Ihr seid nach dem Bekenntnis der evangelisch-lutherischen Kirche und im rechten Verständnis der Sakramente unterwiesen und habt vor der Gemeinde öffentlich
Rechenschaft davon abgelegt (Vorstellung der Konfirmanden). Ihr wißt, was der Herr euch geschenkt hat und was er
von euch fordert. Kraft eurer Taufe sollt ihr zum heiligen
Abendmahl zugelassen werden. So tut nun, was eure (Eltern
und) Paten bei der Taufe an eurer Statt getan haben, und
bekennt den christlichen Glauben.«

Dennoch wird die Konfirmation heute kaum noch als Taufgedächtnis erlebt und verstanden. Sie hat vielmehr als Segenshandlung aus Anlaß des Übergangs in einen neuen Lebensabschnitt ein eigenes Gewicht bekommen.

Der Taufunterricht (= Konfirmandenunterricht), der in der Regel zwei Jahre dauert, folgt hier der Taufe – wie ja auch in frühchristlicher Zeit die Taufermahnungen den schon Getauften galten; denn es ging dabei um die ethischen Folgen der Taufe für das Leben des Christen in der Welt.

Die Konfirmation erfolgt in der Regel nach Vollendung des 14. Lebensjahres, weil nach staatlicher Gesetzgebung in der Bundesrepublik ein Jugendlicher mit vierzehn Jahren die Religionsmündigkeit erlangt, das heißt unabhängig von seinen Eltern über seine Religionszugehörigkeit entscheiden kann.

Die »Einweihung« in den christlichen Glauben und in das christliche Leben fällt also in die Zeit des Übergangs vom Kindsein zum Erwachsensein, in der früher die Reifezeremonien an den Jugendlichen vollzogen wurden. Die Konfirmation übernimmt damit (besonders in der Zeit der Aufklärung) die Funktion einer »christlichen Jugendweihe«. Da es sich hier um ein archetypisches Grundmuster handelt, wird verständlich, daß auch freidenkerische oder freireligiöse Gemeinschaften und atheistische Gesellschaftssysteme eine »Jugendweihe« praktizieren. Ihr geht eine weltanschauliche Schulung voraus, und sie wird vielfach mit einer Verpflichtung durch Handschlag und mit der Ablegung eines Gelöbnisses verbunden.

Mit der Erhebung des christlichen Glaubens zur Staatsreligion des Römischen Reiches wurde die Kirchenzugehörigkeit durch die Taufe ein Bestandteil des normalen, von der politischen Ordnung vorausgesetzten Rechtsstatus jedes römischen Staatsbürgers. Dadurch wurde die Taufe zu einem Rechtsakt mit Folgen für die öffentlichen Rechte und zu einem Aufnahmeritus in die rechtlich verfaßte Kirche, der die Kirchenzugehörigkeit ohne Vorbehalt festschreibt[1]. Der Getaufte wurde nicht nur der seelsorgerlichen Verantwortung, sondern auch der Disziplinargewalt der Kirche unterstellt. Und diese ging im Rahmen innerkirchlicher Disziplinargewalt gegen Abweichler, die ihr Taufgelübde nicht hielten, mit großer Härte vor. Die Maßnahmen reichten von Haft und Prügel, über Pfändung eines Rindes und vollständige Vermögenseinziehung bis zur Landesverweisung gegen Einzelne und kriegerische Exekutionen gegen große geschlossene Gruppen (wie z. B. die Donatisten). Schon Augustin hielt die Kirche für berechtigt, notfalls den Staat zum Einschreiten aufzurufen, um die »Irrenden« zu zwingen, zu den Glaubensvorstellungen und Lebensnormen der »wahren Kirche« zurückzukehren. (Hier liegen die theologischen und kanonischen Wurzeln der späteren Ketzerprozesse und der Inquisition[2].)

Schließlich führte die Überzeugung, das Christentum sei die einzig gültige, wahre Religion, im Laufe der Jahrhunderte dazu, daß das Christentum absolut gesetzt wurde. Man leugnete, daß es selbst eine Religion ist, die in ihrer Struktur der anderer Religionen entspricht, und daß beispielsweise außerchristliche Taufriten und spätantike Mysterien ganz erheblich sowohl auf die Gestaltung als auch auf das Verständnis der christlichen Taufe in der Alten Kirche eingewirkt haben. Alles Außerchristliche wurde als heidnisch abgetan[3].

Die Grundelemente des christlichen Taufritus

Die älteste Kirchenordnung, die auf den römischen Lehrer Hippolyt (ca. 220) zurückgeht, nennt folgende Grundelemente des christlichen Taufritus[4]:

Vor der Taufe:
– Taufwasserweihe
– Entkleidung der Täuflinge, Ablegen allen Schmuckes
– Weihe des Salböls (durch den Bischof)
– Absage an den Satan
– erste Salbung des Täuflings (zum Zwecke des Exorzismus)

Bei der Taufe:
– Übergabe des unbekleideten Täuflings an den Täufer (Bischof)
– (im Wasser) Frage nach dem Glauben (»Glaubst du an Gott den Vater . . .) mit den Worten des römischen Bekenntnisses
– dreimaliges Untertauchen (jeweils nach der Antwort: »Ich glaube«)
– zweite Salbung mit dem Öl der Danksagung (durch Presbyter)
– Abtrocknung und Ankleidung des Täuflings

Nach der Taufe:
- (in der Gemeindeversammlung) Handauflegung durch den Bischof und Gebet um den Heiligen Geist
- dritte Salbung (durch Ausgießen von Öl auf das Haupt des Täuflings)
- Kreuzzeichen, Friedensgruß und Friedenskuß

In der Tradition dieser Ordnung, die durch Gebete und symbolische Handlungen erweitert wurde, stehen die Taufliturgien der großen christlichen Konfessionen. Das Taufritual der Ostkirche (orthodoxe Kirche) erhielt seine heute gültige Gestalt spätestens im 12. Jahrhundert[5]. Das bis 1963 maßgebende römisch-katholische Taufritual wurde 1614 von Papst Paul V. festgelegt. Die Konstitution über die heilige Liturgie des II. Vatikanischen Konzils veränderte es in Richtung auf Vereinfachung und Verständlichkeit: »Damit das christliche Volk in der heiligen Liturgie die Fülle der Gnaden mit größerer Sicherheit erlange, ist es der Wunsch der heiligen Mutter Kirche, eine allgemeine Erneuerung der Liturgie sorgfältig in die Wege zu leiten. Denn die Liturgie enthält einen kraft göttlicher Einsetzung unveränderlichen Teil und Teile, die dem Wandel unterworfen sind. Diese Teile können sich im Laufe der Zeit ändern, oder sie müssen es sogar, wenn sich etwas in sie eingeschlichen haben sollte, was der inneren Wesensart der Liturgie weniger entspricht, oder wenn sie sich als weniger geeignet herausgestellt haben. Bei dieser Erneuerung sollen Texte und Riten so geordnet werden, daß sie das Heilige, dem sie als Zeichen dienen, deutlicher zum Ausdruck bringen, und so, daß das christliche Volk sie möglichst leicht erfassen und in voller, tätiger und gemeinschaftlicher Teilnahme mitfeiern kann.«[6]

Luthers Taufordnung von 1523/1526 lehnte sich – mit Ausnahme der Stücke, die auf Grund der neuen evangelischen Erkenntnis untragbar waren (bestimmte Formen des Exorzismus und die Spendung des Abendmahls an die getauften Kinder) – eng an die katholische Taufliturgie an[7]. Sie ist die Grundlage der heute geltenden reformatorischen Taufordnungen. Die wesentlichen Elemente aller dieser Taufordnungen sind:
- der Exorzismus des Täuflings (des Taufwassers und des Salböls)

- die Absage an den Satan und die Zusage an den dreieinigen Gott
- die Taufe durch dreimaliges Untertauchen im Wasser oder durch dreimaliges Übergießen des Täuflings mit Wasser
- die Firmung durch Handauflegung und/oder Salbung
- die Bekreuzigung und der Friedengruß

Von diesen Grundelementen der Taufliturgie wurden drei im Zusammenhang mit der Kindertaufe problematisch: der Exorzismus, die Absage an den Satan und die Frage, ob der Täufling getauft werden will. Um diese Problematik zu umgehen, haben die Lutheraner im Süden und Westen Deutschlands sowie die Calvinisten eine grundlegend neue Taufordnung geschaffen, die ganz auf die Kindertaufe ausgerichtet ist.

Der *Exorzismus* bei der Taufe wurde von der ganzen christlichen Kirche seit dem 3. Jahrhundert praktiziert. Auch Luther behielt ihn in seinem Taufbüchlein (wenn auch in beschränktem Umfang) bei und hat ihn stets verteidigt. Die lutherische Kirche hat, jedoch gegen wachsenden Widerstand, bis ins 18. Jahrhundert hinein weithin am Exorzismus festgehalten. Hinter diesem Ritus steht die Auffassung, daß der Mensch von Natur der Sünde und dem Bösen verfallen ist und nur durch die Taufe von der Macht des Bösen befreit und zu einem Kind Gottes werden kann.

Die lutherische Kirche teilt (im Gegensatz zu Calvin) diese Auffassung, nach der es bei der Taufe nicht nur um eine Veredelung, sondern um einen radikalen Wandel der menschlichen Existenz geht, hält aber die überkommene Form des Exorzismus nicht für den angemessenen Ausdruck dieser Auffassung. Im 18. Jahrhundert verschwand der Exorzismus allmählich aus den lutherischen Taufordnungen. Auch die Restauration im 19. Jahrhundert nahm ihn nicht wieder auf. Die 1952 vorläufig und 1961 endgültig von der Vereinigten Evangelisch-Lutherischen Kirche Deutschlands (VELKD) beschlossene einheitliche Taufordnung für die lutherischen Kirchen Deutschlands hat nach sorgfältigen und gründlichen Überlegungen der Lutherischen Konferenz Deutschlands den Exorzismus fortgelassen; denn er kann in der Form, in der er bei der Taufe vollzogen wurde, weder mit dem von Jesus geübten Exorzismus begründet werden noch mit der seiner Gemeinde von ihm gegebenen Vollmacht, böse Geister auszutreiben.

Zudem wäre er für das heutige Denken völlig unverständlich und nur im Zusammenhang mit Verkündigung und Katechese möglich. Der Sache nach ist der Exorzismus aber aufgenommen in der Taufvermahnung und in einem Gebet mit exorzistischem Charakter. In der Taufvermahnung heißt es:

»Gottes Wort lehrt uns, daß alle Menschen, also auch dieses Kind, der Macht der Sünde und des Todes verfallen sind. Aber die Heilige Schrift kündet, daß Jesus Christus, unser Herr, uns aus dem Reich der Finsternis erlöst hat. Um uns diese Erlösung zuzueignen, hat er das Sakrament der heiligen Taufe gestiftet ... Solche Gnade wird heute auch eurem Kinde zuteil ...«

Das Gebet lautet: »Der du Macht hast über alle bösen Gewalten, Christe, unser Herr und Erlöser: mache dir Raum in dem Herzen dieses Kindes. Und wie du dem Blindgeborenen die Augen aufgetan und dem Stummen die Zunge gelöst hast, so nimm von diesem Kinde die Blindheit des Herzens und zerreiße die Bande des bösen Feindes, auf daß es dich erkenne und mit allen deinen Gläubigen lobe und preise hier und in der Ewigkeit.«

Ähnlich lauten die Gebete in der evangelischen Taufordnung von 1988.

Auch in der heute gültigen Taufordnung der römisch-katholischen Kirche ist der Exorzismus auf ein Gebet exorzistischen Charakters beschränkt. Der Priester streckt beide Hände über das Kind aus und betet:

»Herr, allmächtiger Gott, du hast deinen eingeborenen Sohn gesandt und durch ihn den Menschen, die in der Sünde gefangen waren, die Freiheit der Kinder Gottes geschenkt.

Wir bitten dich für dieses Kind. Du weißt, daß es in dieser Welt der Verführung ausgesetzt sein wird und gegen die Nachstellungen des Teufels kämpfen muß. Entreiße es durch die Kraft des Leidens und der Auferstehung deines Sohnes der Macht der Finsternis. Stärke es mit deiner Gnade und behüte es allezeit auf dem Weg seines Lebens durch Christus, unsern Herrn.«

Die *Absage an den Satan* ist (zusammen mit der Zusage an den dreieinigen Gott) bis heute fester Bestandteil der Taufordnungen der drei großen Konfessionen der christlichen Kirche; und zwar vor allem bei der Erwachsenentaufe, zum Teil auch bei der Kindertaufe. In diesem doppelten Vorgang

167

kommt zum Ausdruck, daß es keine entscheidende Zusage an Gott geben kann ohne eine ebenso entschiedene Absage an die widergöttlichen Mächte, wie sie zum Beispiel in der Form einer politischen Ersatzreligion auftreten. Die Absage, durch die der Bruch mit der heidnischen Umwelt, die Kündigung des Dienstes unter dem bisherigen »Herrn« (Satan) vor der Gemeinde feierlich vollzogen wird, geht der Zusage an den dreieinigen Gott voraus. Dabei entsprechen die drei Fragen der Absage:

»Widersagst (entsagst) du dem Satan?«

»Und allen seinen Werken?«

»Und all seinem Wesen?«

den drei Fragen nach dem Glauben:

»Glaubst du an Gott den Vater ...?«

»Glaubst du an Jesus Christus ...?«

»Glaubst du an den Heiligen Geist ...?«

Die ersten drei Fragen werden vom Täufling mit »Ich widersage«, die letzten mit »Ich glaube« beantwortet. Bei der Kindertaufe werden die Fragen zwar an den Täufling gerichtet, aber sie werden stellvertretend von den Paten, später auch von den Eltern beantwortet.

Diese Praxis ist umstritten. Die Befürworter rechtfertigen sie damit, daß die Eltern in allen Dingen stellvertretend für das unmündige Kind Entscheidungen treffen und daß die Paten, die in wagender und glaubender Liebe für das Kind eintreten, ihm damit den größten Liebesdienst erweisen, den ein Mensch

Melanchthon tauft ein Kind. Linker Altarflügel der Stadtkirche in Wittenberg von Lucas Cranach dem Älteren, 1547.

Die Vorderseite des Wittenberger Altars zeigt in der Mitte das Abendmahl Christi mit seinen Jüngern (unter ihnen auch Martin Luther als Junker Jörg), auf dem rechten Flügel die Beichte (durch Bugenhagen) und auf dem linken Flügel die Taufe (durch Melanchthon). Dieses Bildprogramm hat Lucas Cranach in enger Beratung mit seinem Freund und Gevatter Luther geschaffen, der Prediger an der Stadtkirche zu Wittenberg war. – Philipp Melanchthon, ein enger Freund und Mitarbeiter Luthers, war Professor für Griechisch an der Wittenberger Universität und reformatorischer Theologe. Die hier dargestellte Taufe ist keine Privat- oder Familienfeier, sondern eine gottesdienstliche Handlung inmitten der Gemeinde. Das Übergießen des ganzen Körpers des Kindes mit Wasser stellt symbolisch das Hineintauchen in den Tod Christi dar. In dem Buch, das der dem Geistlichen assistierende Mann hält, steht die Taufverheißung des Auferstandenen: »Wer da glaubt und getauft wird, der wird selig werden; wer aber nicht glaubt, der wird verdammt werden« (Markus 16,16).

für einen anderen tun kann, wissend, daß die Wirkkraft der Taufe nicht durch den Glauben des Empfängers begründet wird, sondern durch die Stiftung Christi (Lutherische Liturgische Konferenz Deutschland).

Die Gegner dieser Praxis vertreten die Ansicht, daß dies eine Fiktion sei, da sich niemand in seinem Glauben vertreten lassen könne. So gewiß wir alle von dem uns zugewendeten, für uns eintretenden Glauben anderer, unserer Nächsten, der uns umgebenden Gemeinde, der ganzen allgemeinen christlichen Kirche aller Zeiten und Zonen, leben, so gewiß kann doch kein anderer für uns glauben – »auch nicht die gläubigsten Eltern, auch nicht der stärkste christliche Bruder, auch nicht die lebendigste Gemeinde, auch nicht die ganze Kirche, der ganze Chor der Glaubenden aller Jahrhunderte und Länder« (Karl Barth)[8]. Zu der Frage, ob die stellvertretende Absage an den Satan und die stellvertretende Zusage an den dreieinigen Gott theologisch zu rechtfertigen sei, kam die Frage, ob die überkommene Form, in der das geschieht, für den heutigen Menschen überhaupt noch verständlich sei. Die Antworten auf diese Fragen wurden dadurch gegeben, daß die Absage an den Satan (ebenso wie der Exorzismus), nicht zuletzt unter dem Einfluß von Aufklärung und Rationalismus, allmählich aus den Taufordnungen verschwand.

Die Taufordnung der lutherischen Kirchen von 1952/1961 hat die Absage an den Satan beibehalten, nachdem die Frage, ob es für das Leben der Kirche heilsam wäre, darauf zu verzichten, gründlich erörtert worden war. Ist denn nicht ein großer Teil der heute sichtbar werdenden Auflösung kirchlicher Substanz darin begründet, daß die Kirche bei der Taufe ihrer Kinder auf diesen Bekenntnisakt verzichtet? So entschloß man sich, die Absage an den Satan wieder aufzunehmen, und tat es in der altkirchlichen Formulierung. Dabei werden die drei Fragen der Absage zu einer zusammengefaßt. Entweder werden die Eltern und Paten direkt angesprochen: »So bekennet für dieses unmündige Kind den Glauben, saget damit ab dem Satan und all seinem Werk und Wesen und tut Zusage Gott dem Vater, dem Sohne und dem Heiligen Geiste . . .« (A). Oder das Kind wird angesprochen, und die Eltern und Paten werden zum Antworten aufgefordert: »So antwortet mir für den unmündigen Täufling auf die Fragen, die ich an ihn richte: Entsagest du dem Satan und all seinem Werk und Wesen?« – Eltern und Paten: »Ja, ich entsage.« – »Glaubst du an Gott den Vater . . .« – Eltern und Paten: »Ja, ich glaube« usw. (B).

Diese Ordnung hat sich in der Praxis nicht durchgesetzt. In der neuen Taufagende für evangelisch-lutherische Kirchen und Gemeinden von 1988 ist die Absage nur noch bei der Taufe eines Erwachsenen oder eines älteren Kindes vorgesehen, und zwar nicht als verbindlich, sondern als möglich:

Pfarrer: In der Taufe stellt Gott uns unter die Herrschaft Jesu Christi. Die Entscheidung, sich taufen zu lassen, ist zugleich eine Absage an alle Mächte, Gedanken und Kräfte, die uns von Gott trennen wollen. So frage ich dich: Willst du von der Gewalt des Bösen befreit werden? – Willst du dich durch die Taufe unter die Herrschaft Jesu Christi stellen?

Täufling: Ja, ich will.

Neben der herkömmlichen Formulierung wird noch folgende Fassung angeboten:

Pfarrer: Sagst du ab der Macht des Bösen, um Christus, deinem Herrn, zu gehören?

Täufling: Jesus Christus soll mein Herr sein. Darum sage ich der Macht des Bösen ab.

Der Pfarrer fragt dann den Täufling: Glaubst du an Gott, den Vater, den Schöpfer aller Dinge, und an Jesus Christus, Gottes Sohn, unseren Herrn, und an den Heiligen Geist, der lebendig macht?

Der Täufling antwortet: Ja, ich glaube.

Darauf bekennt die ganze Gemeinde zusammen mit dem Täufling den Glauben an den dreieinigen Gott.

Bei der Kindertaufe werden die Eltern und Paten vom Pfarrer folgendermaßen angesprochen:

»Ihr habt im Vertrauen auf die Verheißung unseres Herrn Jesus Christus euer Kind hierher gebracht, damit es getauft wird. Zur Taufe gehört der Glaube. Darum laßt uns jetzt miteinander das Glaubensbekenntnis sprechen. Wir bekennen uns damit zu dem dreieinigen Gott, in dessen Namen die ganze Christenheit auf Erden Menschen tauft und sie so der Herrschaft Christi unterstellt. In diesen Glauben soll dies Kind hineinwachsen, geleitet von eurem Beispiel und getragen von eurer Fürbitte. Darum sprecht mit mir . . .«

Oder: »Dieses Kind kann den christlichen Glauben noch nicht selbst bekennen. Aber Christus will auch ihm Anteil geben an den Gaben seines Reiches, darum können wir es im Glauben ihm anvertrauen. Damit laßt uns heute anfangen, indem wir für dieses Kind miteinander unseren Glauben bekennen ...«

In der heute gültigen römisch-katholischen Taufordnung sind Absage und Glaubensbekenntnis in folgender Form beibehalten:

»Liebe Eltern und Paten! Gott liebt Ihr Kind und schenkt ihm durch den Heiligen Geist im Wasser der Taufe neues Leben. Dieses Leben soll wachsen und dem Bösen widerstehen können. Deshalb sollen Sie Ihr Kind im Glauben erziehen. Wenn Sie bereit sind, als gläubige Menschen diese Aufgabe zu übernehmen, dann sagen Sie jetzt im Gedenken an Ihre eigene Taufe dem Bösen ab und bekennen Ihren Glauben an Jesus Christus, den Glauben der Kirche, in dem Ihr Kind getauft wird.«

Hier geht es also um Absage und Glaubensbekenntnis der Eltern und Paten im Hinblick auf die christliche Erziehung des Täuflings. Bei der Formulierung der Fragen der Absage ist das Bemühen zu spüren, die Sache, um die es dabei geht, dem heutigen Menschen verständlich auszudrücken. Statt vom »Satan« ist von »dem Bösen« die Rede, statt von »allen seinen Werken« von »all seinen Verlockungen« und statt von »all seinem Wesen« von »all seiner Bosheit«. – Nach Beantwortung der drei Fragen nach dem Glauben stimmen der Priester und die Taufgemeinde dem Bekenntnis der Eltern und Paten zu, indem sie gemeinsam das Apostolische Glaubensbekenntnis sprechen (oder ein Tauflied singen). Darauf spricht der Priester: »Sie haben sich eben zum Glauben der Kirche bekannt. In diesem Glauben empfängt (Ihr Sohn – Ihre Tochter) N. nun die Taufe.«

In der orthodoxen Kirche folgt auf die Beantwortung der Fragen die sichtbare Bekundung des Glaubens in der kniefälligen Anbetung des dreieinigen Gottes.

Die *Tauffrage* an den Täufling »Willst du getauft werden?« schließt sich in den alten katholischen und reformatorischen Taufordnungen an das Bekenntnis des Glaubens unmittelbar an. Bei der Erwachsenentaufe wird sie vom Täufling, bei der

Kindertaufe von den Paten stellvertretend für den unmündigen Täufling mit »Ja, ich will« beantwortet. Bei der Kindertaufe entstand wiederum die Frage: Kann jemand stellvertretend für einen anderen glauben und für ihn die Taufe begehren? – In der heute gültigen katholischen Tauforordnung ist die Tauffrage fortgefallen. In der heute gültigen lutherischen Tauforordnung ist sie ebenfalls nicht mehr vorgesehen.

Während der in den westlichen Kirchen geführten Auseinandersetzung um Exorzismus, Absage an den Satan und Tauffrage vollzog sich ein allmähliches Schrumpfen des ursprünglichen Reichtums an symbolischen Handlungen, die mit der Taufe verbunden waren. Das galt besonders für die Taufe in der evangelischen Kirche. In seinem Taufbüchlein von 1523 übernahm Luther mit Ausnahme der Stücke, die auf Grund der neuen evangelischen Erkenntnis auf keinen Fall mehr tragbar waren (eine bestimmte Form des Exorzismus und die Spendung des Abendmahls an die getauften Kinder) weitgehend die altkirchliche Tauforordnung – aus Rücksicht auf die »schwachen Gewissen«, damit man ihm nicht vorwerfen könne, eine neue Taufe eingesetzt zu haben (wie er selbst sagt). In der überarbeiteten zweiten Auflage, die drei Jahre später erschien, hat Luther – wohl auch unter dem Einfluß von Kritikern, denen seine Tauforordnung zu konservativ war – eine Reihe von symbolischen Handlungen gestrichen: das Anhauchen des Täuflings (exsufflatio), das Hineinschieben von Salz in den Mund des Täuflings (datio salis), das Bestreichen der Ohren und der Nase mit Speichel zum Zwecke der Teufelsaustreibung (Hephata), die Salbungen und die Überreichung der Taufkerze. Nur das Anziehen des Westerhemdes (vestis = Taufkleid) behielt Luther bei; denn es ist ja der symbolische Ausdruck des biblischen Gedankens, daß der Getaufte Christus angezogen hat.

Die weitere Entwicklung ging – besonders unter dem Einfluß von Aufklärung und Rationalismus – dahin, daß oft nur noch der Kern der Taufhandlung übrig blieb: das Übergießen des Kopfes oder das Benetzen der Stirn des Täuflings mit Wasser und die dabei gesprochene trinitarische Taufformel, höchstens noch der Taufbefehl Jesu, das Taufbekenntnis, die Segnung des Kindes und das gemeinsam gesprochene Vaterunser.

Angesichts dieser Entwicklung ist zu fragen: Inwieweit geschah diese Verkürzung, weil die symbolischen Handlungen nicht dem Evangelium entsprechen? Inwieweit geschah sie, weil die symbolischen Handlungen wegen des Wandels der Zeit nicht mehr verständlich waren? Und inwieweit geschah sie, weil ein rationalistischer Geist kein Verständnis mehr für Symbole und Symbolhandlungen aufbrachte?

In der heute gültigen evangelisch-lutherischen Taufordnung von 1988 sind als »verbindliche Kernstücke« genannt: Taufbefehl – Glaubensbekenntnis – Tauffrage (bei der Erwachsenentaufe) – Taufhandlung mit Wasser im Namen des dreieinigen Gottes – Taufsegen mit der Bitte um den Heiligen Geist. Diese Kernstücke enthalten Elemente der Segnung, der Zueignung, der Bitte und des Bekennens. »In ihnen entfaltet und vollzieht sich ein Stück Taufverkündigung, Taufglaube und Taufgedächtnis« (Erläuterungen).

Die Wiederentdeckung der ursprünglichen Taufe

Seit etwas fünfzig Jahren ist in der evangelischen Kirche ein neuer Umgang mit Symbolen und symbolischen Handlungen im Gottesdienst festzustellen. Nach ersten Ansätzen, die in das Jahr 1937 zurückreichen, wurde in den fünfziger Jahren in vielen evangelischen und katholischen Gemeinden die *Feier der Osternacht* wiederentdeckt als »Sieg des Christuslichtes über die Nacht der Welt, als Erfüllung der Weissagungen des Alten Bundes und als Stiftung der Taufe, in der uns Anteil gewährt wird an Tod und Auferstehung Christi« (K. B. Ritter)[9]. Die Feier der Osternacht, die in vielen Gemeinden zum Höhepunkt des gottesdienstlichen Lebens im Kirchenjahr wurde, war von Anfang an mit dem Taufgedächtnis, der Erinnerung der Getauften an ihre Taufe, verbunden. Später fand in der Osternacht auch die Taufe von Konfirmanden oder Erwachsenen statt. In die Taufhandlung selbst wurden verlorengegangene symbolische Handlungen wiederaufgenommen, wie zum Beispiel die Überreichung der Taufkerze und das Anziehen eines weißen Gewandes sowie die Lichterprozession.

Zudem wurde durch das Gespräch zwischen Kirchen mit

unterschiedlicher Taufpraxis neu nach dem Wesen der Taufe und deren angemessener Form gefragt, war es doch für die Verwirklichung echter Partnerschaft zwischen den christlichen Kirchen und Gemeinschaften entscheidend wichtig, die in der Taufe begründete Einheit wiederzugewinnen.

Ausdruck dieses neuen Fragens nach dem Wesen der Taufe war die *Diskussion um die Kindertaufe*, die gegen Ende des Zweiten Weltkrieges neu entbrannte. Ausgangspunkt dieser Diskussion waren die Äußerungen von zwei prominenten evangelischen Theologen: das Gutachten, das Dietrich Bonhoeffer 1942 auf Ersuchen des Bruderrates der Altpreußischen Union verfaßte, und zwar unter besonderer Berücksichtigung der ausführlichen Arbeit des schlesischen Pfarrers Arnold Hitzer, der schwere Bedenken gegen die Kindertaufe geäußert hatte[10]; und der Vortrag über die kirchliche Lehre von der Taufe, den Karl Barth 1943 vor Studenten der Schweizer theologischen Fakultäten hielt. Darin stellte er kritische Fragen an die Taufpraxis der Kirche und forderte »an Stelle der jetzigen Kindertaufe eine auch auf seiten des Täuflings verantwortliche Taufe«[11].

Dietrich Bonhoeffer hat in dem genannten Gutachten die Spannung zwischen Erwachsenentaufe und Kindertaufe klassisch formuliert:

»Wie in der Missionssituation das Verhältnis von Taufe und Glaube in dem Vorherrschen der Taufe Erwachsener gelöst wird, so in der volkskirchlichen Situation in dem Vorherrschen der Kindertaufe. Beide Möglichkeiten sind in die Freiheit und Verantwortung der Gemeinde gegeben und werden je nach der geistlichen Lage der Gemeinde, nach dem Glauben der Gemeinde und nach ihrer Situation in der Welt geübt werden. Taufmißbrauch ist ebenso dort, wo die Kindertaufe unter Vernachlässigung der strengen Beziehung auf den Glauben der Gemeinde geübt wird, wie dort, wo der Glaube der Erwachsenen zum Werk wird, auf dem die Gültigkeit der Taufe beruhen soll. Die Kindertaufe droht immer, die Taufe vom Glauben zu lösen, wie die Erwachsenentaufe immer die in Christi Wort allein begründete Taufgnade zu zerstören droht. Ein Mißbrauch der Kindertaufe, wie er in der Vergangenheit unserer Kirche unzweifelhaft festzustellen ist, wird daher die Gemeinde notwendig zu einer sachgemäßen Einschränkung ihres Gebrauchs und zu einer neuen Würdigung der Erwachsenentaufe führen.«

Bonhoeffer war davon überzeugt, daß die Abschaffung der Kindertaufe und die Einführung der »Glaubenstaufe« weder der Verweltlichung der Kirche entgegenwirken noch die Erneuerung der Kirche herbeiführen könne. Vielmehr würde dadurch der biblische »Glaube« in eine »Entscheidung für Christus« psychologisch-aktivistisch verkehrt werden. Das aber führe – wie die Kirchengeschichte lehrt – zu schwärmerischen Entgleisungen und Rückschlägen.

Was diejenigen angeht, die aus Glaubensgründen die Taufe ihrer Kinder aufschoben, urteilt Bonhoeffer:

»1. Sie (die Kirche) hat kein Recht, gläubige Gemeindeglieder, die ihre Kinder nicht taufen lassen, auf Grund der Heiligen Schrift in Zucht zu nehmen.

2. Dasselbe gilt gegenüber Pfarrern, die es mit ihrer Familie ebenso halten. Sie wird in beiden Fällen einen praktischen Hinweis auf den Ernst der Taufgnade erblicken.

3. Sie kann aber ihren Pfarrern nicht erlauben, solchen gläubigen Christen, die die Taufe für ihre Kinder begehren, diese zu verweigern, weil diese Verweigerung sich nicht aus der Schrift rechtfertigen läßt.

4. Sie kann ihren Pfarrern nicht erlauben, eine schriftwidrige Lehre von der Unerlaubtheit der Kindertaufe zu verkündigen, während sie ihnen nicht verwehren kann, die Erwachsenentaufe mit biblischen Gründen zu empfehlen.

5. Unter keinen Umständen aber kann sie die Wiedertaufe dulden, das heißt die Ungültigkeitserklärung der von der Kirche Christi im Glauben an das Wort Christi von jeher vollzogenen Taufe ...«

In der Evangelischen Kirche im Rheinland wurde 1952 die *Frage einer Freigabe der Erwachsenentaufe* auf offizieller kirchlicher Ebene erörtert[12]. Die Diskussion ging über das wissenschaftliche Interesse hinaus und wurde nicht im Blick auf absolute Gegner der Kindertaufe geführt, sondern im Blick auf Gemeindeglieder und sogar Pfarrer, die – ohne die Gültigkeit der Kindertaufe zu leugnen – die Taufe ihrer Kinder in der derzeitigen kirchlichen Situation aus Gewissensgründen aufschoben, bis diese selber den Wunsch äußerten, getauft zu werden.

Die Gewissensgründe waren zu einem Teil theologischer Art: Die Kindertaufe ist (nach derzeitigen exegetischen und historischen Erkenntnissen) im Neuen Testament weder eindeutig nachweisbar noch eindeutig geboten. Sie wird auch nicht theologisch reflektiert (Römer 6 kann nicht zur Begründung der Kindertaufe herangezogen werden). Nirgendwo wird nach dem Zeugnis des Neuen Testaments die Taufe an Menschen vollzogen, die nicht durch das Wort Gottes zum Glauben gekommen sind und selber getauft werden wollen.

Zum andern bezogen sich die Gewissensgründe auf die gegenwärtige Taufpraxis der Kirche: Es ist fragwürdig und schädlich, wenn die Kirche wahllos Kinder tauft, ohne daß sie damit in eine Lebensgemeinschaft der Christen aufgenommen werden, wenn also die Taufe ein isolierter Akt bleibt, dem später die Konfirmation als ebenso isolierter Akt folgt. Das Versprechen der Eltern und Paten, die Kinder, die sie zur Taufe bringen, auch im christlichen Glauben zu erziehen, bleibt allzu oft ein leeres Versprechen. Darum sei die volkskirchliche Taufpraxis nicht Ausdruck der »zuvorkommenden Gnade«, sondern der »billigen Gnade«, von der Bonhoeffer gesprochen hatte. Angesichts dieser Herausforderung aus ihrer eigenen Mitte stand die Kirche vor der Frage, ob diejenigen Kirchenmitglieder, die die Taufe ihrer Kinder aus Gewissensgründen aufschoben, deswegen in Kirchenzucht genommen werden sollten und ob Pfarrer, die sich so verhielten, weiterhin in ihrem Amt bleiben könnten.

Die theologischen Gutachten, die den Beschlußgremien vorgelegt wurden, kamen von sehr unterschiedlichen Ansätzen zu sehr unterschiedlichen Ergebnissen. Weil die gegensätzlichen Positionen die Problemlage deutlich machen, sollen sie hier in aller Kürze dargestellt werden.

Das Gutachten von *Peter Brunner*[13] ging von der Frage aus, ob ein solcher Taufaufschub mit den geltenden evangelischen – sowohl lutherischen als auch reformierten – Bekenntnissen und dem in ihnen bezeugten Verständnis der Heiligen Schrift in Einklang stünde, und kommt zu dem Ergebnis: Eine Freigabe der Erwachsenentaufe steht im Widerspruch zu der Bekenntnisgrundlage. Eltern, die ihre Kinder nicht taufen lassen, verstoßen gegen den Befehl Christi und enthalten ihren Kindern heilsnotwendige Gaben vor. Sie sind als Brüder und

Schwestern anzusehen, die in ihrem Gewissen irren. Sie können in der Evangelischen Kirche im Rheinland auf keinen Fall predigen, lehren oder unterrichten, geschweige denn kirchenleitenden Gremien angehören. Wenn sie trotz wiederholter Ermahnung bei ihrem der Schrift und den Bekenntnissen widersprechenden Taufverständnis bleiben, muß ihnen nahegelegt werden, die Gliedschaft in dieser Kirche aufzugeben.

Helmut Gollwitzer[14] nahm in seinem Gutachten eine differenziertere Stellung zu den Bekenntnisschriften ein. Sie binden seiner Meinung nach die Kirche nicht in absoluter Weise, sondern geben ihr die Freiheit, in Einzelfragen zu neuen, auch abweichenden Entscheidungen zu kommen, sofern sie damit der Heiligen Schrift nicht ungehorsam, sondern gerade gehorsam sind und sich nicht in grundsätzlichen Gegensatz zum Bekenntnis der Väter setzen. Er stellt fest, daß die Formulierungen der Bekenntnisschriften nicht ohne weiteres auf eine völlig andere Situation und Fragestellung angewendet werden können. Die von Luther stammenden evangelischen Bekenntnisschriften verteidigen gegen die Wiedertäufer das Recht der Kindertaufe und die Pflicht der Kirche, Kinder zu taufen, wenn dies von christlichen Eltern gefordert wird; aber sie verpflichten sie nicht, womöglich unter Androhung von Kirchenzuchtmaßnahmen, ihre neugeborenen Kinder taufen zu lassen. Aus den von Melanchthon stammenden Bekenntnisschriften (Augsburgische Konfession, Apologie) kann man allerdings eine Pflicht christlicher Eltern, ihre Kinder unverzüglich zur Taufe zu bringen, herauslesen. Es nicht zu tun, wäre eine so schwere Verschuldung gegenüber den ihnen von Gott geschenkten Kindern, daß sich für die Kirche sehr wohl die Anwendung von Kirchenzucht nahelegte. Aber, so fragt Gollwitzer, ist diese Auffassung mit der reformatorischen Lehre von Rechtfertigung und Glauben vereinbar? Und wird sie in der heutigen Verkündigung und Praxis noch vertreten? Die Problematik der melanchthonischen Sätze besteht darin, daß der Empfang des Heils, der im Neuen Testament auf die Einheit des Geschehens von Wort, Sakrament und Glaube bezogen ist, von der Kindertaufe ausgesagt wird – obgleich nach evangelischem Verständnis eine Heilswirkung der Taufe auf den Täufling, abgesehen von dessen Glauben, nicht gegeben ist. Wohl gilt auch den Kindern die Zuwendung Gottes und die Verheißung des Heils, aber das müßte nicht unbedingt durch die Taufe, sondern könnte auch durch die Segnung der Kinder zum Ausdruck gebracht werden.

Die Frage, ob das Verhalten der Gemeindeglieder und Pastoren, die die Taufe ihrer Kinder aufschieben, ohne Kirchenzuchtmaßnahmen hingenommen werden könne, wird von Gollwitzer also weniger von den Bekenntnissen her gesehen als vielmehr von den ganz anderen Verhältnissen unserer heutigen Landeskirchen, in denen die notwendigen Voraussetzungen für die Unmündigentaufe fehlen.

Gollwitzer kommt zu folgendem Ergebnis: Die Kirche sollte das Verhalten solcher Gemeindeglieder nicht als Versündigung ansehen, sondern als eine kritische Anfrage an die kirchliche Taufpraxis. So unzweifelhaft es ist, daß die Kirche die ihnen gebrachten Kinder taufen darf, so zweifelhaft ist es, Eltern zu zwingen, ihre neugeborenen Kinder taufen zu lassen. Zwar sollte die »Erwachsenentaufe« nicht »freigegeben«, aber die Unterlassung der Säuglingstaufe sollte nicht mit Kirchenzuchtmaßnahmen belegt werden.

Ganz klar sollte aber sein, daß ein Taufaufschub mit der Begründung, ein Mensch müsse erwachsen sein, um sich selber für Christus entscheiden zu können, evangelischer Auffassung widerspricht, weil diese auf einem falschen Verständnis des Glaubens beruht. Der Glaube erwächst nicht aus der Fähigkeit, sich selbst zu entscheiden (Luther: »nicht aus eigener Vernunft noch Kraft«), sondern aus dem Wort Gottes, das im Menschen Glauben weckt. Gerade das ist einer der stärksten Gründe für die Kindertaufe, daß sie den Menschen der nie zur Genüge zu beantwortenden Frage enthebt, ob und wann seine Entscheidung für Christus so echt und reif ist, daß er sich taufen lassen kann.

Wenn solches Mißverständnis des Glaubens ausgeschlossen und die Bereitschaft vorhanden ist, die Kindertaufpraxis der Kirche mitzuverantworten und mitzuüben, können, so Gollwitzer, Kirchenälteste und Pastoren, die die Taufe ihrer eigenen Kinder aufschieben, in ihren Ämtern belassen werden.

Für Kinder, die nicht als Säuglinge getauft werden, sollte eine Handlung der Darbringung und Segnung neugeborener Kinder eingeführt und eine entsprechende liturgische Form dafür erarbeitet werden. –

Nach Prüfung der vorliegenden Gutachten konnte die Rheinische Landessynode sich weder dazu entschließen, ihren Bekenntnisstand zu ändern noch Kirchenzuchtmaßnahmen gegen diejenigen zu ergreifen, die die Taufe ihrer Kinder nach der Geburt aufschoben. Sie war bereit, den Taufaufschub in ihrer Mitte im Einzelfall zu tragen; sie war aber nicht bereit, ihn durch Kirchenordnung zu legitimieren. Von Pastoren und Kirchenältesten forderte sie, daß sie nicht nur die Schrift- und Bekenntnisgemäßheit der Kindertaufe anerkennen, sondern diese auch auf ihre eigenen Kinder anwenden.

Ähnliche Debatten wurden in Synoden, Ausschüssen und Arbeitskreisen anderer evangelischer Landeskirchen im Zusammenhang mit der Einführung von Agenden und Lebensordnungen und in Auseinandersetzung mit denen, die die Taufe ihrer Kinder aus Gewissensgründen aufschoben, geführt. Zahlreiche theologische Gutachten, Thesen und Papiere wurden erarbeitet. Dabei ging es letztlich um das Verhältnis von Kindertaufe und Erwachsenentaufe beziehungsweise Unmündigen- und Mündigentaufe und damit um die Frage des Zusammenhangs von göttlichem und menschlichem Geschehen, von Gnade und Taufe, Erlösung und Berufung, Heil und Heiligung.

Die *Reaktionen der Kirchenleitungen* waren durchweg konservativ und bestätigten die Feststellung von Karl Barth: »Einer gewissen verdächtigen Nervosität begegnet man bei den theologischen und besonders bei den kirchlichen Verteidigern der Kindertaufe bis auf den heutigen Tag!«[15] In einigen Kirchen wurde der Taufaufschub nicht als legitime Möglichkeit anerkannt (Schaumburg-Lippe: ein »nicht verantwortliches Handeln vor dem Angesicht Gottes«). In anderen Kirchen wurde der Taufaufschub grundsätzlich anerkannt (Hessen-Nassau, Kurhessen-Waldeck, Württemberg, Provinz Sachsen), wenn bestimmte Voraussetzungen erfüllt sind (Anerkennung der Kindertaufe, Verzicht auf Propagierung der Erwachsenentaufe, Tolerierung durch die Gemeinde).

Die offenen Gegensätze, die in Lehre, Ordnung und Praxis der Taufe zwischen einzelnen Landeskirchen und manchmal auch zwischen einzelnen Gemeinden innerhalb einer Landeskirche bestanden, stellte die evangelische Kirche unausweichlich vor die Tauffrage[16].

Neben den einheitlichen Agenden und Lebensordnungen für die evangelischen Kirchen und Gemeinden gab das ökumenische Gespräch wesentliche Impulse zur Wiedergewinnung der ursprünglichen Bedeutung der Taufe. Fast durchweg werden Taufen heute nicht mehr im Haus oder im Anschluß an den Gottesdienst, sondern im Gottesdienst der Gemeinde vollzogen; denn die Getauften werden durch die Taufe in die Gemeinde aufgenommen, und es ist der Glaube der Gemeinde, in den der Getaufte hineinwachsen soll.

Auch ist überall ein neues, *wachsendes Verständnis für Symbole und symbolische Handlungen* festzustellen. Hatte sich beispielsweise die Generalsynode der VELKD 1952 noch nicht entschließen können, die Taufkerze wieder einzuführen, so hat sich inzwischen dieser Brauch in vielen Gemeinden durchgesetzt.

Das Taufgedächtnis in der Feier der Osternacht bestand im deutschsprachigen Raum zunächst nur in dem gemeinsam gesprochenen Glaubensbekenntnis, das durch eine kurze Anrede eingeleitet und durch einen kurzen Zuspruch abgeschlossen wurde. Im englischsprachigen Raum wird dabei die Absage an das Böse und die Zusage an den dreieinigen Gott von der Gemeinde wiederholt und erneuert. In der von der Evangelischen Michaelsbruderschaft verantworteten Neufassung der Ordnung der Osternachtfeier von 1983 wird das Taufgedächtnis durch eine Taufwasser-Meditation mit drei symbolischen Handlungen erweitert: Wasser in das Taufbecken gießen, Bezeichnung des Wassers mit dem Kreuz und Sprengen des Wassers in die vier Himmelsrichtungen[17]. Immer häufiger wird in der Osternacht die Taufe von Konfirmanden oder Erwachsenen vorgenommen und mit einem Taufgedächtnis für die Gemeinde verbunden.

Für die Verwirklichung echter Partnerschaft zwischen christlichen Kirchen und Gemeinschaften war es entscheidend wichtig, die in der Taufe begründete Einheit wiederzugewinnen und sichtbar werden zu lassen. In der 1982 von der Kommission für Glauben und Kirchenverfassung des Ökumenischen Rates der Kirchen in Lima erarbeiteten *Konvergenzerklärung »Taufe, Eucharistie und Amt«* kam nach einem fünfzigjährigen Studienprozeß ein bemerkenswerter Grad an Übereinstimmung zum Ausdruck[18]. In der Kommission waren fast alle Konfessionen vertreten. Auch Theologen der römisch-katholischen Kirche und anderer Nichtmitgliedskirchen des Ökumenischen Rates der Kirchen zählten zu ihren vollen Mitgliedern. Der Reichtum des gemeinsamen Erbes wurde in diesem ökumenischen Gespräch wiederentdeckt.

Zur Bedeutung der Taufe, die als »christliche Initiation« bezeichnet wird, heißt es im Lima-Text:

»Die Schriften des Neuen Testamentes und die Liturgie der Kirche entfalten die Bedeutung der Taufe in verschiedenen Bildern, die den Reichtum Christi und die Gaben seines Heils zum Ausdruck bringen. Diese Bilder werden gelegentlich in Verbindung gebracht mit dem symbolischen Gebrauch von Wasser im Alten Testament. Taufe ist Teilhabe an Christi Tod und Auferstehung (Röm. 6,3–5; Kol. 2,12); Reinwaschung von Sünde (1. Kor. 6,11); eine neue Geburt (Joh. 3,5); Erleuchtung durch Christus (Eph. 5,14); Anziehen Christi (Gal. 3,27); Erneuerung durch den Geist (Tit. 3,5); die Erfahrung der Rettung aus dem Wasser (1. Petr. 3,20–21); Exodus aus der Knechtschaft (1. Kor. 10,1–2) und Befreiung zu einer neuen Menschheit, in der die trennenden Mauern der Geschlechter, der Rassen und des sozialen Standes überwunden werden (Gal. 3,27–28; 1. Kor. 12,13). Der Bilder sind viele, aber die Wirklichkeit ist nur eine.«

Zur Frage des Verhältnisses von *Gläubigentaufe und Säuglingstaufe* heißt es im Lima-Text,

»daß die eigentliche Unterscheidung zwischen denen liegt, die Menschen jeden Alters taufen, und denen, die nur diejenigen taufen, die ein persönliches Glaubensbekenntnis ablegen können. Der Unterschied zwischen Säuglings- und Gläubigentaufe wird weniger scharf, wenn man anerkennt, daß beide Formen der Taufe Gottes eigene Initiative in Christus verkörpern und eine Antwort des Glaubens, die innerhalb der Gemeinschaft der Glaubenden gegeben wird, zum Ausdruck bringen.

Beide Formen der Taufe erfordern eine ähnliche und verantwortliche Einstellung zur christlichen Unterweisung. Eine Wiederentdeckung der Tatsache, daß christliche Unterweisung ihrem Wesen nach nie abgeschlossen ist, kann die gemeinsame Anerkennung der verschiedenen Initiationsformen erleichtern.

In einigen Kirchen, die die Tradition der Kindertaufe und der Gläubigentaufe miteinander verbinden, haben sich zwei gleichberechtigte Alternativen für den Eintritt in die Kirche als möglich erwiesen: eine Struktur, bei der auf die Kindertaufe später das Glaubensbekenntnis folgt, und eine Struktur, bei der die Gläubigentaufe auf eine Darstellung und Segnung in der Kindheit folgt. Dieses Beispiel lädt andere Kirchen zur Entscheidung darüber ein, ob auch sie nicht in ihren wechselseitigen Beziehungen und in kirchlichen Unionsgesprächen gleichberechtigte Alternativen anerkennen können.«

Zu der *Taufhandlung* selbst heißt es im Lima-Text:

»In der Feier der Taufe sollte die symbolische Dimension des Wassers ernst genommen und nicht heruntergespielt werden. Der Akt des Untertauchens kann die Realität lebendig zum Ausdruck bringen, daß in der Taufe der Christ am Tode, am Begräbnis und an der Auferstehung Christi teilhat.«

Im Kommentar dazu heißt es:

»Für einige theologische Traditionen bezeichnet der Gebrauch von Wasser, zusammen mit all seinen positiven Assoziationen mit Leben und Segen, die Kontinuität zwischen der alten und der neuen Schöpfung und enthüllt somit die Bedeutung der Taufe nicht nur für die Menschen, sondern auch für den gesamten Kosmos. Zugleich stellt der Gebrauch von Wasser eine Reinigung der Schöpfung dar, ein Sterben gegenüber dem, was in der Welt negativ und zerstörerisch ist. Die in den Leib Christi hineingetauft sind, sind zu Teilhabern an einer erneuerten Existenz gemacht worden.«

Die neue Taufagende für evangelisch-lutherische Kirchen und Gemeinden macht, da das Wasser bei der Taufe nicht nur eine Randrolle spielen soll, folgenden Vorschlag: »Wo es möglich ist, kann der Kopf des Täuflings auch dreimal ins Wasser eingetaucht werden. Wenn sich der Täufling danach – etwa in Anknüpfung an den Brauch der weißen Taufgewänder in der Alten Kirche oder der Konfirmationsgewänder in den nordischen lutherischen Kirchen – neue Kleider überzieht, kann das sehr deutlich zum Ausdruck bringen, daß etwas Neues geschehen ist.«

Nach dem Lima-Text sollten in jeder umfassenden *Taufliturgie* zumindest folgende *Elemente* enthalten sein:

»Die Verkündigung der Heiligen Schrift, die sich auf die

Taufe bezieht; Anrufung des Heiligen Geistes; Absage an das Böse; Bekenntnis des Glaubens an Christus und die Heilige Dreieinigkeit; Verwendung von Wasser; eine Erklärung, daß die Getauften eine neue Identität als Kinder Gottes und als Glieder der Kirche empfangen haben, dazu berufen sind, Zeugen des Evangeliums zu sein. Manche Kirchen sind der Auffassung, daß die christliche Initiation unvollständig ist ohne die Versiegelung der Getauften mit der Gabe des Heiligen Geistes und die Teilnahme am heiligen Abendmahl.«

Die Wiederentdeckung lebendiger Zeichen wie Handauflegung, Bezeichnung mit dem Kreuz, Salbung oder Ölung kann die Liturgie nach Aussage des Lima-Textes bereichern.

Seit einigen Jahren ist in der evangelisch-lutherischen Kirche das *Verhältnis von Erwachsenentaufe und Kindertaufe* neu bestimmt worden:

»Erwachsenen- und Kindertaufe sind zwar in der Gottesgabe dasselbe; aber die Taufe von Kindern muß keineswegs einfach als zeitlich vorgezogener Ausnahme-Fall der Erwachsenentaufe gestaltet werden, wie das die bisher gebrauchte Taufordnung tut, die in möglichst engem Anschluß an Luthers Taufbüchlein und dessen Vorbilder immer noch letztlich der kirchlichen Situation in der Antike verpflichtet ist. Kindertaufe ist deshalb eine andere Art zu taufen, weil sie in einer anderen anthropologischen Situation steht und dafür eine von der Erwachsenentaufe verschiedene Voraussetzung hat.«[19]

Bei der Kindertaufe ist es der Glaube der Eltern, der die Taufe des Kindes will oder veranlaßt. Dieser Glaube erhofft und erwartet von Gott, daß er in der Taufe seinen Weg mit diesem Kind beginnt und daß das Kind mit seinem Glauben diesen Weg aufnimmt. – Bei der Erwachsenentaufe ist der Glaube des Täuflings Anlaß der Taufe. Er will getauft werden, und auf seine persönliche Glaubensentscheidung hin wird die Taufe an ihm vollzogen. Nach der neuen Taufordnung von 1988 ist dabei die gemeinsame Abendmahlsfeier »integrierender Bestandteil des Taufgottesdienstes«.

Unabhängig davon, ob ein Mensch als Säugling oder als Erwachsener getauft worden ist – die Taufe muß ständig wieder bekräftigt und erneuert werden. Niemand hat das so sehr betont wie Martin Luther. In seinem Großen Katechismus (1529) schreibt er: «Ein jeglicher Christ hat sein Leben

Taufe eines Mädchens der Jesus-Bewegung.
1967 nahm die Jesus-Bewegung in den USA, vor allem in Kalifornien, der Geburtsstätte der Hippie-Bewegung und der Hochburg der Rauschgiftszene, ihren Anfang und griff 1971 auf Europa und Afrika (Marokko) über. Wie zur Zeit Johannes des Täufers ließen sich Hunderte von Hippies und anderen Jugendlichen zwischen fünfzehn und fünfundzwanzig Jahren im Atlantik, im Pazifik und im Golf von Mexiko sowie in Seen und Flüssen auf das Bekenntnis zu Jesus taufen. Die Taufe war Zeichen der Umkehr, des völligen Bruchs mit dem bisherigen Leben. Die Neubekehrten öffneten sich im Gebet dem lebendigen Christus und erlebten das Wunder seiner unmittelbaren Gegenwart. Die Erfahrungsberichte der Jugendlichen gleichen in auffallender Weise den neutestamentlichen Berichten von Dämonenaustreibungen und Wunderheilungen. Eine Siebzehnjährige erzählt: »Der ganze Körper fing an zu zittern, so eine Kraft war da in mir. Ich dachte, ich zerspringe in dem Moment. Und ich habe gemerkt, daß Jesus wirklich da ist. Da fing ich an zu lachen. Ich war so glücklich. Seit dem Tage war ich frei. Ich brauchte von dem Moment an kein Rauschgift mehr.« – Auch in den geistlichen und charismatischen Erneuerungsbewegungen unserer Tage spielt die Absage an das Böse und die Zusage an Christus – wie in den Tagen der frühen Christenheit – eine wichtige Rolle.

184

lang genug zu lernen und zu üben an der Taufe; denn er hat
immerdar zu schaffen, daß er festiglich glaube, was sie zusagt
und bringt, Überwindung des Teufels und Todes, Vergebung
der Sünden, Gottes Gnade, den ganzen Christum und Heiligen
Geist mit seinen Gaben.« Die Tötung des alten Adam, in der
Taufe symbolisch dargestellt durch das Untertauchen im Wasser, und die Auferstehung des neuen Menschen, symbolisch
dargestellt durch das Herausziehen aus dem Wasser, soll unser
Leben lang in täglicher Reue und Buße geschehen, »also daß
ein christlich Leben nichts anderes ist denn eine tägliche
Taufe, einmal angefangen und immer darin gegangen«. Darin
besteht die mit der Taufe verbundene Buße, denn, so Luther:
»Was heißt Buße anderes, denn den alten Menschen mit Ernst
angreifen und in ein neues Leben treten? Darum, wenn du in
der Buße lebst, so gehst du in der Taufe, welche solch neues
Leben nicht allein bedeutet, sondern auch wirkt, anhebt und
treibt.«

Seit etwa fünfundzwanzig Jahren ist in den Kirchen ein
neues Interesse an einem *Taufgedächtnis* in Familien und
Gemeinden erwacht[20]. Dies war eine Antwort auf die Notlage, die durch die volkskirchliche Praxis der Säuglingstaufe
entstanden war, ein Beitrag, das geistliche Umfeld wiederher-
zustellen, das Voraussetzung für einen verantwortbaren Vollzug der Kindertaufe ist.

Die Schwierigkeiten eines solchen notwendigen Aktes der
Erinnerung und Verpflichtung auf dem Weg der Getauften
hängen wiederum mit eben dieser Säuglingstaufe zusammen:
Wie kann jemand an seine Taufe erinnert werden, wenn er sie
gar nicht bewußt erlebt hat? Und: Wie soll ein Taufgedächtnis
aussehen, wenn um der Kindertaufe willen wesentliche Elemente der Taufe fortgefallen sind? Ist nicht das eigentliche
Taufgedächtnis die Konfirmation, die – recht verstanden – die
Taufe um diejenigen Elemente ergänzt, die bei der Kindertaufe fortgelassen wurden? Müßte, wenn die Konfirmation der
bewußt erlebte Initiationsakt ist, nicht eher ein Konfirma-
tions-Gedächtnis begangen werden? (In den Konfirmations-
Ordnungen des englischen Sprachbereichs werden denn auch
Absage an das Böse und Zusage an den dreieinigen Gott sowie
die Verpflichtungsfragen der Taufliturgie wiederholt.)

»Die offenkundigste Form einer solchen erneuten Bestätigung (der Taufe)«, heißt es im Lima-Text, »ist die Feier der Eucharistie. Die Erneuerung des Taufgelübdes könnte auch z. B. während der jährlichen Feier des Ostergeheimnisses oder während der Taufe anderer stattfinden.«

Viele Predigttexte im Laufe des Kirchenjahres sind geeignet, das ganze Spektrum der christlichen Taufe zu entfalten und damit ein Taufgedächtnis zu verbinden. Für einen Taufgedächtnis-Gottesdienst bieten sich besonders an: der Sonntag nach Ostern (Quasimodogeniti), der 6. Sonntag nach Trinitatis und der 1. Sonntag nach Epiphanias. Es gibt auch eine Reihe von Liedern des 18. Jahrhunderts, die unter der Überschrift »Erneuerung des Taufbundes« verfaßt sind (sie stehen meist bei den Konfirmationsliedern), sowie neue Tauflieder, die gleicherweise den Dank für die Gabe der Taufe wie auch die Bereitschaft zur gehorsamen Nachfolge Christi ausdrücken.

In den letzten Jahren entstand eine wachsende Zahl von neugestalteten Ordnungen für Taufgedächtnisgottesdienste, die von Einzelnen oder Gruppen für besondere Anlässe erarbeitet wurden; zum Beispiel für den Taufgedächtnis-Gottesdienst des Lima-Forums auf dem Evangelischen Kirchentag 1985 in Düsseldorf und für den ökumenischen Taufgedächtnis-Gottesdienst auf dem Katholikentag 1986 in Aachen. Es ist zu hoffen, daß – nachdem das Abendmahl durch lebendige Neugestaltung vielen Christen wieder zugänglich geworden ist – auch die Taufe durch solche Taufgedächtnis-Gottesdienste und durch eine schöpferische Neugestaltung der Taufe selbst für viele Christen die Bedeutung wiedererlangt, die ihr zukommt.

Letztlich enthält jeder Gottesdienst Ansatzpunkte für ein Taufgedächtnis. Im Rüstteil zu Beginn des Gottesdienstes folgt auf das Sündenbekenntnis der Gemeinde die Gnadenzusage, die mit den Worten endet, die bei jeder Taufe gesprochen werden: »Wer da glaubt und getauft wird, der wird selig werden.« Neuerdings ist vorgeschlagen worden, den Rüstteil ausdrücklich als Taufgedächtnis zu formulieren: »Da wir hier versammelt sind, um miteinander Gottes Wort zu hören, ihn im Gebet und Loblied anzurufen und das Mahl unseres Herrn Jesu Christi zu feiern, so lasset uns gedenken unserer Taufe, durch die wir von Sünde und Tod gerettet und der Gemeinschaft des neuen Lebens teilhaftig geworden sind. Aber wir sind rückfällig geworden und haben gesündigt in Gedanken, Worten und Werken. Darum lasset uns nun aufs neue Zuflucht nehmen zu der Gnade, die wir in unserer Taufe empfangen haben ...«[21] Vor allem das sonntäglich von der Gemeinde gesprochene Apostolische Glaubensbekenntnis kann als Erneuerung des Taufbekenntnisses verstanden werden. Dasselbe gilt auch für das Vaterunser, das mit seiner demütigen Bitte um Vergebung nach Augustin eine tägliche Taufe ist.

Der katholische Brauch, beim Betreten der Kirche die Finger ins Weihwasser zu tauchen und sich damit zu bekreuzigen, bedeutet seinem ursprünglichen Sinne nach: sich von neuem unter die Gnade der Taufe zu stellen. »Es ist wie eine leise Erinnerung an jenes heilige Wasser, aus dem er (der Mensch) in der Taufe zum Licht Christi hervorgegangen ist« (Romano Guardini)[22].

Schließlich sei noch einmal der ökumenische Aspekt der Taufe hervorgehoben. Ist es auch immer noch nicht möglich, daß evangelische und katholische Christen gemeinsam das Sakrament des Altars feiern können, so ist doch bei der Taufe, die wechselseitig anerkannt wird, schon eine sakramentale Gemeinsamkeit erreicht. Ein Beispiel von starker Symbolkraft ist das ökumenische Kirchenzentrum in Neckargemünd (bei Heidelberg): Die getrennten Kirchenräume der evangelischen und der katholischen Gemeinde sind so angeordnet, daß sich zwischen beiden das Baptisterium befindet. Bei den allmonatlich stattfindenden ökumenischen Gottesdiensten werden die Wände zum Taufraum geöffnet und von dem zuständigen Pfarrer in Gegenwart beider Gemeinden die Taufen vollzogen.

Zusammenfassung und Besinnung

Wesentliche Probleme der heutigen Taufpraxis hängen mit der Entwicklung von der Erwachsenentaufe zur Kinder- oder Säuglingstaufe zusammen. Die Erwachsenentaufe, von der im Neuen Testament die Rede ist, ist ein Gesamtgeschehen, das – unabhängig von der zeitlichen Reihenfolge – Wassertaufe und Geisttaufe umfaßt. Die Säuglingstaufe ist nur eine Wassertaufe, bei der die Geisttaufe (und damit der geistgewirkte Glaube und das geistgewirkte Bekenntnis) für später erhofft und erbeten wird. Mit dem Auseinandertreten von Wassertaufe und Geisttaufe, von Taufe und Konfirmation, von Taufe und Abendmahl wurde das Verhältnis von Taufe und Glaube, von Taufe und Umkehr beziehungsweise Vergebung sowie von Taufe und ethischer Verpflichtung unklar und fragwürdig. Die ursprüngliche Gestalt der Taufhandlung wurde mit der Zeit reduziert auf diejenigen Elemente, die nicht zur Kindertaufe in Spannung stehen. Es fielen fort: die Lesungen wichtiger biblischer Texte zur Taufe (wie z. B. Römer 6 und Matthäus 3), die Absage an den Satan und die Zusage an den dreieinigen Gott sowie die Tauffrage: »Willst du getauft werden?« Hinzu kam die Loslösung des Taufgeschehens von der Osternachtfeier. Dadurch ging der sinnfällige Bezug zu Tod und Auferstehung Christi verloren. Mit der Beschränkung der Taufhandlung auf das Benetzen der Stirn mit wenigen Wassertropfen konnte die Symbolhaftigkeit des Vorgangs nicht mehr deutlich werden.

Eine gegenläufige Bewegung setzte im 19. Jahrhundert ein (Liturgische Bewegung) und wirkt, sich verstärkend, bis in unsere Tage fort. Teilweise stellte sie restaurierend die altchristliche Taufe weitgehend wieder her, teilweise übertrug sie diese in zeitgemäße Sprache und Form. Das neuerwachte Verständnis für Symbole und Symbolhandlungen sowie das ökumenische Gespräch mit Kirchen unterschiedlicher Taufpraxis ließ neu nach Wesen und Bedeutung der Taufe fragen. Die Beziehung zu Tod und Auferstehung Christi wurde wiederhergestellt, indem die Taufe oder das Taufgedächtnis wieder in der Feier der Osternacht begangen wurde. Die verlorengegangenen Elemente der Tauffeier und damit die in ihnen zum Ausdruck kommenden Aspekte der Taufe wurden wieder aufgenommen. So erlangte die Taufe ihre ursprüngliche Bedeutungsfülle zurück.

In allen gegenwärtigen Taufordnungen ist zwar gegenüber der Vergangenheit eine besondere Form der Erwachsenentaufe neben der Kindertaufe vorgesehen, aber es steht christlichen Eltern nicht grundsätzlich frei, ihre Kinder als Kinder oder als Erwachsene taufen zu lassen. Die lutherische Kirche hat sich von ihren Bekenntnissen her für die Kindertaufe entschieden, weil sie unmißverständlich zum Ausdruck bringt, daß Gottes Gnade allem menschlichen Tun zuvorkommt, und weil sie die innerhalb einer christlichen Gemeinde Aufwachsenden von dem gefährlichen Skrupel befreit, wann denn der rechte Zeitpunkt gekommen sei, sich taufen zu lassen.

Kindertaufe und Erwachsenentaufe stehen in einer unauflöslichen Spannung zueinander. Es ist dies die Spannung zwischen dem Tun Gottes und dem Tun des Menschen im sakramentalen Handeln. Es ist die Spannung im Glauben selbst, der sowohl von Gott gewirkt als auch vom Menschen gefordert wird. Das im Urtext des Neuen Testaments verwendete Wort für »Glaube« (pistis) kann sowohl die unwandelbare Treue Gottes gegenüber dem Menschen als auch das unbedingte Sichverlassen des Menschen auf Gott bezeichnen. (Es gibt Stellen im Römerbrief, an denen nicht mit Sicherheit auszumachen ist, ob das Wort mit »Glaube an Gott« oder mit »Gottes Treue« wiederzugeben ist, so sehr ist beides in einer Wechselbeziehung miteinander verbunden.) Die Abschaffung der Kindertaufe würde diese in der Sache begründete Spannung ebenso aufheben wie die nahezu ausschließliche und uneingeschränkte Praxis der Kindertaufe, nicht aber das gleichberechtigte Nebeneinander von Kindertaufe und Erwachsenentaufe.

Kindertaufe muß nicht unbedingt Säuglingstaufe sein. Es kann ein Vorteil sein, wenn ein Kind selbst den Wunsch hat, getauft zu werden, und wenn es sich an seine Taufe erinnern kann. Aber ganz gleich, ob einer als Kind oder Erwachsener getauft wird, die Taufe bedarf lebenslang der Bestätigung und Erneuerung durch tägliche Reue und Buße.

Für Martin Luther war seine Taufe, obgleich er sich ihrer nicht erinnern konnte (er wurde einen Tag nach seiner Geburt getauft), zeitlebens das grundlegende Ereignis seiner christlichen Existenz. Wenn er vom Teufel angefochten wurde, antwortete er oder schrieb mit Kreide auf seinen Schreibtisch: »Ich bin getauft!« Denn, so sagt Luther: »Man kann den Teufel sonst nicht verjagen, denn durch Glauben in Christus, daß einer sage: Ich bin getauft, ich bin ein Christ!« »Also muß man die Taufe ansehen und uns zunutze machen, daß wir uns des stärken und trösten, wenn uns unsere Sünde und Gewissen beschwert, und sagen: Ich bin dennoch getauft; bin ich aber getauft, so ist mir zugesagt, ich solle selig sein und das ewige Leben haben beide an Seele und Leib ...« (Großer Katechismus).

Kann für uns heute die Taufe eine solche Bedeutung wiedererlangen? – Wir sind durch die Geburt in diese Welt, genauer in die Bundesrepublik Deutschland versetzt. Wir können uns weder an unsere Geburt erinnern, noch sind wir bei der Gründung der Bundesrepublik Deutschland dabeigewesen. Und doch leben wir als Bürger dieses Staates und müssen uns immer wieder neu auf seine Grundlagen und auf seine Geschichte besinnen, um bewußt als Bürger dieses Staates zu leben. Was für unser Leben als Staatsbürger gilt, gilt auch für unser Leben als Christen: Wir sind durch die Taufe in das Volk Gottes, genauer in »die heilige christliche Kirche« versetzt. Wir können uns weder an unsere Taufe erinnern, noch waren wir bei der Gründung der Kirche dabei. Und doch leben wir als Christen in dieser Kirche und müssen uns immer wieder neu auf ihre Grundlage und auf ihre Geschichte besinnen, um bewußt als Christen leben zu können.

Wie für das Volk des Alten Bundes die Befreiung aus der Knechtschaft Ägyptens durch Mose und der Durchzug durch das Rote Meer das grundlegende Ereignis seiner Geschichte war, an das es sich Jahr für Jahr am Passahfest erinnerte und heute noch erinnert, so ist für das Volk des Neuen Bundes die Befreiung aus der Knechtschaft der Sünde und des Todes durch Christus und die Taufe auf seinen Namen das grundlegende Ereignis seiner Existenz, an das es sich Jahr für Jahr am Osterfest erinnert.

Um die Taufe in ihrer vollen Bedeutung zu verstehen, muß sie – auch wenn die einzelnen Akte zeitlich auseinander liegen – als ein Gesamtgeschehen verstanden werden, das Taufe, Glaube und Bekenntnis umfaßt, also sowohl die Zuwendung der Gnade Gottes, die allem menschlichen Tun zuvorkommt, als auch die gläubige Annahme dieser Gnade durch den Menschen. Bei der Kindertaufe wird dem Kind die Gnade Gottes ein für allemal zugesprochen. Die Konfirmation ist in unserer volkskirchlichen Situation der feierliche Abschluß der Unterweisung im christlichen Glauben, bei dem der Konfirmand seinen Glauben an den dreieinigen Gott bekennt und bei dem unter Handauflegung die Gabe des Heiligen Geistes für ihn erfleht wird. Sie ist also nicht selbst Geistmitteilung.

Die Frage ist: Kann das Gesamtgeschehen von Taufe und Konfirmation als Initiation so wiederbelebt werden, daß es das unausrottbare Bedürfnis nach Erneuerung und Wiedergeburt erfüllt? Sind in der heutigen Gesellschaft noch die Voraussetzungen dafür gegeben, daß tragende Institutionen initiationsähnliche Entwicklungsschritte begleiten? Oder kann es heute nur noch individuelle Initiationen geben, wie sie beispielsweise in der psychotherapeutischen Behandlung, in der Psychoanalyse, geschehen, bei der Menschen auch heute noch Tod und Wiedergeburt durchleiden und durchleben? Kann der Initiationsweg, der früher außen begangen wurde, heute nur noch in verinnerlichter Form gegangen werden? Oder spricht das neu erwachte Bedürfnis nach ganzheitlichem Erleben und rituellem Vollzug für eine Wiederbelebung kollektiver Initiationsriten? Das sind Fragen, die sorgfältig bedacht werden müssen, wenn es um die Erneuerung der Taufe geht.

Wenn die Taufe in ihrer ursprünglichen Bedeutungsfülle die Grundlage unseres Christenlebens wäre, dann würden wir frei sein von dem Zwang, uns ständig selbst rechtfertigen zu müssen, und von dem Wahn, uns durch unsere Aktivitäten das Heil verdienen zu können. Und wenn wir von der Taufe her unser Leben verstünden als ein tägliches Mitsterben und Mitauferstehen mit Christus, dann würden wir ganz anders gerüstet sein für die Lebenskrisen, von denen am Anfang unserer Überlegungen die Rede war. Wenn uns die Taufe, wie Luther sagt, »alle Leiden und sonderlich den Tod nützlich und hilfreich macht«, so daß eines Christen Leben nichts anderes ist als ein Anheben, selig zu sterben, von der Taufe an bis ins Grab, und neu zu werden (Sermon), dann würden wir den Tod nicht als Ende, sondern als Übergang zu einer neuen Daseinsweise verstehen und wären bereit, Leiden und Sterben auf uns zu nehmen, weil wir gewiß sind, daß Gott aus jedem Tod neues Leben entstehen lassen kann und will. Wir würden nicht nur darauf vertrauen, daß nach jeder zu Ende gegangenen Daseinsstufe eine neue beginnt, sondern könnten darüber hinaus mit dem Apostel Paulus davon überzeugt sein, »daß die Leiden dieser Zeit in keinem Verhältnis stehen zu der Herrlichkeit, die künftig an uns offenbar werden soll«; und wir wären mit ihm gewiß, »daß weder Tod noch Leben, weder Engel noch Mächte noch Gewalten, weder Gegenwärtiges noch Zukünftiges, weder Hohes noch Tiefes noch keine Macht der Welt uns scheiden kann von der Liebe Gottes, die in Christus Jesus ist, unserm Herrn« (Römer 8).

Anmerkungen

Zur Einführung

1 Antje Kiehn, Samuel Laeuchli, Heidemarie Langer, Gerhard Marcel Martin, Ruth Passauer, Tim Schramm, Yorick Spiegel, Wolfgang Teichert: Bibliodrama, Stuttgart 1987
2 Samuel Laeuchli, Das Spiel vor dem dunklen Gott. »Mimesis« – ein Beitrag zur Entwicklung des Bibliodramas, Neukirchen-Vluyn 1987; ders., Die Bühne des Unheils. Das Menschheitsdrama im mythischen Spiel, Stuttgart 1988
3 Hans-Georg Link (Hrsg.), Gemeinsam glauben und bekennen. Handbuch zum Apostolischen Glauben, Paderborn/Neukirchen-Vluyn 1987
4 Konrad Raiser, Ein Herr, ein Glaube, eine Taufe . . . Mehr ökumenische Konsequenzen aus der einen Taufe!; in: Deutscher Evangelischer Kirchentag Düsseldorf 1985. Dokumente, Stuttgart 1985, S. 253 ff.
5 Taufe, Eucharistie und Amt. Konvergenzerklärungen der Kommission für Glauben und Kirchenverfassung des Ökumenischen Rates der Kirchen, Frankfurt a. M./Paderborn 1982

Die Taufe – ein Initiationsritus

1 Zu den Einweihungsriten der Völker: Mircea Eliade, Das Mysterium der Wiedergeburt. Initiationsriten, ihre kulturelle und religiöse Bedeutung, Zürich/Stuttgart 1961; ders., Mythen, Träume und Mysterien, Salzburg 1961; ders., Geschichte der religiösen Ideen. Quellentexte. Übers. und hrsg. von Günter Lanczkowski, Freiburg/Basel/Wien 1981; Geo Widengren, Religionsphänomenologie, Berlin 1969
2 Zum christlichen Taufritus: Jean Daniélou, Liturgie und Bibel. Die Symbolik der Sakramente bei den Kirchenvätern, München 1963; ders., Die Symbolik des Taufritus, in: Liturgie und Mönchtum (Laacher Hefte 3), Freiburg 1949; Alan W. Watts, Mythus und Ritus des Christentums, München 1956; Odo Casel, Das christliche Kultmysterium, Regensburg 1960[4]; Die Feier der Kindertaufe in den katholischen Bistümern des deutschen Sprachgebietes. Hrsg. im Auftrag der Bischofskonferenzen Deutschlands, Österreichs und der Schweiz und des Bistums von Luxemburg, Köln 1971; Lothar Heiser, Die Taufe in der orthodoxen Kirche. Geschichte, Spendung und Symbolik nach der Lehre der Väter, Trier 1987; Martin Luther, Liturgische Schriften, München 1950; ders., Ein Sermon von dem heiligen hochwürdigen Sakrament der Taufe, in: D. Martin Luthers Werke. Kritische Gesamtausgabe Bd. 2, Weimar 1884, S. 727 ff.; Agende für Evangelisch-Lutherische Kirchen und Gemeinden, Bd. III, Teil 1, Hannover 1988
3 Johannes Leipoldt, Von den Mysterien zur Kirche. Gesammelte Aufsätze, Hamburg-Bergstedt 1962; Otto Böcher, Christus Exorcista. Dämonismus und Taufe im Neuen Testament, Stuttgart/Berlin/Köln/Mainz 1972; Erich Dinkler und F. H. Kettler, Artikel Taufe, in: Die Religion in Geschichte und Gegenwart Bd. VI., Tübingen 1962

4 F. J. Dölger, Die Sonne der Gerechtigkeit und der Schwarze. Liturgiege-
schichtliche Forschungen II (1–5), 1918, S. 53 f.

5 Cyrill von Jerusalem, Einweihung in die Mysterien des Christentums. Aus
dem Griech. übertr. u. eingel. von Ludwig A. Winterswyl, Freiburg 1954

6 Jean Daniélou, Liturgie und Bibel. Die Symbolik der Sakramente bei den
Kirchenvätern, München 1963, S. 208

7 Carl Heinz Ratschow, Die eine christliche Taufe, Gütersloh 1972, S. 108 ff.

8 Gerhard Barth, Die Taufe in frühchristlicher Zeit (Biblisch-Theologische
Studien, 4), Neukirchen-Vluyn 1981

9 Grundwerk C. G. Jung, Band 3, Olten/Freiburg i. Br. 1984, S. 113 f.

10 Luigi Zoja, Sehnsucht nach Wiedergeburt. Ein neues Verständnis der
Drogensucht, Stuttgart 1986

Die symbolische Bedeutung des Taufwassers

1 Zum Naturstoff Wasser: Erich Heyn, Naturstoff Wasser (Schriftenreihe
der Vereinigung Deutscher Gewässerschutz e. V. Bonn) o. J.; Wasser ist
Leben (Schriftenreihe der Vereinigung Deutscher Gewässerschutz e. V.
Bonn) 1977; E. L. Hornung, Thema: Wasser. Ein Schulmerkbüchlein, Frankfurt a. M. 1960^2

2 Zum Wasser als Symbol: Hermann Kirchhoff (Hrsg.), Ursymbole und ihre
Bedeutung für die religiöse Erziehung, München 1982; Mircea Eliade, Ewige
Bilder und Sinnbilder. Vom unvergänglichen menschlichen Seelenraum, Ol-
ten/Freiburg i. Br. 1958

3 Die Schöpfungsmythen. Ägypter, Sumerer, Hurriter, Hethiter, Kanaaniter
und Israeliten (Quellen des Alten Orients) – mit einem Vorwort von M.
Eliade, Darmstadt 1980; Ulrich Mann, Schöpfungsmythen. Vom Ursprung
und Sinn der Welt, Stuttgart/Berlin 1982

4 Rosmarie Bog, Das Wasser des Lebens. Eine sanfte Erlösung (Weisheit im
Märchen), Zürich 1985

5 Erich Neumann, Ursprungsgeschichte des Bewußtseins, Zürich 1949;
ders., Die Große Mutter. Der Archetyp des Großen Weiblichen, Darmstadt
1957; Theodor Seifert, Weltentstehung. Die Kraft von tausend Feuern, Zürich
1986

6 Karin Anderten, Traumbild Wasser. Von der Dynamik unserer Psyche,
Olten/Freiburg i. Br. 1986

7 Gerardus van der Leeuw, Sakramentales Denken. Erscheinungsformen
und Wesen der außerchristlichen und christlichen Sakramente, Kassel 1959

8 Franz Kaufmann, Der gestiefelte Kater. Was einer aus sich machen kann
(Weisheit im Märchen), Zürich 1985

9 Marie-Louise von Franz, Erlösungsmotive im Märchen, München 1986

10 Ivan Illich, H$_2$O und die Wasser des Vergessens. Aus dem Engl. von R.
Carstensen u. W. Mattern unter Mitarbeit von B. Duden (rororo aktuell
Essay 12131), Hamburg 1987

11 Zit. bei Mircea Eliade, Geschichte der religiösen Ideen. Quellentexte,
Freiburg/Basel/Wien 1981, S. 204

12 Johann Maier/Kurt Schubert, Die Qumran-Essener. Texte der Schriftrol-
len und Lebensbilder der Gemeinde (Uni-Tb 224), München/Basel 1982

13 Jean Steinmann, Johannes der Täufer in Selbstzeugnissen und Bilddokumenten (rowohlts monographien 39), Hamburg 1960

14 Gerhard Barth, Die Taufe in frühchristlicher Zeit, Neukirchen-Vluyn 1981

15 Otto Böcher, Christus Exorcista. Dämonismus und Taufe im Neuen Testament, Stuttgart/Berlin/Köln/Mainz 1972

16 Helmut Barz, Selbst-Erfahrung. Tiefenpsychologie und christlicher Glaube, Stuttgart 1973, S. 68

17 Ehrhart Kästner, Die Stundentrommel. Vom Heiligen Berg Athos, Wiesbaden 1956, S. 106

18 Einheit der Christen in Hamburg. Informationen, Jg. 16, 1. Quartal 1988, S. 24

Geschichten zur Taufe

1 Die zwölf Geschichten sind folgende: 1. Mose 1,1–31; 1. Mose 2,1–2; 1. Mose 5–8; 1. Mose 22,1–19; 2. Mose 14,24–31; 2. Mose 15,1; Jesaja 54,17 und 55, 1–11; Baruch 3,9–38; Hesekiel 37,1–14; Jesaja 4,1–6; 2. Mose 12,1–11; Jona 3,1–10; 5. Mose 31,22–30; Daniel 3,1–24. Die Heilige Woche. Ordnungen für die Gottesdienste der Karwoche und die Feier der Osternacht, Kassel 1965, S. 10 f.

2 Zur Typologie: Leonhard Goppelt, Die theologische Deutung des Alten Testaments im Neuen (= Beitr. zur Erforschung christl. Theologie, 2. Reihe Bd. 43, 1939; Gerhard von Rad, Typologische Auslegung des Alten Testaments, in: Ev. Theol. 12 Jg. (1952/3); Jean Daniélou, Liturgie und Bibel. Die Symbolik der Sakramente bei den Kirchenvätern, München 1963, S. 11 ff.; Lothar Heiser, Die Taufe in der orthodoxen Kirche. Geschichte, Spendung und Symbolik nach der Lehre der Väter, Trier 1987, S. 143 ff.; Floridus Röhrig, Der Verduner Altar, Wien 1955, S. 44 ff.

3 Eugen Drewermann, Wissen die Exegeten denn überhaupt, wovon sie reden?, in: Publik-Forum Nr. 5 (1985), S. 29; ders., Exegese und Tiefenpsychologie. Von der Ergänzungsbedürftigkeit der historisch-kritischen Methode am Beispiel der Schlangensymbolik in der jahwistischen Urgeschichte, in: bibel und kirche, Heft 3/3. Quartal 1983, S. 91 ff.; Gerhard Lohfink/Rudolf Pesch, Tiefenpsychologie und keine Exegese. Eine Auseinandersetzung mit Eugen Drewermann (Stuttgarter Bibelstudien 129), Stuttgart 1987

4 Jean Daniélou, Liturgie und Bibel, a.a.O. (s. Anm. 2), S. 265 ff.

5 Alan W. Watts, Mythus und Ritus des Christentums, München 1956, S. 176 ff.; Hugo Rahner, Das Mysterium der Taufe, in: Griechische Mythen in christlicher Deutung, Zürich/Stuttgart/Wien 1957, S. 101 ff.; Joseph Campbell, Der Heros in tausend Gestalten, deutsch 1953, S. 232.

6 Claus Westermann, Genesis Bd. 1, Neukirchen-Vluyn 1976, S. 245 ff.

7 Ernst Benz, Adam. Der Mythos vom Urmenschen, München 1955

8 Die Heilige Woche (s. Anm. 1), S. 108 f.

9 I Ging. Text und Materialien, Köln 1986[13]

10 J. Layard, Der Mythos der Totenfahrt auf Melekula, in: Eranos-Jahrbuch Bd. V (1937), S. 263; Stanislav und Christina Grof, Jenseits des Todes. An den Toren des Bewßtseins, München 1984

11 Alfred Jeremias, Das Alte Testament im Lichte des Alten Orients, 1930[4]

195

12 Alfons Rosenberg, Michael und der Drache. Urgestalten von Licht und Finsternis, Olten/Freiburg i. Br. 1956, S. 220 ff.

13 Alfred Jeremias, a.a.O. (s. Anm. 11), S. 457

14 Helmuth James von Moltke. Bericht aus Deutschland im Jahre 1943. Letzte Briefe aus dem Gefängnis Tegel 1945, Berlin 1971, S. 66 f.

15 F. J. Dölger, Der Durchzug durch das Rote Meer als Sinnbild der christlichen Taufe, in: Antike und Christentum II., 1930, S. 63 ff.

16 F. J. Dölger, Der Durchzug durch den Jordan als Sinnbild der christlichen Taufe, in: Antike und Christentum II, 1930, S. 70 ff.

17 Uwe Steffen, Das Mysterium von Tod und Wiedergeburt. Formen und Wandlungen des Jona-Motivs, Göttingen 1963; ders., Jona und der Fisch. Der Mythos von Tod und Wiedergeburt, Stuttgart 1985[2]

18 Leo Frobenius, Das Zeitalter des Sonnengottes, 1904; Hans Nevermann, Masken und Geheimbünde in Melanesien, 1933; F. Speiser, Eine Initiationszeremonie in Krambrambo am Sepik Neuguinea, in: Ethnologischer Anzeiger Bd. IV, Teil II, o. J.

19 Jürgen Ebach, Kassandra und Jona. Gegen die Macht des Schicksals, Frankfurt a. M. 1987, S. 110 f.

20 Hans Walter Wolff, Dodekapropheton 3. Obadja und Jona (= Biblischer Kommentar Altes Testament Bd. XIV/3, Neukirchen-Vluyn 1977, S. 130

21 Eugen Drewermann, Strukturen des Bösen. Teil II: Die jahwistische Urgeschichte in psychoanalytischer Sicht, München/Paderborn/Wien 1983, S. 359 ff.

22 Eugen Drewermann, Tiefenpsychologie und Exegese Bd. I: Traum, Mythos, Märchen, Sage und Legende, Olten/Freiburg i. Br. 1984, S. 484 ff.

23 H. Langer, H. Leistner, E. Moltmann-Wendel, Mit Mirjam durch das Schilfmeer. Frauen bewegen die Kirche, Stuttgart 1985[3]

24 Ebd., S. 33

25 Ebd., S. 47 f.

26 H. Langer, H. Leistner, E. Moltmann-Wendel, A. Schönherr, Wir Frauen von Ninive. Gespräche mit Jona, Stuttgart 1984, S. 67 f.

Urbild und Einsetzung der Taufe

1 Gerhard Barth, Die Taufe in frühchristlicher Zeit (Biblisch-Theologische Studien, 4), Neukirchen-Vluyn 1981, S. 17 ff.; Lothar Heiser, Die Taufe in der orthodoxen Kirche. Geschichte, Spendung und Symbolik nach der Lehre der Väter, Trier 1987, S. 62 ff.

2 Hugo Rahner, Griechische Mythen in christlicher Deutung, Zürich 1957, S. 113

3 Gerhard Barth, Die Taufe ... (s. Anm. 1), S. 13 ff.

4 Vgl. Martin Luther, Der Große Katechismus. Von der Taufe

5 Gerhard Barth, Die Taufe ... (s. Anm. 1), S. 142 ff.

6 Oskar Cullmann, Die Tauflehre des Neuen Testaments. Erwachsenen- und Kindertaufe, Zürich 1948, S. 65 ff.

7 Dietrich Bonhoeffer, Gesammelte Schriften Bd. 3, München 1960, S. 440

8 Hildegunde Wöller, Herausgefordert zur Wandlung. Predigt am 2. 2. 1986 in Bietigheim

Die Taufe – heute

1 Christine Lienemann-Perrin (Hrsg.), Taufe und Kirchenzugehörigkeit. Studien zur Bedeutung der Taufe für Verkündigung, Gestalt und Ordnung der Kirche, München 1983

2 Hans-Dietrich Kahl, Die ersten Jahrhunderte des missionsgeschichtlichen Mittelalters. Bausteine für eine Phänomenologie bis ca. 1050; in: Kirchengeschichte als Missionsgeschichte, hrsg. von H. Frohnes, H.-W. Gensichen u. G. Kretschmar, Bd. II/1, München 1978, S. 11 ff.

3 Carl Heinz Ratschow, Die eine christliche Taufe, Gütersloh 1983³, S. 110

4 J. Beckmann, Taufe, liturgiegeschichtlich, in: Die Religion in Geschichte und Gegenwart Bd. VI, Tübingen 1962³, Sp. 648 ff.

5 Lothar Heiser, Die Taufe in der orthodoxen Kirche. Geschichte, Spendung und Symbolik nach der Lehre der Väter, Trier 1987, S. 243 ff.

6 Konzilsdekrete 1, Fragen des Glaubens, der kirchlichen Ordnung und des Gottesdienstes, Recklinghausen 1966, S. 147.

7 Martin Luther, Liturgische Schriften, München 1950, S. 56 ff. u. 91 ff.

8 Karl Barth, Die Taufe als Begründung des christlichen Lebens (Die Kirchliche Dogmatik Bd. IV/4), Zürich 1967, S. 205

9 Karl Bernhard Ritter, Die Eucharistische Feier. Die Liturgie der evangelischen Messe und des Predigtgottesdienstes, hrsg. in Verb. mit der Ev. Michaelsbruderschaft, Kassel 1961, S. 303; vgl. Agende für evangelisch-lutherische Kirchen und Gemeinde, Bd. II, Berlin 1960, S. 304 ff.

10 Dietrich Bonhoeffer, Zur Tauffrage, in: Gesammelte Schriften Bd. 3, München 1960, S. 431 ff.

11 Karl Barth, Die kirchliche Lehre von der Taufe, in: Theologische Studien H. 14, Zürich 1953⁴, S. 40. – Die in diesem Vortrag vertretene Auffassung ist von Karl Barth selbst im letzten Band seiner Kirchlichen Dogmatik (Bd. IV/4) als »überholt und antiquiert« bezeichnet worden (S. IX f.).

12 Beiträge zur Frage einer Freigabe der Erwachsenentaufe, hrsg. von der Ev.Kirche der Union, 1964

13 Ebd., S. 5 ff.   14 Ebd., S. 12 ff.

15 Karl Barth, Die Taufe als Begründung des christlichen Lebens. Die Kirchliche Dogmatik Bd. IV/4 (Fragment), S. 189

16 Taufverkündigung und Taufpraxis. Thesen über Kinder- und Mündigen-Taufe 1964–1968, Pastoraltheologie 57. Jg. (1968)

17 Die Feier der Osternacht. Im Auftrag der Ev. Michaelsbruderschaft hrsg. von Alexander Völker, Kassel 1983

18 Taufe, Eucharistie und Amt. Konvergenzerklärungen der Kommission für Glauben und Kirchenverfassung des Ökumenischen Rates der Kirchen, Frankfurt a. M./Paderborn 1982

19 Taufe. Entwurf der Agende für evangelisch-lutherische Kirchen und Gemeinden Bd. III Taufordnungen (reihe gottesdienst 15), Hannover 1984, S. 9

20 Frieder Schulz, Das Taufgedächtnis in den Kirchen der Reformation. In: Quatember 50. Jg. (1986), S. 69 ff.

21 Wolfhart Pannenberg, Christsein und Taufe, in: Um die eine Kirche. Evangelische Katholizität, hrsg. von der Hochkirchlichen Vereinigung Augsburgischen Bekenntnisses, München 1984, S. 58 ff.

22 Romano Guardini, Von heiligen Zeichen, Mainz o. J., S. 28 f.

Bildnachweis

Farbtafeln:

Seite 48: Gläubige bei rituellen Waschungen am Ganges, Koch, dpa Frankfurt
Seite 72: Taufe nach orthodoxem Ritus in der Weise des Untertauchens, Tauffeier in Münster, Dr. Lothar Heiser, »Die Taufe in der orthodoxen Kirche«
Seite 136: Ikone »Christi Taufe«, griechisch, um 1600, Ikonen-Museum Recklinghausen
Seite 168: Lucas Cranach der Ältere, »Taufe und Beichte«, 1547, Ausschnitt aus dem Altar der Stadtkirche in Wittenberg, Agentur Jürgens, Köln

Schwarzweiß-Abbildungen:

Seite 60: Wasserstelle an einer Moschee in Istanbul, wo sich gläubige Moslems waschen, bevor sie die Moschee betreten, dpa Frankfurt
Seite 66: Taufbassin in Chirbet Qumran, Dr. Jörg Zink, Stuttgart
Seite 73: Hirsch auf einem Taufstein in der Stadtkirche zu Freudenstadt, um 1100, Dr. Jörg Zink, Stuttgart
Seite 75: Taufgrab in der Johannesbasilika zu Ephesus, Mitte des 5. Jahrhunderts, Dr. Jörg Zink, Stuttgart
Seite 76: Baptisterium der Kathedrale von Ravenna, Beginn des 5. Jahrhunderts, aus dem Buch »Ravenna. Eine Einführung« von Antonio Paolucci, S. 17
Seite 101: Die Arche Noah, Taufbecken in der Heiligkreuzkirche zu Hildesheim, 1592, aus dem Buch »Ausgegossen. Betrachtungen zur Taufe« von Joop Bergsma
Seite 106: Mose führt durch das Rote Meer, Taufbecken im Dom zu Hildesheim, 1220, aus dem Buch »Ausgegossen. Betrachtungen zur Taufe« von Joop Bergsma
Seite 107: Durchzug durch den Jordan, Taufbecken im Dom zu Hildesheim, Vorlage aus dem Bistumsarchiv Hildesheim
Seite 118: Niederländischer Holzschnitt, 1484, aus dem Buch »Das Bild in der evangelischen Kirche« von Hans Carl von Haebler, S. 135
Seite 123: Jona-Darstellung auf einem Taufstein von Fritz Sleer in der Nikolaikirche auf Helgoland, Vorlage von Uwe Steffen
Seite 141: »Kreuz über dem Wasser«, Kurt Wolff
Seite 146: Ein norwegischer Baptistenmissionar tauft in einem offenen Fluß in Kamerun, epd Stuttgart
Seite 151: Lucas Cranach der Ältere, »Lasset die Kindlein zu mir kommen«, Altar der Stadtkirche in Wittenberg, um 1538, und Nationalgalerie Prag, Vorlage von Jochen Remmer
Seite 184: Taufe eines Mädchens, aus dem Buch »Wir Gotteskinder. Die Jesus-People-Bewegung« von Hans J. Geppert, S. 129

Uwe Steffen
Jona und der Fisch
Der Mythos von Tod und Wiedergeburt
Buchreihe »Symbole«

192 Seiten mit vier Farbtafeln und
mehreren Schwarzweißgrafiken, kartoniert
ISBN 3-7831-0683-4

Die biblische Jona-Geschichte schildert in symbolischer Sprache
das Grundmuster eines Konflikts zwischen Ich, Welt und Gott.
Gerade im 20. Jahrhundert übt das Jona-Motiv eine große Anzie-
hungskraft aus, weil der einzelne sich kollektiven Bedrohungen
wie Krieg und Diktatur nicht gewachsen fühlt und vor ihnen wie
Jona flüchtet. Der Mythos von Jona und dem Fisch vermittelt
aber auch die Hoffnung, daß der verschlingende Abgrund Schoß
einer Wiedergeburt sein kann. Jesus hat sich mit Jona verglichen,
dessen Mythos aber gleichsam überboten.

Uwe Steffen
Drachenkampf
Der Mythos vom Bösen
Buchreihe »Symbole«

255 Seiten mit vier Farbtafeln, kartoniert
ISBN 3-7831-0756-3

Der Drachenkampf ist ein universales Motiv. Der Drache ist
Symbol der zerstörerischen Kräfte des Bösen in der menschlichen
Seele. Die Begegnung mit dem Drachen und der Sieg über ihn
sind unabdingbare Voraussetzungen für die Gewinnung einer
sonst unerreichbaren Kostbarkeit. Sie ist psychisch das Symbol
für die Selbstwerdung des Menschen und entspricht im kollektiven Glauben einer Erneuerung der Schöpfung.

Uwe Steffen
Die zwei Brüder
Buchreihe »Weisheit im Märchen«

133 Seiten, gebunden
ISBN 3-268-00038-X

Das Motiv von zwei Brüdern, die verschiedene Wege gehen, stellt
die Doppelnatur des Menschen dar, seine dem Irdischen und dem
Himmlischen zugewandte Seite. Steffens Deutung ist zugleich
eine Meditation über den Weg des in sich gespaltenen Menschen
zur inneren Ganzheit.

In der Buchreihe *Symbole* sind bisher erschienen